言語の科学8　言語の数理

編集委員
大津由紀雄
郡司隆男
田窪行則
長尾　真
橋田浩一
益岡隆志
松本裕治

言語の数理

言語の科学

8

長尾 真
中川裕志
松本裕治
橋田浩一
ジョン・ベイトマン

岩波書店

執筆者

学習の手引き　長尾　真
第1章　　　　中川裕志
第2章　　　　松本裕治
第3章　　　　橋田浩一
第4章　　　　John Bateman
　　　　　　（翻訳：乾 健太郎）

〈言語の科学〉へのいざない

　私たちが日常，あたりまえのように使っている言語．その言語の性質を解明することは，長年にわたる人間の知的挑戦の対象であった．では，言語を科学的に研究すること，すなわち自然科学的な方法で研究することは可能だろうか．それは可能であり，また必要であるというのが私たちの見解である．

　歴史的に見ても，すでに，紀元前のインドでは形式的な文法体系の記述がなされ，下って19世紀にはヨーロッパの言語を対象とした比較言語学の厳密な方法論が確立されていた．20世紀に至ってからは，初頭の一般言語学の確立を経て，20世紀後半には音韻体系，文法範疇などの形式的記述が洗練され，言語を科学的にとらえる試みは着実に成果を上げてきたと考えられる．

　さらに20世紀以降のコンピュータの発達は，言語現象に対する情報論的視点という新たな見方をもたらした．現在，音声認識・音声合成技術の発展，形式化された文法による構文解析技術を応用した機械翻訳システムの開発など，言語のさまざまな側面が，機械処理の対象となり得るほどに明らかにされつつある．

　しかし，従来の学問観に従う一般的な認識では，言語学は自然科学の一部門ではなく，人文学の領域に属すると見なされる傾向が強いのも事実であろう．本叢書では，言語を一種の自然現象と見なす方法を前提としている．特に，物理学のような典型的な自然科学に範をとるだけでなく，情報のような抽象的な存在を対象にする情報科学など，近年の自然科学のさまざまな方法論に立脚し，言語を，人間が，そして人間のみが，自在にあやつる，情報の一つの自然な形態として捉える見方に立っている．

　そのような言語観に立った場合，さまざまな興味深い知的営みが可能になる．現在どのような分野の研究が言語の研究として行なわれているのか，言語の研究者によってどのような研究対象が設定されているのか，それぞれの研究はどのような段階に至っているのか，また，今後どのような研究が期待されているのかということを，人文系・理工系を問わず，できるだけわかりやすく読者に示すことを試みた．

〈言語の科学〉へのいざない

　本叢書はもともと，岩波講座「言語の科学」として刊行されたものである．本叢書の特色は，言語の研究に深く関連している言語学，国語学，言語心理学，言語教育，情報科学，認知科学などの研究分野の，従来の縦割りの枠に捉われず，これらの学問の最新の成果を学際的に統合する観点に立っていることにある．

　本叢書のもう一つの特徴は，各巻を研究対象ごとに分けた上で，さまざまな角度からの研究方法を統合的に紹介することを試みたことである．文科系の読者が自然科学的な方法を，また，理工系の読者が人文学的な知識を，無理なく身につけることが可能となる構成をとるように工夫した．

　以上のような趣旨をいかすため，各巻において，言語に関する研究の世界の第一線の研究者に執筆をお願いした．各執筆者には，基本的な事柄を中心にすえた上で，ときには最先端の研究動向の一端も含めて，読者が容易に理解できるように解説していただいた．幸いにして私たちの刊行の趣旨を理解していただき，現時点において最良の執筆陣を得られたと自負している．

　全体の巻構成と，この叢書がなぜこのように編成されたか，ということを簡単に説明しておこう．本叢書の各巻のタイトルは次のようになっている．

　　1　言語の科学入門　　　7　談話と文脈
　　2　音声　　　　　　　　8　言語の数理
　　3　単語と辞書　　　　　9　言語情報処理
　　4　意味　　　　　　　10　言語の獲得と喪失
　　5　文法　　　　　　　11　言語科学と関連領域
　　6　生成文法

　「科学」としての言語学という性格を一番端的に表わしているのは，第6巻で解説される「生成文法」という，20世紀半ばに誕生した文法システムであろう．生成文法は言語獲得という事実にその経験的基盤を求める．そこで第10巻『言語の獲得と喪失』では，言語の獲得と喪失が言語の科学とどう有機的に結びつくのかを明らかにする．一方，第5巻では，生成文法誕生以前にさかのぼり，特定の理論的枠組によらない，文法研究そのものを検討する．「文法」に関する2つの巻，およびそれと深く関連する第10巻は，言語学の科学としての性格が特に濃厚な部分である．

第7巻『談話と文脈』は，これとは対照的に，言語の使い手としての人間に深くかかわるトピックを扱う．その意味で，人文学的な研究とも通じる，言語研究の「醍醐味」を感じさせる分野であるが，形式化などの点からは今後の発展が期待される分野である．

文法に関する2つの巻を第7巻と反対側からはさむ形で第4巻『意味』がある．ここでは，科学的な性格が色濃く出ているアプローチ（第2章）と，言語の使い手としての人間という見方を強く出しているアプローチ（第3章）が並行して提示されているので，読者は意味の問題の奥深さを感じとることができるだろう．

第2巻の『音声』については，音響に関して物理学的な研究法がすでにある．この巻では，そのような研究と，言語学の中で発達してきた方法論との双方が提示され，音声研究の幅の広さが示されている．

第3巻『言語と辞書』は音声と意味との仲立ちをする装置としての語彙についての解説である．これも，言語学や心理学の中で開発されてきた方法論と，より最近の機械処理の立場からの研究の双方を提示している．

第8巻『言語の数理』と第9巻『言語情報処理』は言語科学の研究の基礎的な部分の解説であり，特に，数学や情報科学になじみのない読者に必要最小限の知識をもっていただくことを意図して書かれている．これらは，言語科学の技術的側面が最も強く出ている巻でもあろう．言語の研究におけるコンピュータの役割の大きさは，ほとんどの巻にコンピュータに関連する章があることからも明らかであるが，特に言語を機械で扱う「情報」という形で正面から捉えた巻として第9巻を位置付けることができる．

最後の第11巻『言語科学と関連領域』は，言語の科学そのものに加えて，それに関連する学問との接点を探る試みである．特に，言語の科学は，人間そのものを対象とする心理学，医学，教育学などと深い関連をもつので，それらに関する章が設けられている．

言語に関わる現象は多岐にわたるが，本叢書の巻構成は言語現象ごとに1ないし2巻をあて，各巻の内容は大筋において独立なので，読者はどの巻からでも読み始めることができる．ただし，第1巻では本叢書の中心的な内容を先取りする形で，そもそも「言語の科学」という課題がなぜ設定されたか，という点について述べているので，まず最初に読むことをお薦めする．

この叢書は，言語学科に学ぶ学生や言語の研究者に限らず，言語に関心をもつ，すべての分野の，すべての年代の人々を読者として企画されたものである．本叢書がきっかけとなって，従来の言語学に何かつかみどころのない点を感じていた理工系志向の読者が言語の科学的研究に興味を示し，その一方で，今まで科学とは縁がないと考えていた人文系志向の読者が言語の研究の科学的側面に関心をもってくれることを期待する．そして，その結果，従来の志向にかかわらず，両者の間に真の対話と共有の場が生まれれば，編集委員としては望外の幸せである．

　　2004 年 4 月

　　　　　　　　　　　　　　　　　　　　　　　　大 津 由 紀 雄
　　　　　　　　　　　　　　　　　　　　　　　　郡 司 隆 男
　　　　　　　　　　　　　　　　　　　　　　　　田 窪 行 則
　　　　　　　　　　　　　　　　　　　　　　　　長 尾 　 真
　　　　　　　　　　　　　　　　　　　　　　　　橋 田 浩 一
　　　　　　　　　　　　　　　　　　　　　　　　益 岡 隆 志
　　　　　　　　　　　　　　　　　　　　　　　　松 本 裕 治

学習の手引き

物理学が数学という手段を使うことによって精密に自然現象を解明することに成功し，あまりにも輝かしい成果をあげてきたために，数学的手段によって精密に解析できる対象領域こそが科学であり，厳密な学問体系を築きあげるためには数学的方法が不可欠であると考えられるようになった．したがって，すべての学問において学問の厳密性，真正性を追究するために数学的手段を導入し，学問を数学的に装い，「○○科学」といった呼称が好んで用いられるようになってきた．

言語においても，それは例外ではない．言語を数学的に記述しようという努力はかなり以前からなされてきた．その一つの方向は言語表現の中に存在する論理的構造を明らかにするという立場である．G. Boole らを出発点とする**記号論理学**(symbolic logic) は F. Frege に到って**述語論理**(predicate logic) に発展し，その後**様相論理学**(modal logic) がいろいろと試みられてきている．これらはすべて，言語表現に存在する基本的な論理構造を取り出して，それによって言語表現間の関係を明らかにしようとするものであった．

これに対して**集合論**的立場から言語を取り扱う試みも古くから行われてきた．単語あるいは文といった言語単位を集合の要素とし，これに各種の集合演算をほどこせば何が出てくるかを考えるものである．たとえば，部分集合への分割という操作をほどこせば，単語相互間の関係性が明らかとなり，言語に存在する構造が見えてくるのではないか，といった期待も持たれた．

言語表現は文字の並び，すなわち**文字列**である．あるいは単語を基本にとれば，単語の並びである．したがってこの文字(単語)の並び方に存在するであろう規則を明らかにする努力もなされた．そのために用いられた枠組の一つが**オートマトン理論**と呼ばれているものである．これは 1950 年代に始まって 1960 年代にかけて詳しく研究されたモデルであり，論理回路設計の基礎理論となったものである．一方では，1936 年には A. Turing が計算に関する基礎理論を確立していたが，1950 年代の研究によってオートマトン理論よりも複雑な文字列構造を説明できるいくつかのモデルが作られ，オートマトン理論や Turing の

計算理論との間の相互関係が明らかにされた．そして言語の持っている規則性，すなわち言語の文法と呼ばれているものを，この文字列に対する数学モデルによって作れば，言語が数学モデルによって記述されたことになるという希望が生れてきた．

　このようにして，言語を数学的モデルによって記述しようとする試みは多くの人達によってなされたが，研究をすればするほど，どのモデルをとっても言語を必要かつ十分に記述することは非常に困難であるということが明らかになってきた．そもそも文章を作り出す人間頭脳の働きが数学的構造のものなのかどうかという疑問さえ生じてくる．もしそうでなければ，そこに無理に数学的構造をあてはめても精度のよい近似を得ることはできない．そこで一方では，頭脳の中の神経細胞がどのような結合をしていて，それがどのように働いて言葉を紡ぎ出してくるのかという興味の立場から，神経細胞レベルでのモデルを数学的に作るということも種々試みられた．しかし**神経回路網**(neural network)レベルでのモデルでは，言語活動という複雑な脳の働きをとても説明することはできず，両者の間には大きなギャップが存在する．

　言語に関係する頭脳活動には，単に文法的制約の下に文を作り出す能力だけでなく，同時に言葉の意味を考え，意味的な整合性を持った形で文章を綴る機能，単語と外界の対応物との関係を考えて発話する能力，さらに頭の中にある概念や知識として存在しているものを言葉にして紡ぎ出してくる能力などを考えることができる．言葉はこういった種々の要素の総合的なからみ合いによって構成されているものであって，言語の文法的側面という断面のみをながめて見たとしても，そこにまつわってくる他の要素を完全に排除することはできず，言語現象のどの部分が文法に属し，どこが意味に属する部分であるか，といったことさえ簡単に決定することができない．

　以上のようなことから，物理学が数学的モデルで非常に詳しく説明できるのに対して，言語はけっして数理モデルだけでは十分に解明できないと考えられる．したがって言語の科学，言語の数理というとき，言語がある数学的モデルによってどこまで詳しく近似できるかという，いわば当てはめ理論的な考え方を取らざるをえない．すなわち，数理モデルは言語にとって万能ではなく，あくまでも近似のために用いる手段であって，言語に対する数理モデルの持つ能力と限界をよく考えながら使う必要があるだろう．といっても，現在の数理モ

デルはそれなりに実際の**言語情報処理**(本叢書第9巻参照)に役立っているということも事実なのである．

　本巻の第1章は言語に関する基本的な数理モデルの紹介である．1.1節で扱っている集合論的立場は単語や品詞などについての概念を数学的立場から把握するのに大切である．ただ単語や品詞の概念を純粋に集合論的な機械的操作だけから出してくることは意外に難しい．しかし単語や品詞というものを考えるとき，考え方としてよく理解しておく必要がある理論である．もっと研究を進めて，活用形や変化形に関するある種の新しい方法を付加することができれば，将来集合論的操作で明確な単語の品詞分類ができることになるかもしれない．これが徹底すれば，単語の意味分類やシソーラスといった，第3巻『単語と辞書』の世界につながってゆくだろう．

　1.2節の**言語の階層**はN. Chomskyやその他の人達が明らかにした言語構造の複雑性についての一連のクラスの理論であって，簡単なモデルから複雑なモデルまでいくつかのクラスが存在する．この部分は言語の数学的モデルを考える場合の基本となるところであり，十分に理解をする必要がある．ただ，これらのモデルで扱っている言語はあくまでも人工的なものであって，自然言語とはなお大きな隔たりがあることをよく認識しておく必要がある．1.2節で述べている言語は**形式言語**(formal language)と呼ばれているものであって，ALGOL 60などのプログラミング言語にほぼ対応している．プログラミング言語の設計，そのコンパイラなどは，ここに述べられている言語のモデルや，第3章で説明される言語の解析法が基礎になっている．したがってプログラミング言語やコンパイラを勉強する人もこの章の内容は十分に知っている必要がある．1.3節に述べられていることは本巻の第3章に説明される統語解析のための基本的モデルを提供しているし，1.2節(d)あるいは1.3節(a)の理論は文の**形態素解析**に基礎を与えるものである．また第2巻『音声』の認識においても中心となる数理モデルである．

　本巻の第2章は，いわゆる**言語の文法**の表現形式についての章である．第5巻『文法』においては言語学的立場からの文法が与えられたが，ここではそれを1.2節で与えた文法モデルの枠の内において扱おうとするものであり，第5巻で与えられた文法の考え方とは明確には対応しない．これは残念なことであるが，言語学的立場と数理的立場との間にはどうしてもある程度のギャップが

存在するのである．この章は基本的には1.2節を基礎としているが，実際の言語をよりうまく取り扱えるように，数の一致や意味などの種々の付加的条件をつけた文法記述形式がいくつか与えられている．そしてそれらの異なった形の文法記述形式によって言語がどのように把握され記述されうるか，そしてこれらの文法を使って文の構造がどのように説明されうるかが論じられている．第5巻『文法』での文法の取り扱いと比較検討してみるとよい勉強になるだろう．

　第2章に与えられた文法記述形式はそれぞれに特徴をもち，また第3章で説明されるように，文を解析するときの手順などにもそれぞれの特色をもっている．しかし，いずれの場合も英語や日本語，その他の言語に対して比較的小規模な文法しか具体的に作られていず，その近似度（あるいは文法としての完備性）はまだ十分ではない．つまり，基本的・典型的な文体の文に対しては適用できるが，少し複雑な文においては，現在作られている文法規則の範囲内では説明のできないものが多く存在するというわけである．そこで，これらの文法形式の範囲内で具体的な文法規則，あるいはそれに対応する単語辞書の内容を充実してゆきさえすれば，いくらでも文の解析の精度を高めてゆけるのかどうかということをよく考えてみなければならない．答は否定的である．これらの記述を精密なものとしてゆく努力をさらにしなければならないのは当然であるが，他の言語的側面，たとえば意味や文脈，知識といった要素をこれらの文法形式にどのようにからませて導入することができるかということを究明してゆく必要があるのである．

　第3章は第2章に述べられた文法規則を用いて，与えられた文を解析する方法について説明している．ここで，**文の解析**，あるいは解析された文とは何かをまず明らかにしておく必要があるだろう．文の解析には，語と語の意味的な関係を明らかにする意味解析，文と文との間の相互関係を調べる文脈解析などもあるが，この章では狭義の文法の範囲，すなわち一つの文を構成する単語相互間の文法的関係を明らかにすることを文の解析と言っている．簡単に言えば，まず単語と単語の間の修飾・被修飾関係，あるいは係り受け関係といわれるものを明らかにする．そして名詞と動詞との**意味**の関係（ここでわずかに意味処理が導入される）を格関係というレベルでとらえ，文中の動詞に対する主語，目的語，補語などを明らかにすることである．つまり，文中の各単語の文法的機能を明らかにすることが文の解析あるいは**構文解析**ということになる．

文の解析には，**文法規則**を適用するが，通常の文法規則は2語，あるいはせいぜい3, 4語の単語間の文法的関係を記述したものなので，長い文を解析する場合には多くの文法規則をある順序にしたがって適用してゆかねばならない．そして1文中のすべての単語について文法規則が適用でき，その文中での機能が定まるようにする．これをどういう順序で適用してゆけば，できるだけ速く，正しい解析結果が得られるかが関心の的となる．

　文の解析にはいくつかの方法があり，いずれも特徴があって，どれが最も優れているかを言うことはできない．また一つの文に対して唯一の解析結果が得られる場合と，いくつかの解析結果が得られる場合とがある．後者の場合，文は**曖昧性**を持つという．これには，人がこの文を解釈するときに，二つ以上の異なった解釈ができる場合と，そうではなく文法が不完全であるために二つ以上の解析結果が出てしまう場合とがあるので注意が必要である．また構文的(文法的)には一意の解析結果が得られる場合でも，意味の上からは複数の解釈がありうる，いわゆる意味的曖昧さという場合があり，これは構文解析からは発見できない．

　第4章は文法を用いて文を生成する方法について説明している．第2章で説明された文法は文の解析だけでなく，**文の生成**にも用いることができ，その概略は3.2節に説明されている．第4章では第2章で説明されなかった，かなり観点のちがう**システミック文法**という枠組を用いて文を生成する方法が紹介される．このシステミック文法は意味論と**語用論**(言葉がどのように使われるかを論じる学問)とを文法の体系の中に組み込んだ形のもので，概念レベルでのモデル，テキストとして文章を作るときの機能，さらに発話に際しての対人的機能を考えているところに特徴がある．

　人は自分の頭の中にある言いたいこと(概念の組合せ)を，すでに発話した文章を前提として，状況に依存しながら発話する．システミック文法は，このように文を文頭から発話してゆくときに，人は対人関係を考慮しながらどのような判断によって単語の選択を行い，文を組み立ててゆくかということを重視して作られた文法であって，特に文の生成に適した文法であると考えられる．この文法は，その基本的考え方が第1章に述べられた言語の数理モデルやそれを基礎として展開された第2章の各種の文法形式などとはまったく関係なく，別の発想法から作られたものであるということもあって，日本はもちろんのこと，

欧米でもあまり一般によく知られていない文法形式である．しかしその内容は人間頭脳の中で文が作られてゆく際の種々の働きがかなりうまく取り入れられている興味深い文法であり，本章を出発点として，さらに深く勉強されることを期待したい．

目　次

〈言語の科学〉へのいざない ・・・・・・・・・・・・・・ v
学習の手引き ・・・・・・・・・・・・・・・・・・・・ ix

1　数理言語学　　　　　　　　　　　　　　　　　　　　*1*

1.1　集　　合 ・・・・・・・・・・・・・・・・・・　*3*
　(a)　集合の要素と名前 ・・・・・・・・・・・・・　*3*
　(b)　基　　数 ・・・・・・・・・・・・・・・・・　*5*
　(c)　部 分 集 合 ・・・・・・・・・・・・・・・・　*5*
　(d)　集 合 演 算 ・・・・・・・・・・・・・・・・　*6*
　(e)　順序対から関係，関数へ ・・・・・・・・・・　*8*
　(f)　関係のいくつかの性質 ・・・・・・・・・・・　*11*
　(g)　無限集合への手がかり ・・・・・・・・・・・　*12*

1.2　言語の階層 ・・・・・・・・・・・・・・・・・　*14*
　(a)　形式文法と形式言語 ・・・・・・・・・・・・　*14*
　(b)　導　　出 ・・・・・・・・・・・・・・・・・　*16*
　(c)　チョムスキーの階層 ・・・・・・・・・・・・　*17*
　(d)　正 規 文 法 ・・・・・・・・・・・・・・・・　*18*
　(e)　文脈自由文法 ・・・・・・・・・・・・・・・　*19*
　(f)　文脈依存文法と0型文法 ・・・・・・・・・・　*23*

1.3　言語認識とオートマトン ・・・・・・・・・・・　*25*
　(a)　有限オートマトンと正規言語 ・・・・・・・・　*26*
　(b)　文脈自由言語とプッシュダウンオートマトン ・　*29*
　(c)　チューリング機械と0型言語 ・・・・・・・・　*33*
　(d)　線形有界オートマトンと文脈依存言語 ・・・・　*37*
　(e)　帰納的および帰納的可算 ・・・・・・・・・・　*38*

第1章のまとめ ・・・・・・・・・・・・・・・・・・・　*39*

2　言語処理のための文法形式 ・・・・・・・・・・・・　*41*

2.1　文法形式の要件 ・・・・・・・・・・・・・・・　*43*
2.2　状態遷移ネットワーク ・・・・・・・・・・・・　*45*

- 2.3 拡張文脈自由文法 ... 46
  - (a) LINGOL および拡張 LINGOL ... 47
  - (b) 確定節文法 ... 48
- 2.4 言語学における句構造の拡張 ... 49
  - (a) X バー理論 ... 49
  - (b) 一般化句構造文法 ... 51
- 2.5 カテゴリ文法 ... 56
- 2.6 木接合文法 ... 61
- 2.7 単一化文法 ... 66
  - (a) 単一化 ... 66
  - (b) 論理文法 ... 71
  - (c) 素性構造に基づく文法記述言語 ... 72
  - (d) 主辞駆動句構造文法 ... 74
- 2.8 その他の関連事項 ... 78
  - (a) その他の語彙化文法 ... 78
  - (b) 統計的言語モデル ... 80
  - (c) 表現法と計算 ... 81

第 2 章のまとめ ... 82

3 統語論と計算 ... 85

- 3.1 統語解析 ... 87
- 3.2 下降型統語解析 ... 94
  - (a) メ モ ... 100
  - (b) 最終呼び出し最適化 ... 103
  - (c) アーリーのアルゴリズム ... 106
- 3.3 上昇型統語解析 ... 108
  - (a) LR オートマトン ... 111
  - (b) LR 表 ... 116
  - (c) 決定性と曖昧性 ... 118
- 3.4 左隅型統語解析 ... 119
  - (a) 到達可能性 ... 122
  - (b) 心理的実在性 ... 124

- 3.5 他の文法に基づく統語解析 ・・・・・・・ *127*
- 3.6 文　生　成 ・・・・・・・・・・・・・・ *131*
- 3.7 展　　望 ・・・・・・・・・・・・・・・ *134*
- 第3章のまとめ ・・・・・・・・・・・・・・ *135*

4 文生成とシステミック文法 ・・・・・・・ *137*

- 4.1 文生成とは ・・・・・・・・・・・・・・ *139*
- 4.2 文からテクストへ ・・・・・・・・・・ *143*
- 4.3 「機能的に動機づけられた選択過程」としての生成 ・・ *148*
- 4.4 選択肢の記述：システミック文法 ・・・・・・ *153*
  - (a) システムネットワーク ・・・・・・・・ *154*
  - (b) 言語構造の指定 ・・・・・・・・・・ *159*
  - (c) 選択器・問い合わせ意味論 ・・・・・・ *162*
  - (d) 生成アルゴリズム ・・・・・・・・・・ *173*
- 4.5 システミック文生成器への入力 ・・・・・・・ *177*
- 4.6 システミック生成システムのこれまでと現在 ・・ *183*
- 4.7 システミック文法の形式化 ・・・・・・・・ *188*
- 4.8 今後の研究動向 ・・・・・・・・・・・・ *192*
- 第4章のまとめ ・・・・・・・・・・・・・・ *193*

- 用 語 解 説 ・・・・・・・・・・・・・・・・ *195*
- 読 書 案 内 ・・・・・・・・・・・・・・・・ *199*
- 参 考 文 献 ・・・・・・・・・・・・・・・・ *203*
- 索　　引 ・・・・・・・・・・・・・・・・・ *219*

1
数理言語学

1 数理言語学

【本章の課題】

人間が言語を扱うには，文の生成，認識，理解に関して何らかのメカニズムを用いている．このメカニズムは言語を科学する立場から興味深いものである．さらに言語をコンピュータで処理しようとすると，この生成や認識，理解に関して数理的なモデル化が必要になる．本章では，このような問題に対して，数理的立場から基本的事項を説明する．本章は，その内容から見て前半と後半に分かれる．

文や文章の理解とは，それらが表現している世界を理解することである．このことを数理的に扱おうとするなら，表現された世界を数理的にモデル化しなければならない．この目的のために，本章の前半すなわち1.1節ではまず数理的モデルの基本となる集合論について説明する．

本章の後半1.2節および1.3節では，記号列としての文の構造と認識，すなわち文法と構文解析のモデルについて述べる．これは一般に数理言語学と呼ばれている．そこで重要なのはN.Chomskyによって提案された言語の複雑さによる階層である．実時間で認識できる正規言語，自然言語のモデルとなる文脈自由言語などについて説明する．チョムスキーの階層は，文の構造的複雑さはもちろん，その認識装置の複雑さにも直接関係する．代表的な認識装置としてはチューリング機械と呼ばれるものがあり，これは現代のコンピュータと理論的に同じ構造をしている．

1.1　集　　合

　言語は人間が認識した世界を表現するための道具である．世界認識から言語表現までは，図 1.1 に示すように，世界 → 認識プロセス → 認識された世界のモデル → 言語表現の意味 → 言語表現　という流れである．

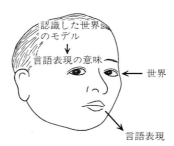

図 1.1　世界から言語へ

　また，脳内の記憶内容を再認識して，世界のモデルを作り，言語表現へ変換するという流れもある．したがって，言語の意味を考えるときには何らかの世界モデルを記述する枠組が必要になる．本叢書でもいろいろな枠組について説明されている．この節で述べる集合は，このような世界モデルの枠組のひとつである．

（a）　集合の要素と名前

　集合(set) は，**要素**(element) の集まりである．以下では，要素 $a, b, \cdots$ からなる集合を

$$\{a, b, \cdots\}$$

と書くことにする．例えば，3 人の日本人を表す

$$\{花子, 太郎, 明\}$$

は集合である．それでは，

$$\{花子, 太郎, 太郎, 明\}$$

は集合だろうか．これは，2 回現れている太郎が同一人物か別人物かによる．もし，1 番目の太郎が山田太郎で，2 番目の太郎が島田太郎で別人物なら，こ

れは4個の要素を持つ立派な集合である．ところが，2回現れている太郎が同一人物だとすると，「集合というのは世界に存在するモノやコトを集めてきたもの」という素朴な直感に反する．集合論は，この素朴な直感を体系付けており，要素は重複して含まれないので，{花子, 太郎, 太郎, 明} は集合ではない．この例のように重複要素を含む場合を**バッグ**(bag) と呼ぶ．

　上の例で，集合の要素とは大雑把にモノやコトと考えたが，そのモノやコトをどのように記述したらよいのかという問題がある．例えば，上の例で要素を記述するために花子, 太郎, 明という名前を用いた．しかし，その名前自体も世の中のモノではないのだろうか．つまり，花子がある特定の人物のことなのか，それとも「花子」という名前のことなのかがこのままでは区別できない．{花子, 太郎, 明} は，前者なら3人の人物からなる集合であり，後者なら典型的な日本人の三つの名前の集合である．この両者がきちんと区別できないと，集合の意味が曖昧になってしまう．名前と，その名前が指し示すモノやコトとを区別する記法を決めておく必要がある．このための統一的な記法はないが，以下，本節では，花子のように直接表記した場合はモノやコトそれ自身を表し，"花子" あるいは「花子」というように引用符で囲んだ場合は名前を表すとする．要素についてもうひとつ注意しておこう．上の例では，花子にせよ太郎にせよ要素は1個のモノであった．つまり要素はこの場合，それ以上分割できない．ところが集合も要素になれる．例えば，人間全体を表す集合 {女性, 男性} では，女性，男性がまた人の集まり，すなわち集合である．

　要素が集合に含まれることを $\in$ という記号で表す．例えば上の例では，
$$太郎 \in \{花子, 太郎, 明\}$$
である．この $\in$ は集合とその集合に含まれる要素の間の関係であることに注意されたい．例えば，花子が女性という集合の要素である，すなわち，
$$花子 \in 女性$$
とする．上の例では，人間は女性と男性という集合だけを要素に持つので
$$女性 \in 人間$$
である．しかし，ここで注意すべきことは，花子は女性の要素であっても，直接には人間の要素ではないので
$$花子 \in 人間$$
とはいえないことである．

今までは $\{a, b, \cdots\}$ というように要素を数え上げる方法で個々の集合を定義してきた．この定義法を**外延的**(extensional)**定義**という．この他に要素の持つ性質を記述することによって集合を定義する**内包的**(intensional)**定義**がある．内包的定義の例は，

$$\{x \mid x \text{ は } 2 \text{ で割り切れる } 100 \text{ 以下の自然数}\}$$

であり，これによってすべての100以下の正の偶数からなる集合を表せる．この記法では，x が集合の要素を表し，$|$ の右側の記述が x の満たすべき性質を表す．内包的定義は便利だが，無原則に使うと B. Russel が示したパラドックス† に陥る危険がある．

(b) 基　数

集合に含まれる要素の数を**基数**(cardinality)といい，集合 A の基数を $|A|$，あるいは $\sharp(A)$ などと書く．基数によって，以下のような特徴を持つ集合が定義される．

(1) 要素をひとつも含まない集合．これを**空集合**(empty set)と呼び，$\emptyset$ あるいは $\{\ \}$ という記号で表す．内包的定義を用いて定義された次の集合も空集合である．

$$\{x \mid (x<1) \text{ かつ } (x>2)\}.$$

(2) 要素をひとつだけ含む集合．これを**単集合**(singleton)と呼ぶ．例えば，$\{太郎\}$ は単集合である．

(3) 要素を有限個含む集合．これを**有限集合**(finite set)と呼ぶ．有限集合は空集合と単集合を含んでいる．

(4) 要素を無限個含む集合．これを**無限集合**(infinite set)と呼ぶ．例えば，すべての自然数を集めた集合は無限集合である．

(c) 部分集合

集合 A が集合 B の**部分集合**(subset)であることを，$A \subseteq B$ と書き，$\in$ を用いて次のように定義する．

定義 1（部分集合） $A \subseteq B$ は，任意の x について $x \in A$ ならば，$x \in B$ が成立することである．

つまり，A の要素はすべて B の要素でもある．$A \subseteq B$ だが，$A \neq B$ の場合を

A は B の**真部分集合**(proper subset)といい，$A \subset B$ と書く．これは，A が B の部分集合であることに加えて，B の要素には A の要素でないものが含まれていることである．空集合が任意の集合の部分集合であることを背理法で示そう．任意の集合 A に対して，$\emptyset \nsubseteq A$ であるためには，$\emptyset$ の要素だが A の要素でない要素が少なくとも 1 個は存在しなければならない．しかし，一つも要素を含まないという空集合の定義に矛盾する．よって，いかなる A に対しても $\emptyset \subseteq A$ である．部分集合を利用して**ベキ集合**(power set)が定義される．

定義 2（ベキ集合） A のベキ集合 $\mathcal{P}(A)$ は $\mathcal{P}(A) = \{x \mid x \subseteq A\}$

つまり集合 A のベキ集合とは，A のすべての部分集合からなる集合である．例えば，$A = \{a, b\}$ のベキ集合 $\mathcal{P}(A)$ は $\{\emptyset, \{a\}, \{b\}, \{a, b\}\}$ である．

A のある部分集合は A の各要素が入るか入らないかを決めることによって特定できる．したがって，A の基数(要素の数)が 2 なら $2^2 = 4$ 個の部分集合，3 なら $2^3 = 8$ 個の部分集合，… があり，一般には A の基数が n なら 2^n 個の部分集合がある．つまり，$\sharp(\mathcal{P}(A)) = 2^n$ である．このことに由来して，A のベキ集合を 2^A と書くこともある．ベキ集合と空集合についての理解を深めるために $\mathcal{P}(\emptyset)$ を考えてみよう．$\emptyset$ は何も要素を含まない．しかし，空集合は任意の集合の部分集合だから，$\emptyset \subseteq \emptyset$．よって，$\mathcal{P}(\emptyset) = \{\emptyset\}$ である．さらに $\mathcal{P}(\emptyset)$ のベキ集合がどうなるかは読者自身に考えていただきたい．

(d) 集合演算

普遍集合(universal set)という概念を導入する．普遍集合とは，考慮するすべての要素を含む集合である．例えば，自然数だけを対象にするなら普遍集合は自然数全体である．普遍集合を用いて定義される集合演算に**補集合**(complement of set)がある．A の補集合を A^c と書く．A^c は，普遍集合のうち A に含まれない要素からなる集合である．形式的に定義すると次のようになる．ただし，「左辺 $=$ def 右辺」は左辺が右辺によって定義されることを表す．

(1) $A^c = \mathrm{def}\{x \mid x \notin A\}$

この他によく使われる集合演算は**和**(union)，**積**(intersection)，**差**(difference)である．形式的定義は以下の通りである．

(2) 和　$A \cup B = \mathrm{def}\{x \mid (x \in A) \text{ あるいは } (x \in B)\}$

(3) 積　$A \cap B = \mathrm{def}\{x \mid (x \in A) \text{ かつ } (x \in B)\}$

(4) 差　$A - B = \mathrm{def}\{x \mid (x \in A) \text{ かつ } (x \notin B)\}$

普遍集合 U と差を用いると補集合 A^c は $U - A$ と表される．以上の集合演算の間の関係として以下のような法則が成り立つ．

- **ベキ等則**　$X \cup X = X,\ X \cap X = X$
- **交換法則**　$X \cup Y = Y \cup X,\ X \cap Y = Y \cap X$
- **結合法則**　$(X \cup Y) \cup Z = X \cup (Y \cup Z),\ (X \cap Y) \cap Z = X \cap (Y \cap Z)$
- **分配法則**　$X \cup (Y \cap Z) = (X \cup Y) \cap (X \cup Z),\ X \cap (Y \cup Z) = (X \cap Y) \cup (X \cap Z)$
- **identity 法則**　U を普遍集合とする．$X \cup \varnothing = X,\ X \cap \varnothing = \varnothing,\ X \cup U = U,\ X \cap U = X$
- **補元法則**　U を普遍集合とする．$X \cup X^c = U,\ X \cap X^c = \varnothing,\ (X^c)^c = X,\ X - Y = X \cap Y^c$
- **ド・モルガンの法則** (De Morgan's law)　$(X \cap Y)^c = X^c \cup Y^c,\ (X \cup Y)^c = X^c \cap Y^c$
- **一貫性の法則**　$X \subseteqq Y$ iff $X \cup Y = Y,\ X \subseteqq Y$ iff $X \cap Y = X$

ただし，iff は if and only if の略で**必要十分**である，あるいは**等価**であることを表す．

これらの法則を利用することによって，集合演算で結合された式の変形や簡約化ができる．例えば，$(A \cup B) \cup (B \cap C)^c$ は普遍集合 U となる．これは，ド・モルガンの法則，結合法則などを使って以下のように導ける．

[1]　$(A \cup B) \cup (B \cap C)^c$

[2]　$(B \cap C)^c$ にド・モルガンの法則を適用すると，$(A \cup B) \cup (B^c \cup C^c)$

[3]　$(A \cup B)$ と $(B^c \cup C^c)$ の間に結合法則を適用すると $((A \cup B) \cup B^c) \cup C^c$

[4]　$(A \cup B) \cup B^c$ に結合法則を適用すると，$A \cup (B \cup B^c)$

[5]　補元法則により $(B \cup B^c) = U$ だから，[4]の結果は $A \cup U$

[6]　[5]の結果に identity 法則を適用すると $A \cup U = U$．よって，[3]の結果は $U \cup C^c$

[7]　[6]の結果に交換法則を適用し，さらにその結果に identity 法則を適用すると，もとの式が U になることが分かる．

(e) 順序対から関係，関数へ

今までは集合の各要素の間に順序を想定しなかった．したがって，要素の記述される順番に差があっても集合としては同一である，例えば，$\{a,b\} = \{b,a\}$ である．しかし，実際は要素に何らかの順序を考えることが多い．例えば，人物を要素とするならその名前のアルファベット順であるとか，身長の順などの順序が考えられる．言語学における例として助詞「さえ」の意味を考えてみよう．

(5) 足し算さえできない中学生

この文は「中学生」が足し算をできないことだけを意味しているのではない．中学生なら当然できることが，正負の数の足し算，引き算，掛け算，割り算，とあり，「足し算」はできることのうち，最もできてあたりまえのことを意味する．その足し算ができない，という意味がこめられている．このような意味を形式的に扱うには，中学生にできる当然さの順番で，正負の数の足し算，引き算，掛け算，割り算，と並ぶ順序が必要になる．集合の中にこのような順序を導入することについて以下に述べる．

まず2個の要素の間に順序関係が成立する**順序対**(ordered pair) を定義する．

定義 3 (順序対) 集合の各要素の間に成り立つ基本的関係である順序対 $\langle a,b \rangle$ は次のように定義される．$\{\{a\}, \{a,b\}\}$

なお，ここでの順序対の記法は Partee et al. (1990) に準ずる．この定義によれば，$\langle a,b \rangle \neq \langle b,a \rangle$ である．順序対は集合に何らかの構造を定義するときの基本になることが多い．以下で順序対を利用する集合の構造について述べる．まず順序対を利用し二つの集合の**直積** (cartesian product) を定義する．

定義 4 (直積) 二つの集合 A と B の直積 $A \times B$ とは，$\{\langle x,y \rangle \mid (x \in A) \text{ かつ } (y \in B)\}$

以下に直積の例を示す．$A = \{太郎, 次郎\}$, $B = \{花子, 明子\}$ とする．

$A \times B = \{\langle 太郎, 花子 \rangle, \langle 太郎, 明子 \rangle, \langle 次郎, 花子 \rangle, \langle 次郎, 明子 \rangle\}$

である．また，

$A \times A = \{\langle 太郎, 太郎 \rangle, \langle 太郎, 次郎 \rangle, \langle 次郎, 太郎 \rangle, \langle 次郎, 次郎 \rangle\}$

である．なお，直積の定義から

$A \times \varnothing = \varnothing, \varnothing \times A = \varnothing$

である．

　直積を用いて**関係**(relation)および**補関係**(complement of relation)を定義する．

　定義 5（関係） 集合 A から集合 B への関係 R とは，直積 $A \times B$ の部分集合である．

ただし，関係 R に現れる A の要素の集合を**変域**あるいは**定義域**(domain)，B の要素の集合を**値域**(range)と呼ぶ．

　定義 6（補関係） 集合 A から集合 B への関係 R の補関係 R^c は，$(A \times B) - R$ である．

　A から B への関係のうち，次の性質を満たすものを**関数**(function)という．**写像**(mapping)，**一意対応**(correspondence)は関数と同じ意味で用いられる．

(1) 定義域の各要素は，それぞれ値域のただひとつの要素と対をなす．

(2) 定義域は A に一致する．

また，(1)は満たすが(2)は満たさない，すなわち定義域が A の一部分の場合は，**部分関数**(partial function)と呼ぶ．

　関係や関数を参照するときにはいちいちその定義を書き下すわけにはいかないので，関係や関数に名前を付けることにしよう．

$$A = \{太郎, 次郎\},\ B = \{花子, 明子\}$$

の場合について，$\{\langle太郎, 花子\rangle, \langle太郎, 明子\rangle, \langle次郎, 明子\rangle\}$ は $A \times B$ の部分集合であるから関係である．この関係に $love$ という名前をつけるなら，補関係 $love^c$ は，$\{\langle次郎, 花子\rangle\}$ であり，$love$ という関係にない男女の組み合わせということになる．$love$ は関数の持つべき性質のうち1番目のものを満たさないので関数ではない．

$$love1 = \{\langle太郎, 花子\rangle\}$$

は定義域 $\neq A$ なので部分関数である．これに対して，

$$love2 = \{\langle太郎, 花子\rangle, \langle次郎, 明子\rangle\}$$

や

$$love3 = \{\langle太郎, 明子\rangle, \langle次郎, 明子\rangle\}$$

はいずれも関数であるための2条件を満たすので関数である．しかし，$love2$ と $love3$ には大きな差があるように見える．この差を定式化するのが以下の一対一や上へなどの概念である．

まず，F が A から B への関数であることを

$$F: A \to B$$

と書くことにする．A から B への関数のうち，値域 $= B$ である場合を**上へ**(onto) の関数あるいは**全射**(surjection) という．$love2$ は全射だが，$love3$ は全射ではない．また，B の各要素に対して A の要素がちょうど1個対応する場合を**一対一**(one-to-one) 関数あるいは**単射**(injection) という．$love2$ は単射だが，$love3$ は単射ではない．$love3$ は定義域のすべての要素を値域の同一の要素に対応させるので定数関数である．全射 (onto) かつ単射 (one-to-one) ならこれを**全単射**(bijection) という．全単射なら**逆関数**(inverse function) が定義できる．逆関数は直感的に理解できると思うが，これを形式的に定義するために**合成**(composition) と**恒等関数**(identity function) を定義する．

定義 7（合成） $F: A \to B$ と $G: B \to C$ という二つの関数の合成 $G \circ F$ は以下のように定義される．

$$G \circ F = \mathrm{def}\{\langle x, z\rangle \mid \langle x, y\rangle \in F \text{ かつ } \langle y, z\rangle \in G \text{ となる } y \text{ が存在する}\}$$

例えば，A と B はこれまでと同様で，$C = \{一郎, 健太\}$ とする．

$$love2 = \{\langle 太郎, 花子\rangle, \langle 次郎, 明子\rangle\}$$

と

$$love4 = \{\langle 花子, 一郎\rangle, \langle 明子, 健太\rangle\}$$

の場合，それらの合成は

$$love2 \circ love4 = \{\langle 太郎, 一郎\rangle, \langle 次郎, 健太\rangle\}$$

である．

定義 8（恒等関数） 関数 $F: A \to A$ が $F = \{\langle x, x\rangle \mid x \in A\}$ となる場合，F を恒等関数といい，id_A と書く．

この定義によれば，全単射 F の逆関数 F^{-1} は，$G \circ F = id_A$ となる G として定義できる．つまり，$F^{-1} \circ F = id_A$．また，G からみると F は G の逆関数である．

再び具体例に戻って説明しよう．$love2 = \{\langle 太郎, 花子\rangle, \langle 次郎, 明子\rangle\}$ は値域 $= \{花子, 明子\} = B$ であるから全射である．また，値域の各要素に対して定義域の1個ずつの要素が対応しているから単射である．したがって $love2$ の逆関数 $love2^{-1}$ は

$$love2^{-1} = \{\langle 花子, 太郎\rangle, \langle 明子, 次郎\rangle\}$$

のように定義できる.

(f) 関係のいくつかの性質

集合 A の要素から集合 A 自身の要素に順序対が定義されている場合を考えよう. この順序対全体すなわち直積 $A \times A$ における関係 $R \subseteq A \times A$ をその性質によって分類できる. このことは, 直接には A における R の性質の分類だが, 間接には R による A 自身の性質の表現でもある. 以下に代表的な R の性質を列挙する.

反射的(reflexive)　A 中のすべての x に対して $\langle x, x \rangle \in R$ であること.
$A = \{$太郎, 次郎, 三郎$\}$ という集合において
(6)　$\{\langle$太郎, 太郎$\rangle, \langle$次郎, 次郎$\rangle, \langle$三郎, 三郎$\rangle\} \subseteq R$
なら R は反射的である. 例えば, R が「知っている」という関係だったとすると, 当然自分自身のことは知っているので, (6)の条件を満たすから反射的である.
[注]　$\langle x, x \rangle$ がまったく存在しない場合を**非反射的**(irreflexive)という. 例えば, 「顔を直接見れる」という関係は非反射的である. なぜなら, 自分の顔は直接見れないからである.

対称的(symmetric)　A 中のすべての x, y の組に対して $\langle x, y \rangle \in R$ なら $\langle y, x \rangle \in R$ であること.
(7)　$\{\langle$太郎, 次郎$\rangle, \langle$次郎, 太郎$\rangle, \langle$太郎, 三郎$\rangle, \langle$三郎, 太郎$\rangle, \langle$次郎, 三郎$\rangle,$
　　$\langle$三郎, 次郎$\rangle\} \subseteq R$
なら R は A において対称的である.「友人である」という関係は対称的である. なぜなら, a が b と友人なら, b も a と友人だからである.
[注]　$\langle x, y \rangle \in R$ かつ $\langle y, x \rangle \in R$ という順序対が存在しないなら**非対称的**(asymmetric)という. さらに, $\langle x, y \rangle \in R$ かつ $\langle y, x \rangle \in R$ という順序対が存在するときは必ず $x = y$ となるなら**反対称的**(anti-symmetric)という.

推移的(transitive)　すべての x, y, z に対して $\langle x, y \rangle \in R$ かつ $\langle y, z \rangle \in R$ なら $\langle x, z \rangle \in R$ であること.
(8)　$\{\langle$太郎, 次郎$\rangle, \langle$次郎, 三郎$\rangle, \langle$太郎, 三郎$\rangle\} \subseteq R$
なら R は A において推移的である. 太郎が次郎の兄で, 次郎が三郎の兄なら, 太郎は三郎の兄である. だから,「兄である」という関係は推移的である.

[注] $\langle x,y \rangle \in R$ かつ $\langle y,z \rangle \in R$ なら $\langle x,z \rangle \notin R$ の場合を**非推移的**(intransitive)という．

連結的(connected)　すべての相異なる 2 要素 x, y に関して，$\langle x,y \rangle \in R$ あるいは $\langle y,x \rangle \in R$ あるいは両方が成立すること．

(9)　$\{\langle 太郎, 次郎 \rangle, \langle 次郎, 三郎 \rangle, \langle 三郎, 太郎 \rangle\} \subseteq R$

なら R は A において推移的ではないが連結的である．

反射的，対称的，推移的のような性質は自然言語の意味論を理解するとき重要である．例えば，自然言語の意味論で用いる様相論理の S4 という体系は，到達可能性という関係に対して反射的かつ推移的な集合として性格付けられる．詳しくは松本(1980)などに譲る．また，一般化量化子(Partee et al. 1990)や否定対極表現(Horn 1989)でも用いられる．

（g）　無限集合への手がかり

以下に述べるのは無限集合の扱いの初歩である．言語学よりはむしろ数学基礎論の内容になるので，先を急ぐ読者はとばしてよい．言語に関係する現象や理論は多くの場合，有限個の要素だけを考えればよいが，意味論などにおいてはときとして無限集合が現れることがある．そこで，集合論における無限から定義しよう．

定義 9（対等）　集合 A と B の間に全単射関数があるなら，二つの集合は**対等**(equivalent)であるという．

定義 10（無限）　ある集合が無限集合であるとは，その集合のある真部分集合がその集合自身に対等なことである．

さて，無限集合とはどのくらい多くの要素を含むのだろうか．これに答えるために，すでに定義した集合の基数を無限集合に拡大しなければならない．まず，ある集合のすべての要素が順序付けられている集合を考えよう．これは例えば，自然数全体からなる集合である．このような順序付けられた集合 α と与えられた無限集合 A が対等であれば，A に含まれる要素の数は α で表される．これを A の**濃度**(power)という．濃度は基数を拡大した概念になっている．

さきに定義された無限集合において次の定理が基本的である．

定理 1（カントールの定理，Cantor's theorem）　任意の集合 A において，A の基数（A が無限集合なら濃度）より $\mathcal{P}(A)$ の基数（A が無限集合なら濃度）

の方が大きい．

この定理は，有限集合ならあたりまえだが，無限集合でも成立するところに注目したい．まず，濃度の大小関係について定義しなければならない．これは以下のように考える．

定義 11　無限集合 A と B があったとする．A の濃度と等しい濃度を持つ，つまり対等な集合 C で B の真部分集合であるものが存在したとする．このとき集合 B の濃度は集合 A の濃度より大きいという．

注意しなければならないのは，濃度の大小関係は直感と少しずれる点である．例えば，自然数全体 N と正の偶数全体 E では N の方が濃度が大きそうだが，そうではない．なぜなら，$1 \to 2, 2 \to 4, \cdots, n \to 2\times n, \cdots$ という N から E への全単射を考えることができるので，N と E は対等であり濃度は等しい．実は自然数全体と有理数全体も対等であり濃度が等しい．なお，有理数は二つの自然数 m と n によって n/m の形で表される数全体である．どのような全単射を考えればよいかは読者自身に考えていただきたい．

さて，カントールの定理の証明は，無限集合の場合については背理法で行う．$A = \{x_1, x_2, \cdots\}$ と表したとしよう．仮に，A と $\mathcal{P}(A)$ の濃度が等しいとしよう．すると，A から $\mathcal{P}(A)$ への以下のような単射 F を作れる．ただし，

$F(x_i) = $ 含まぬ，含む，含まぬ，含む，$\cdots$

は，$F(x_i)$ が「含む」に対応する x_j のみを含む部分集合に写像することを意味する．下の例なら，$F(x_1) = \{x_2, \cdots\}$ であることを意味する．

		x_1	x_2	x_3	$\cdots$
$F(x_1)$	=	含まぬ	含む	含まぬ	$\cdots$
$F(x_2)$	=	含む	含まぬ	含まぬ	$\cdots$
$F(x_3)$	=	含まぬ	含む	含まぬ	$\cdots$
		$\cdots\cdots$			

ここで，$y_1 = (F(x_1)$ の x_1 に対応する 1 番目の位置の要素の「含む」，「含まぬ」を反転したもの)，$y_2 = (F(x_2)$ の x_2 に対応する 2 番目の位置の要素の「含む」，「含まぬ」を反転したもの)，$y_3 = (F(x_3)$ の x_3 に対応する 3 番目の位置の要素の「含む」，「含まぬ」を反転したもの)，$\cdots$ のようにして作った $y_1, y_2, \cdots$ を並べる (この例なら $y_1 = $ 含む，$y_2 = $ 含む，$y_3 = $ 含む，$\cdots$) ことによって表現される

A の部分集合は，どの $F(x_i)$ $(i=1,2,\cdots)$ とも異なる．よって，A と $\mathcal{P}(A)$ の濃度が等しいという仮定は誤りである．

有限集合の場合は，明らかに A は $\mathcal{P}(A)$ より基数(濃度)が小さい．よって証明できた． □

この定理の証明のキーポイントは $y_1, y_2, \cdots$ で表される A の部分集合の作り方である．これは**対角線論法**(diagonal argument)と呼ばれ，無限集合を扱う場合の基本的技法である．

1.2 言語の階層

(a) 形式文法と形式言語

言語学では言語現象のいろいろな面を研究し，その形式的なモデルを考案してきた．その中に文の持つ構造に関する面，すなわち文法がある．次の二つの文について考えてみよう．

(**10**) 太郎はいるよね．

(**11**) は太郎いるねよ．

日本人にとって(10)は正しい文であるが，(11)は正しくない文であろう．よく見ると，(11)で使われている単語は

{太郎(固有名詞), は(助詞), いる(動詞), よ(終助詞), ね(終助詞)}

であって，(10)とまったく同じである．両者の差は，単語の並ぶ順序にある．個々の単語がどのような順序で並べば正しい文であるかを我々は知っている．単語の集合およびそれらの単語が正しい文を作る順序に関する規則の集合がここで考えている**文法**である．文法が決まれば，それらから生成される正しい文の集合すなわち言語が規定される．この節で扱うのは，このような文法と言語についての形式的モデル，すなわち**形式文法**(formal grammar)と**形式言語**(formal language)である．

以下では特に断わらない限り，文法とは形式文法，言語とは形式言語のことを意味する．これに対して，形式的に定義されることによって作られたのではなく，人間の社会生活，精神生活を通じて自然発生し歴史的に形成されてきた日本語などのような言語を，ここでは特に自然言語と呼ぶことにする．

1.2 言語の階層

本節で扱う文法とは，文を文字列とか単語列，より一般的には記号列としてみたときの並び方の規則，そしてその背後にある構造をモデル化するものである．つまり単語として，日本語などの自然言語におけるいわゆる単語だけを対象にしているわけではない．よって文字がどのような規則でつながって単語になるか，つまり形態論なども扱える．

形式言語および形式文法の理論は非常に奥が深く，限られた紙数で全容を語ることはとてもできない．より詳しくは専門書を参照されたい（Hopcroft & Ullman 1971, 1984; 嵩他 1988）．また，言語学との関連は Partee et al. (1990) に手際よくまとめられている．

文法は次の四つによって定義される．

- **終端記号**(terminal symbol)の集合 V_T．これは文に現れる記号の集合であり，例えば自然言語の文文法なら個々の単語である．もし，対象とするのが単語の文字列としての構造を記述する処理，例えば形態論であれば，a, b, c, … のような個々の文字が記号になる．
- **非終端記号**(nonterminal symbol)の集合 V_N．これは文には直接現れないが文を生成する際に中間的表現として使われる文法的カテゴリーである．例えば自然言語の文法で言えば，名詞，名詞句，動詞，副詞句，関係節，そして文などである．
- **開始記号**(initial symbol) S．文を生成する場合，文に対応する非終端記号（つまり，$S \in V_N$）で，開始記号とも呼ばれる．
- **書き換え規則**(rewriting rule) R．$\alpha \to \beta$ の形の式の集合．α, β とも $V_T \cup V_N$ の有限長列であり，α が β に書き換えられる．

形式的には，ある文法 G を以上の四つを用いて次のように書く．

$$G = (V_T, V_N, S, R)$$

ここで簡単な形式的定義を持つ文法の例を示す．

(12)　　$G = (V_T = \{飲み, 食い\}, V_N = \{S, A\}, S, R)$
　　　　$R = \{S \to \epsilon,\ S \to 飲み\ SA,\ A \to 食い\}$

ただし，ϵ は**空記号**（なにもないこと）を表す．また，空記号だけからなる文，つまり長さ $=0$ の文を**空文**(empty sentence)という．

この G で開始記号 S から書き換え規則を用いて文を生成するプロセスを示す．ただし，日本語を終端記号に使うと，本文との差が見分けにくい．そこで，

以後紛らわしい場合は日本語を含む記号列は「　」で囲んで表記する．

［1］　まず S に 1 番目の規則を適用すると終端記号列（つまり文）ϵ が得られる．

［2］　S に 2 番目の規則を適用すると「飲み SA」が得られる．

［3］　この S に 1 番目の規則を適用すると ϵ となるため「飲み SA」は「飲み A」になる．

［4］　A に 3 番目の規則を適用すると「食い」となる．よって，S から「飲み食い」という文が得られた．

［5］　［2］で得られた S に 2 番目の規則を適用すると「飲み飲み SAA」となる．

以下同様に適用可能な規則を適用していくと，結局 S から生成される文の集合は

$$\{\epsilon, 飲み^n 食い^n, n = 1, 2, \cdots\}$$

というものであることが分かる．ただし，A^n は A が n 個連接した記号列を表す．

このような文の生成は次に詳しく述べる導出という手続きである．

(b) 導　　出

以後しばしば使う A^* という記法について説明しておく．これはクレーネスター (Kleene star) あるいは**閉包** (closure) と呼ばれる．A^* は，集合 A の要素を 0 回ないし任意の有限回繰り返したものの集合である．

次に**導出** (derivation) を説明しよう．α, β とも $(V_T \cup V_N)^*$ の要素とする．$(V_T \cup V_N)^*$ は終端記号あるいは非終端記号の任意回の繰り返しの集合，すなわち閉包である．例えば，文法の例 (12) において S に規則を適用した結果の集合である．α に書き換え規則を 1 回だけ適用して β が得られることを，直接導出すると言い，

$$\alpha \Longrightarrow \beta$$

と書く．書き換え規則を繰り返し適用して α から β が導かれることを，導出するといい，

$$\alpha \stackrel{*}{\Longrightarrow} \beta$$

と書く．これは $\Longrightarrow$ の閉包，すなわち直接導出 $\Longrightarrow$ を 0 回ないし任意の有限

回繰り返すことによって α から β が導かれることを意味する．(12) の文法では，$S \Longrightarrow \epsilon$，「飲み SA」$\Longrightarrow$「飲み S 食い」が直接導出の例であり，$S \stackrel{*}{\Longrightarrow}$「飲み飲み食い食い」などが導出の例である．導出の過程を表現するのが**導出の木** (derivation tree) である．つまり，導出の木とは，ある文を S から書き換え規則を(何回も)適用して導出する過程を，S を根とする木として表したものである．(12)で S から「飲み飲み食い食い」を導く導出の木を図 1.2 に示す．なお，導出に際して，常に中間結果としてできる記号列中の最も左の非終端記号に書き換え規則を適用する方法を**最左導出** (leftmost derivation) という．

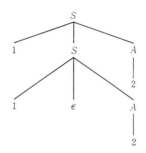

図 1.2 導出の木

以上述べた方法で定義された，ある文法で開始記号から導出される文の集合を，その文法に対応する**言語** (language) という．

(c) チョムスキーの階層

文法には，それが生成する言語の複雑さにおいていくつかの階層があるだろうと予想できる．この階層化で最もよく知られ，また実際に応用されているのが**チョムスキーの階層** (Chomsky hierarchy) である．チョムスキーの階層では，文法 G における書き換え規則の形を制限することによって 0 型文法，1 型文法 (文脈依存文法)，2 型文法 (文脈自由文法)，3 型文法 (正規文法) という 4 階層に分ける．そして，これらの文法で生成される文の集合すなわち言語は，各文法に対応して以下の 4 種の階層に分かれる．

- **0 型言語** (type 0 language) あるいは**帰納的可算集合** (recursive enumerable set，略称 r.e.)
- **1 型言語** (type 1 language) あるいは**文脈依存言語** (context sensitive lan-

guage，略称 csl）

- **2 型言語**（type 2 language）あるいは**文脈自由言語**（context free language，略称 cfl）
- **3 型言語**（type 3 language）あるいは**正規言語**（regular language）

書き換え規則における制約は 0 型言語が最も緩く，以下 1, 2, 3 型言語の順に強くなっていく．これにしたがって生成される文も構造が限定されていく．つまり，各文法で生成される言語間の関係は，0 型言語が 1 型言語を含み，以下 1 型言語が 2 型言語を，2 型言語が 3 型言語を含む．言語はもう少し細かく分かれるが，その全体の包含関係は後に図 1.9 で示す．以下では，最も制限が強い正規文法から順に簡単な例を用いて，その書き換え規則の特徴を説明していく．以下では大文字が非終端記号，小文字が終端記号を表すとする．

(d) 正規文法

次に示すのは「香織と恵」のような名詞句を生成する文法である．

(13) $G = (V_T = \{$香織, 恵, 電子メール, プレゼント, と$\}$,
　　　　$V_N = \{NP, NP1\}, NP, R)$
　　　　$R = \{NP \to$ 香織, $NP \to$ 恵, $NP \to$ 電子メール, $NP \to$ プレゼント,
　　　　　　$NP \to$ 香織 $NP1$, $NP \to$ 恵 $NP1$, $NP \to$ 電子メール $NP1$, $NP \to$
　　　　　　プレゼント $NP1$, $NP1 \to$ と $NP\}$

実際に導出すると，この文法では次のような言語を生成する．

　　　　N（と N）*

ただし N は「香織」「恵」「電子メール」「プレゼント」のうちのどれかである．

導出例を示す．新たに導出された部分は下線で示す．

　　$NP \Longrightarrow \underline{香織\ NP1} \Longrightarrow 香織\ \underline{と\ NP} \Longrightarrow 香織\ と\ \underline{恵\ NP1}$
　　$\Longrightarrow 香織\ と\ 恵\ \underline{と\ NP} \Longrightarrow 香織\ と\ 恵\ と\ \underline{電子メール}$

この例を見ると，書き換え規則は次の 2 種類に限られている．ただし，X, Y は任意の非終端記号，a は任意の終端記号である．

(14)　　$X \to aY$
　　　　$X \to a$

書き換え規則がこの形に限定されている文法を**正規文法**（regular grammar）という．(13) の R の最初の 4 個の規則は $X \to a$ の形，R のその他の規則は $X \to$

aY の形である．この例からも推察されるように，正規文法は同一の終端記号が繰り返し現れることによって無限の文を生成できるが，その構造はかなり限定されたものであることが予測される．正規文法で生成される正規言語がどのような言語であるかについては，後に 1.3 節 (a) で述べる．実際のところは，膨大な数の規則や終端記号があれば，自然言語のかなりの部分を近似することができる．

(e) 文脈自由文法

(13) で示した文法を少し拡大して次のような文法を考えてみよう．

(15) $G = (V_T = \{$香織, 恵, 電子メール, プレゼント, と, が, を, 送った, 読んだ$\}$,

$V_N = \{S, NP, NP1, SUBJ, OBJ1, V, VP1\}, S, R)$

$R = \{NP \to$ 香織, $NP \to$ 恵, $NP \to$ 電子メール, $NP \to$ プレゼント, $NP \to$ 香織 $NP1$, $NP \to$ 恵 $NP1$, $NP \to$ 電子メール $NP1$, $NP \to$ プレゼント $NP1$, $NP1 \to$ と NP (以上は (13) の R と同じ), $S \to SUBJ\ VP1$, $S \to SUBJ\ V$, $SUBJ \to NP$ が, $VP1 \to OBJ1\ V$, $OBJ1 \to NP$ を, $V \to$ 送った, $V \to$ 読んだ$\}$

この文法 (15) では正規文法にはなかった規則 $S \to SUBJ\ VP1$ が導入されていて，**文脈自由文法** (context free grammar) と呼ばれる文法のクラスに属する．形式的には文脈自由文法の書き換え規則は次の形である．

(16) $A \to \phi$

ただし，A は非終端記号，ϕ は終端記号と非終端記号の組み合わせからなる列である．

(15) の文法は開始記号 S から「恵 が プレゼント を 送った」や「香織 と 恵 が 読んだ」というような文を導出できる．しかし，$VP1$ の部分は NP と「を」の組み合わせに V をつなげたものだけで，実際はたいして複雑な構造ではない．この文法は形の上で文脈自由文法であるだけだが，実は文脈自由文法は本質的にもっと複雑な文を生成できる．次の文を考えてみよう．

(17) 香織 が 恵 が 送った 電子メール を 読んだ

この文の特徴は「恵 が 送った」という (15) で生成される文が「香織が 読んだ」という別の文の一部に埋め込まれている点である．このような埋め込み文

を生成できる文法を次に示す．

(18)　$G = (V_T = \{$香織, 恵, 電子メール, プレゼント, と, が, を, 送った, 読んだ, 知った$\}$,
　　　　$V_N = \{S, NP, NP1, SUBJ, OBJ1, V, VP1\}, S, R)$
　　　　$R = \{NP \to$ 香織, $NP \to$ 恵, $NP \to$ 電子メール, $NP \to$ プレゼント, $NP \to$ 香織 $NP1$, $NP \to$ 恵 $NP1$, $NP \to$ 電子メール $NP1$, $NP \to$ プレゼント $NP1$, $NP1 \to$ と NP (以上は (13) の R と同じ), $S \to SUBJ\ VP1$, $S \to SUBJ\ V$, $SUBJ \to NP$ が, $VP1 \to OBJ1\ V$, $OBJ1 \to NP$ を, $V \to$ 送った, $V \to$ 読んだ, $V \to$ 知った, $NP \to S\ NP$, $NP \to S$ こと$\}$

この文法も (16) に示す形であり，文脈自由文法である．(17) を (18) を用いて導出してみよう．

　　$S \Longrightarrow \underline{SUBJ\ VP1} \Longrightarrow \underline{NP}$ が $VP1 \Longrightarrow$ 香織 が $VP1 \Longrightarrow$ 香織 が $\underline{OBJ1\ V} \Longrightarrow$ 香織 が $\underline{NP\ を}\ V \Longrightarrow$ 香織 が $\underline{S\ NP}$ を $V \Longrightarrow$ 香織 が $\underline{SUBJ\ V}\ NP$ を $V \Longrightarrow$ 香織 が $\underline{NP\ が}\ V\ NP$ を $V \Longrightarrow$ 香織 が 恵 が $V\ NP$ を $V \Longrightarrow$ 香織 が 恵 が 送った NP を $V \Longrightarrow$ 香織 が 恵 が 送った $\underline{電子メール}$ を $V \Longrightarrow$ 香織 が 恵 が 送った 電子メール を 読んだ

$NP \to S\ NP$ が作用して埋め込み文を生成していることが分かる．この埋め込み構造は無限回繰り返すことができる．例えば「$NP \to S$ こと」という規則を用いれば，次のような無限に深い埋め込み構造が可能である．埋め込み構造が分かりやすいように [ ] を付けておくが，[ ] は文法で生成されたものではない．

(19)　… [香織 が [恵 が [香織 が [恵 が 送った 電子メール] を 読んだ こと] を 知った こと] を 知った こと] …

文脈自由文法の本質的能力はまさにこの無限の埋め込み構造を生成できる点にある．数理言語学の立場から言えば，この無限の埋め込み構造が (16) のような形の規則で文法として表現できるところがポイントである．無限の埋め込み構造を定式化しているのが次に述べる pumping 補題である．

pumping 補題

文脈自由言語において開始記号 S から出発して文 $w\ (= uvxyz)$（ただし，

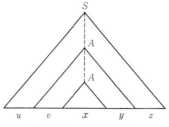

図 1.3 cfl 導出の木

$u, v, x, y, z \in \Sigma^*$）を導出する導出の木を図 1.3 に示す．この図から次のように推論できる．

[1] n を文法規則の右辺の長さの最大値とする．
[2] m を文法における非終端記号の個数とする．
[3] 文の長さが n^m の文の導出の木は高さ（すなわち導出回数）が m 以上である．
[4] [2], [3] より，n^m より長い文ではある非終端記号（これを A とする）が 2 回以上現れることになる．
[5] S から始めて A を導出するまでに作られた左右の記号列を u, z とする．
[6] A がもう 1 回 A を導出するまでに作った左右の記号列を v, y とする．
[7] A が A を導出しない場合に作られた記号列を x とする．
[8] A は文脈すなわち A を導いた経過に依存せず同じ規則によって書き換えられる．よって，導出の木に A が現れるたびに，v と y が繰り返して追加される．
[9] つまり，文脈自由文法の作る文は一般に，$u\,v^i\,x\,y^i\,z$ の形となる．

最後の [9] の結果を **pumping 補題**と呼ぶ．この補題は，ある言語が文脈自由言語に属さないことを示すために用いられることが多い．すなわち，ある言語の文が十分大きな i に対して，$u\,v^i\,x\,y^i\,z$ の形とならないことを示せば，pumping 補題によりその言語は文脈自由言語ではないことが分かる．

pumping 補題の重要な応用として，自然言語が構文的に見た場合，どのようなクラスの言語であるかという問題がある．この問題は多数の研究者の興味を集めてきた．最初は，自然言語は構文的には文脈自由言語より複雑ではないかと考えられていた．中心となったアイデアは図 1.4 に示す交差依存関係の存

在である．交差依存関係を抽象的に表す言語 $\{ww \mid w \in \{a,b\}^*\}$ は，十分長い w に関しては，一般的には $u\,v^i\,x\,y^i\,z$ の形にならないから文脈自由ではない．Pullum & Gazdar(1982) は，交差依存関係を中心とする議論は，非文性の判断に問題がある場合，意味論的ないし語用論的な特殊例である場合に帰着できることを示し，自然言語は文脈自由言語より複雑な言語である証拠はないと論じた．しかし，Shieber(1985) が Swiss German における交差依存の現象で (20) に示すような $wa^n b^m x c^n d^m y$ という形式の文型が認められることを主張した．

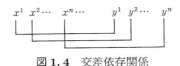

図 1.4 交差依存関係

(20) Jan säit das mer (d'chind)^n (em Hans)^m es huus haend wele (laa)^n (hälfe)^m aastriiche.

'John said that we (the children)^n (Hans)^m the house have wanted to (let)^n (help)^m paint.'

この文型は pumping 補題によれば文脈自由言語のものではない．ただし，このような文型は非常に稀である．

文脈自由文法の標準形

(16) に示される規則は一般的であるが，実はもっと制限された形で文脈自由文法を記述できる．以下に代表的な二つの標準形について述べる．

初めに**チョムスキー標準形**(Chomsky normal form)について述べる．書き換え規則が次の 2 種類だけに限られる文脈自由文法をチョムスキー標準形という．

(21) a. $A \to BC$
 b. $A \to a$

いつもの通り大文字は非終端記号，小文字は終端記号である．任意の文脈自由言語はチョムスキー標準形で記述できる．これは大雑把に言えば，次のような規則の変換を行えば，任意の文脈自由言語の書き換え規則をチョムスキー標準形に直せることによる．

- $A \to aB$ を $A \to CB$ と $C \to a$ に直す．
- $A \to B_1 B_2 \cdots B_n$ を $C_1, \cdots, C_{n-2}$ という新しい非終端記号を導入し，$A \to$

$B_1 C_1$, $C_1 \to B_2 C_2$, ..., $C_{n-2} \to B_{n-1} B_n$ に直す．

次に述べるのは**グライバッハ標準形**(Greibach normal form)である．グライバッハ標準形では書き換え規則が次の2種類だけに限られる．

(22) a. $A \to aBC \cdots E$
b. $A \to a$

説明は専門書(Hopcroft & Ullman 1984)などに譲るが，チョムスキー標準形からグライバッハ標準形を機械的に導ける．グライバッハ標準形はチョムスキー標準形に比べて長たらしい規則群になるが，ひとつの入力記号が与えられれば，適用できる書き換え規則が絞り込める点で入力記号列の効率的認識に役立つ．

ここで文脈自由文法の曖昧さについて触れておく．文脈自由文法として次の(23)を考えてみよう．なお，この例ではVP(動詞句)，PP(後置詞句)，NP(名詞句)，N(名詞)，V(動詞)は非終端記号とする．また，「は」「を」「と」は助詞のことである．

(23) $PP \to NP$ は，$PP \to NP$ を，$PP \to NP$ と，
$NP \to NP$ と NP，$NP \to N$，
$VP \to PP\ V$，$VP \to PP\ VP$，
$N \to$ 太郎，$N \to$ 二郎，$N \to$ 三郎，$V \to$ なぐる

ここで次の文をこの文法で導出する場合の導出の木を考えてみる．

(24) 太郎 は 二郎 と 三郎 を なぐる．

VPを開始記号として文法を適用して最左導出を行っていくと，例えばVPの書き換え方には

(a) $PP\ V$
(b) $PP\ VP$

と2通りある．どちらを選んでも同じ文が導出できるなら，この文法は曖昧であるという．実際の導出の木は少なくとも図1.5に示す2通りあり曖昧である．ある文脈自由言語を生成する文脈自由文法は一般に複数ある．そのような文脈自由文法がすべて曖昧であるとき，この文脈自由言語を本質的に曖昧であるという．言語理解ではこのような曖昧さをいかに解消するかが大きな問題である．

(f) 文脈依存文法と0型文法

本節(e)で述べたように，構造が複雑であると思われる自然言語ですら文脈

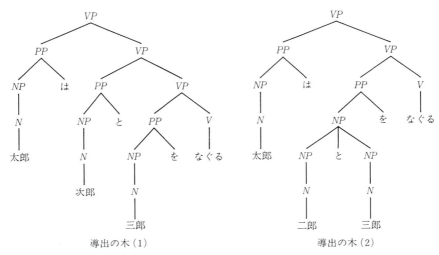

図 1.5 「太郎は二郎と三郎をなぐる」から曖昧な文法によって得られる2通りの導出の木

自由文法でほとんどその文法を記述できる．したがって，より複雑な言語の説明は言語の科学という意味では不要かもしれない．しかし，文脈自由文法で生成される文脈自由言語の本質を理解するためには，より複雑な言語についても知っておくほうがよい．以下では，その意味で**文脈依存文法**(context sensitive grammar) と **0 型文法**(type 0 grammar)について触れる．

文脈依存文法の例を次に示そう．

(25)　　$G = (V_T = \{a, b, c\},\ V_N = \{S, A, B\},\ S,\ R)$
　　　　$R = \{S \to aSBc,\ S \to aBc,\ cB \to Bc,\ aB \to ab,\ bB \to bb\}$

この文法で生成されるのは $a^n b^n c^n$ (ただし，$n \geqq 1$) の形の文の集合である．したがって pumping 補題により文脈自由言語ではないことがわかる．導出例を示す．

　　　　$S \Longrightarrow aSBc \Longrightarrow aaBcBc \Longrightarrow aaBBcc \Longrightarrow aabBcc \Longrightarrow aabbcc$

この導出で威力を発揮しているのは規則 $cB \to Bc$, $aB \to ab$, $bB \to bb$ である．これによって $BcBc$ から $bbcc$ が導出され，最終的に $a^n b^n c^n$ という形の文の導出を可能にしている．pumping 補題によれば，この言語は上に書いたその一般形から文脈自由言語ではないことがわかる．さらに，$aB \to ab$, $bB \to bb$ という規則は明らかに(16)で述べた文脈自由文法の規則 $A \to \phi$ とは異なる形

式の規則である．よって (25) は文脈自由文法よりも複雑な文法であることがわかる．実は文脈依存文法と呼ばれる文法のクラスに属する．一般的に文脈依存文法は次の形の書き換え規則を持つ．

(26)　　$\psi \to \phi$

　　　　ただし，$|\psi| \leqq |\phi|$．

ここで ϕ, ψ は終端記号と非終端記号の組み合わせからなる列である．また $|\psi|$ と $|\phi|$ は ψ, ϕ の長さ，つまり ψ または ϕ に含まれる記号の数を表す．

　証明は略すが，この (26) は別の表現として次のように書いてもよい．

(27)　　$\alpha A \beta \to \alpha \psi \beta$

ただし，A は非終端記号，α, β, ψ は終端記号および非終端記号からなる列である．

　この表現を見ると，A から ψ への書き換えが，A の前後を α, β という記号列で囲まれているときだけ許される．つまりある非終端記号の書き換えがその前後の文脈に依存している．文脈依存文法の名前もこの性質に由来する．

　文脈依存文法よりもう一段複雑な 0 型文法は，文脈依存文法の規則における $|\psi| \leqq |\phi|$ という制限のない文法として定義され，もっとも文法規則としての制限が緩いものである．

(28)　　$\psi \to \phi$

ここで ϕ, ψ は終端記号と非終端記号の組み合わせからなる列である．

　注意していただきたいのは，$|\psi| \leqq |\phi|$ という制限がないため，0 型文法では書き換え規則の適用によって記号列が短くなりうることである．

1.3　言語認識とオートマトン

　前節の説明で 4 種類の文法およびそれらの文法から生成される言語がどのようなものかイメージができたと思う．また，導出というプロセスにより文を生成する様子もわかったであろう．この節では，これらの言語に属する文をコンピュータで認識するためには，どのようなメカニズムが必要であるかを考える．この目的のための抽象的な機械は**オートマトン** (automaton) と呼ばれる．なお，この節で説明するオートマトンは計算機科学に近い話題なので，先を急ぐ読者はとばしてよい．

オートマトンの一般的構造を図1.6に示す．制御部はテープの読み書きヘッドと状態を持つ．そしてテープに書き込まれた入力記号列すなわち文を，1記号ずつヘッドを左から右に移動しながら読む．制御部は読み込んだ記号によって状態を変化させる．こうして入力記号列をすべて読み込んだ後の状態が最終状態と呼ばれる特別のものであれば，入力記号列を認識したことになる．

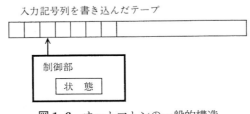

図1.6　オートマトンの一般的構造

以上がオートマトンの基本的概念だが，ヘッドはテープに書き込みできるものも考えられるし，またテープ長が無限のもの，テープが複数本（当然，ヘッドも複数個）のものもありうる．以下では，このような種々のタイプのオートマトンがどのクラスの言語を認識できるのかを調べていく．なお，ここで言う「認識する」と同じ意味で「受理する」(accept) という言い方もする．

(a)　有限オートマトンと正規言語

まず**有限オートマトン**(finite automaton)あるいは**有限状態オートマトン**(finite state automaton)を定義する．

定義12（**決定性有限オートマトン**，deterministic finite automaton）　決定性有限オートマトンは5項組
$$M = \langle K, \Sigma, q_0, F, \delta \rangle$$
である．ただし，各項は以下のものである．

K　状態の有限集合

Σ　有限の入力アルファベット

q_0　初期状態．K の要素である．

F　最終状態の集合．K の部分集合である．

δ　$K \times \Sigma \to K$ なる関数

次に，有限オートマトンの動作を説明するために有限オートマトンの**計算状**

況(configuration)という概念を導入する．すなわち，有限オートマトン M において (x, q, y) を有限オートマトン M の計算状況という．ただし，$q \in K$ であり，$x, y \in \Sigma^*$．ここで，x はすでに読み終った部分の入力記号列，y はまだ読んでいない部分の入力記号列，また q は x を読み終った時点でのオートマトンの状態である．

有限オートマトンは入力記号列を1記号ずつ読みながら状態を変化させて，入力記号列を読み終ったときに最終状態にあれば入力記号列を受理したことになる．ある計算状況から次の計算状況へ遷移することを ⊢ という記号で表す．このプロセスが計算状況の列で表されるわけである．

(13)で定義した正規言語を受理する有限オートマトン $M(13)$ を示す．

$M(13) = \langle K = \{S_0, S_1\},\ \Sigma = \{$香織, 恵, 電子メール, プレゼント, と$\},$
$q_0 = S_0,\ F = S_1,\ \delta \rangle$
$\delta = \{\delta(S_0, 香織) = S_1,\ \delta(S_0, 恵) = S_1,\ \delta(S_0, 電子メール) = S_1,$
$\delta(S_0, プレゼント) = S_1,\ \delta(S_1, と) = S_0\}$

入力記号列「香織 と 恵」を受理する計算状況の列を示す．

$(\epsilon, S_0, 香織と恵) \vdash (香織, S_1, と恵) \vdash (香織と, S_0, 恵) \vdash$
$(香織と恵, S_1, \epsilon)$

となり，入力記号列をすべて読み終った計算状況で最終状態 S_1 にあるため，入力記号列「香織 と 恵」は $M(13)$ で認識された．この有限オートマトンを状態遷移図で表すと図1.7のようになる．この図で◎で囲われた状態 S_1 は最終状態である．

図 1.7　遷移図で表現した有限オートマトン

有限オートマトンと正規言語の間には次の定理が成り立つ．

定理 2 (クレーネの定理，Kleene's theorem)　ある記号列の集合が有限オートマトンで認識されることと正規言語であることは等価である．

この定理によって正規言語を認識する計算メカニズムが明らかになったわけで

あるが，実際はもう少しやっかいな話が残っている．非決定性の問題である．これまで説明してきたのは状態遷移を表す関数 δ において遷移する状態が一意的である決定性の有限オートマトンであった．しかし，ある状態から同一の入力記号を読んだ場合に遷移可能な状態が複数ある**非決定性有限オートマトン** (non-deterministic finite automaton) も考えられる．非決定性有限オートマトンでは，有限オートマトンにおける関数 δ を $\delta(q \in K, x \in \Sigma) \in \mathcal{P}(K)$ と定義することになる．つまり δ の値は K の集合であり，値域は $\mathcal{P}(K)$ ということになる．

ここで問題となるのは，決定性有限オートマトンと非決定性有限オートマトンが認識する言語のクラスが一致するかどうかである．これについては，非決定性有限オートマトンで認識される言語 L を認識する決定性有限オートマトンが構成できることが知られている．つまり，両方の種類の有限オートマトンで認識する言語のクラスは一致する．直感的には，状態の集合つまり $\mathcal{P}(K)$ の要素をひとつの新状態に見立てることによって非決定性有限オートマトンを決定性有限オートマトンに変換できることに対応する．よって，**決定性有限オートマトンで認識される言語のクラスと非決定性有限オートマトンで認識される言語のクラスは一致する**．しかし，言語の認識の効率という観点から見て，もう少し考察すると，以下の2点 (i) (ii) が重要である．

(i) 有限オートマトンはあらかじめ決められた状態以外の記憶装置を必要とせずに言語の認識を行える．

(ii) 決定性有限オートマトンは，その動作からわかるように入力1記号に対して常に1回の状態遷移をする．つまり，入力記号の如何にかかわらず，入力1記号の処理時間は同じである．

(i) (ii) より決定性有限オートマトンで認識できる正規言語の認識は，決定性有限オートマトンによって入力文の長さによらず実時間で一定の記憶量だけを使って認識できる．ただし，実時間とは，入力の速度に遅れることなく処理できることを意味する．この性質すなわち**実時間性**はコンピュータで言語を認識するにあたっては時間効率の点から見てたいへん好ましい性質である．ただし，ある言語の文法が非決定性有限オートマトンで認識されるとすると，認識処理も非決定的であるため上記の実時間性が保証されない．そこで実時間性を保証するために，前に述べたように決定性有限オートマトンに変換する必要がある．

この変換は，大きな手間がかかることが知られている．ただし，この変換をあらかじめ行って決定性有限オートマトンにしておけば，実際の文の認識は実時間でできる．よって，自然言語に何らかの制限を付けて正規言語として扱う方向を模索することは意義あることである．

最後に正規言語の集合としての性質を列挙しておく．

（ⅰ）　空集合は正規言語である．

（ⅱ）　有限個の文の集合は正規言語である．

　　　よって，文脈自由言語や文脈依存言語や0型言語であっても，文の長さに制限を設けて，文の有限集合からなる言語で近似すれば正規言語で表現できる．これにより決定性有限オートマトンによる効率のよい実時間認識が可能になる．ただし，規則の数は増え，個々の規則も複雑になる．

（ⅲ）　$x \in \Sigma^*$ のとき，$\{x\}$ は正規言語である．

（ⅳ）　正規言語の集合和，集合積，補集合は正規言語である．

（ⅴ）　二つの正規言語 A, B の連接は正規言語である．ただし，A と B の連接は，それぞれに属する文の連接によって定義される．また，二つの文の連接とは単にそれらをつないで一つの文にしたものである．例えば abc と xyz の連接は $abcxyz$ である．

（ⅵ）　言語 L の閉包 L^* とは，空文および L の文をつないで得られた有限長の文全体である．正規言語の閉包は正規言語である．

これらをまとめると，有限オートマトンによって認識される言語すなわち正規言語は，文を要素とするすべての有限集合を含む．また，その集合和，集合積，連接および閉包も再び正規言語になる，すなわち集合和，集合積，連接および閉包に関して閉じている．

（b）　文脈自由言語とプッシュダウンオートマトン

ここでは文脈自由言語を認識するオートマトンである**プッシュダウンオートマトン**(push down automaton)について述べる．

プッシュダウンオートマトン

プッシュダウンオートマトンには**スタック**(stack)と呼ばれる先入れ後出し(last in first out)型の記憶を持つ．先入れ後出しであるから，スタックからは

書き込んだ順番とちょうど逆の順番でしか読み出せない．スタックを用いてプッシュダウンオートマトンは次のように定義される．

定義 13 (プッシュダウンオートマトン)　プッシュダウンオートマトンは次の 7 項組 M として定義される．

$$M = \langle K, \Sigma, \Gamma, q_0, Z_0, F, \delta \rangle$$

ただし，7 項の意味は以下の通りである．

- K　状態の有限集合
- Σ　有限の入力アルファベット
- Γ　スタックに格納するアルファベット
- q_0　初期状態．K の要素である．
- Z_0　初期状態でスタックに置かれている記号．Γ の要素である．
- F　最終状態集合．K の部分集合である．
- δ　$K \times (\Sigma \cup \epsilon) \times \Gamma \to \mathcal{P}(K \times \Gamma^*)$ なる関数

この定義では抽象的なので，次に示す δ の具体例とその意味を説明しよう．

$$\delta(q_0, a, A) = \{(q_0, \epsilon),\ (q_1, BA),\ (q_2, B)\}$$

この関数の意味する遷移はプッシュダウンオートマトンの計算状況 (q, γ) を用いるとより形式的に書ける．ただし $q \in K$ は現在の状態，$\gamma \in \Gamma^*$ は δ によって変化するスタックの一番上の部分の状態である．つまり，ある計算状況 S_1 から入力記号 a を読み，次の計算状況 S_2 に遷移することを，

$$S_1 : a \vdash S_2$$

と書くことにする．まず，現在の計算状況は状態が q_0，スタックの一番上（これをスタックトップという）が A である．この状況で入力記号 a が読み込まれると，δ により次のいずれかの状況に遷移する．ひとつは (q_0, ϵ) に対応し，状態は q_0，スタックトップの A を取り除くというものである．スタックトップの A より下の部分を α と表すことにして，これを明示的に書けば，

$$(q_0, A\alpha) : a \vdash (q_0, \alpha)$$

となる．もうひとつが (q_1, BA) に対応し，状態は q_1 に変わり，スタックには A の上に B を格納するというものである．α を用いて書けば，

$$(q_0, A\alpha) : a \vdash (q_1, BA\alpha)$$

となる．A を取り除き，B を格納して (q_1, B) になるものが第三の場合である．α を用いれば，

$(q_0, A\alpha): a \vdash (q_2, B\alpha)$

と書ける．さて，入力記号列を認識したかどうかは，入力記号列を読み終ったとき状態が最終状態になったかどうかで判断する．ただし，もうひとつの判断方法としてはスタックが空になったかどうかという方法もある．後者であれば最終状態は特に定義しなくてもよい．

プッシュダウンオートマトンの例として (18) で定義される言語を認識するプッシュダウンオートマトンを考えよう．

(29) プッシュダウンオートマトン $M(18)$

$M(18) = \langle K = \{q_0, q_1, q_2, q_3\},\ \Sigma = \{N, V\},\ \Gamma = \{NP, SUBJ, OBJ1\}$,
ただし，N は「香織」「恵」「電子メール」「プレゼント」をまとめて表し，V は「送った」「読んだ」「知った」をまとめて表す．

初期状態 $= q_0$, $Z_0 = \epsilon$, $F = \{q_0\}$, $\delta\rangle$

ただし，$\delta = \{\delta(q_0, N, \epsilon) = \{(q_0, NP)\},\ \delta(q_0, \text{が}, NP) = \{(q_1, SUBJ)\}$,
$\delta(q_0, \text{こと}, \epsilon) = \{(q_0, NP)\},\ \delta(q_1, N, SUBJ) = \{(q_1, NP\ SUBJ)\}$,
$\delta(q_1, \text{が}, NP) = \{(q_1, SUBJ)\},\ \delta(q_1, \text{を}, NP) = \{(q_2, OBJ1)\}$,
$\delta(q_1, N, SUBJ) = \{(q_1, N, SUBJ)\},\ \delta(q_1, V, SUBJ) = \{(q_1, \epsilon)\}$,
$\delta(q_2, V, OBJ1) = \{(q_3, \epsilon)\},\ \delta(q_3, \epsilon, SUBJ) = \{(q_0, \epsilon)\}\}$

ただし，このプッシュダウンオートマトンはスタックが空になったことで入力記号列の認識を判断する．

これらの規則は，N あるいは V に属するすべての終端記号について成り立つことを意味する．例えば，

$\delta(q_0, N, \epsilon) = \{(q_0, NP)\}$

は

$\delta(q_0, \text{香織}, \epsilon) = \{(q_0, NP)\}$,
$\delta(q_0, \text{恵}, \epsilon) = \{(q_0, NP)\}$,
$\delta(q_0, \text{電子メール}, \epsilon) = \{(q_0, NP)\}$,
$\delta(q_0, \text{プレゼント}, \epsilon) = \{(q_0, NP)\}$

の四つの規則を意味する．以下，N による規則，V による規則 $\delta(q_2, V, OBJ1) = \{(q_3, \epsilon)\}$ なども同様である．

「香織が恵が送った電子メールを読んだ」という入力に対するこのプッシュダウンオートマトンの動作を計算状況の遷移として書いてみると，次のように

なる.

(q_0, ϵ): 香織 ⊢ (q_0, NP): が ⊢ $(q_1, SUBJ)$: 恵 ⊢ $(q_1, NP\ SUBJ)$: が ⊢ $(q_1, SUBJ\ SUBJ)$: 送った ⊢ $(q_1, SUBJ)$: 電子メール ⊢ $(q_1, NP\ SUBJ)$: を ⊢ $(q_2, OBJ1\ SUBJ)$: 読んだ ⊢ $(q_3, SUBJ)$: ϵ ⊢ (q_0, ϵ)

最後は状態 q_0 でスタックが空になり認識された.さて,正規文法では決定性オートマトンと非決定性オートマトンが認識する言語のクラスは等しく正規言語であった.プッシュダウンオートマトンでは決定性プッシュダウンオートマトンと非決定性プッシュダウンオートマトンは同じ言語のクラスを認識するのであろうか.まず,決定性とは,δ が次の 2 条件を満たすことである.

(ⅰ) $q \in K$, $Z \in \Gamma$ とする.$\delta(q, \epsilon, Z) \neq \varnothing$ ならば,任意の $a \in \Sigma$ に対して $\delta(q, a, Z) = \varnothing$ である.つまり,空記号で状態が遷移する場合は,他の入力記号では状態は遷移しない.

(ⅱ) すべての $q, Z, a \in \Sigma \cup \{\epsilon\}$ に対して $\delta(q, a, Z)$ はたかだか 1 個の要素しか含まない.

これらの条件を満たすとは,δ による計算状況の変化が一意的であることを意味する.非決定性とは,これらの条件を満たさないことであるから,δ による計算状況の変化は一意的ではない.決定性プッシュダウンオートマトンでは認識できない例として ww^R の形の文からなる言語がある.ただし,w^R は w の要素の並びを前後反転したものである.入力アルファベットが 0 と 1 の場合,この言語を認識する非決定性プッシュダウンオートマトン $M(ww^R)$ は次のようになる.

(30) $M(ww^R) = \langle (K = \{q_1, q_2\},\ \Sigma = \{0, 1\},\ \Gamma = \{R, G, B\},\ q_1,\ R,\ \varnothing,\ \delta \rangle$
ただし $\delta = \{\delta(q_1, 0, R) = \{(q_1, BR)\},\ \delta(q_1, 1, R) = \{(q_1, GR)\}$
$\delta(q_1, 0, B) = \{(q_1, BB),\ (q_2, \epsilon)\},\ \delta(q_1, 0, G) = \{(q_1, BG)\}$
$\delta(q_1, 1, B) = \{(q_1, GB)\},\ \delta(q_1, 1, G) = \{(q_1, GG),\ (q_2, \epsilon)\}$
$\delta(q_2, 0, B) = \{(q_2, \epsilon)\},\ \delta(q_2, 1, G) = \{(q_2, \epsilon)\}$
$\delta(q_1, \epsilon, R) = \{(q_2, \epsilon)\},\ \delta(q_2, \epsilon, R) = \{(q_2, \epsilon)\}\}$

このプッシュダウンオートマトンで入力記号列 00 を認識する計算状況の遷移を書いてみると次のようになる.

(q_1, R): 0 ⊢ (q_1, BR): 0 ⊢ $(q_2, R)\epsilon$ ⊢ (q_2, ϵ)

となり,最後はスタックが空になり認識された.ところが,同じく ww^R の形

の001100 を認識する計算状況の遷移を書いてみると次のようになる．

$(q_1, R) : 0 \vdash (q_1, BR)$

までは前と同じだが，ここから先は入力が同じ0であるにもかかわらず計算状況が異なる．

$0 \vdash (q_1, BBR) : 1 \vdash (q_1, GBBR) : 1 \vdash (q_2, BBR) : 0 \vdash (q_2, BR) : 0 \vdash (q_2, R) : \epsilon \vdash (q_2, \epsilon)$

となって認識される．つまり，00 だけを認識する場合と違う計算状況の遷移が必要である．換言すれば，ww^R を認識するためには同じ入力記号列に対していくつかの異なる遷移が必要である．よって，決定性プッシュダウンオートマトンでは ww^R は認識できない．ところが，ww^R は次の文法 (31) で生成されるので文脈自由言語である．

(31)　　$G = (V_T = \{0, 1\},\ V_N = \{S, A, B\},\ S,\ R)$
　　　　$R = \{\ S \to 0SA,\ S \to 1SB,\ S \to \epsilon,\ A \to 0,\ B \to 1\}$

よって文脈自由言語を認識するためには少なくとも非決定性プッシュダウンオートマトンが必要である．証明は Hopcroft & Ullman (1984) にゆずるが，この逆も言え，まとめると次の定理となる．

定理3　非決定性プッシュダウンオートマトンで認識できる言語のクラスは文脈自由言語に一致する．

決定性プッシュダウンオートマトンで認識できる言語クラスとしては $LR(k)$ が知られているが，詳細は後の章に譲る．

最後に文脈自由言語の集合としての性質を列挙しておく．

(i)　文脈自由言語の集合和は文脈自由言語である．しかし正規言語と違って，文脈自由言語の集合積や補集合は必ずしも文脈自由言語にはならない．

(ii)　二つの文脈自由言語 A, B の連接は文脈自由言語である．ただし，A と B の連接は，それぞれに属する文の連接によって定義される．

(iii)　文脈自由言語の閉包は文脈自由言語である．

(c)　チューリング機械と0型言語

ここで0型言語を認識するメカニズムである**チューリング機械**(Turing Machine)について述べる．チューリング機械は図 1.8 に示すような装置である．有限の状態を持つ制御部と片方向に無限のマス目で仕切られた読み書きできる

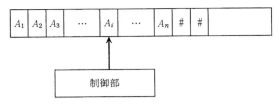

図 1.8　チューリング機械の概念図

テープからなる．テープへの読み書きはテープヘッドのあるマス目に行う．また，テープヘッドは左右に1マス単位で動ける．

チューリング機械の形式的定義

チューリング機械は形式的には次のように定義される．

(32)　チューリング機械は次に示すような6項組 $\langle K, \Gamma, \Sigma, q_0, F, \delta \rangle$ で表す．

K　状態の有限集合

Γ　テープ記号の有限集合．ただし，空白なら# で表す．

Σ　# 以外の Γ の部分集合で，入力記号の集合．

q_0　初期状態．K の要素である．

F　最終状態集合．K の部分集合である．

δ　$K \times \Gamma \to K \times (\Gamma - \{\#\}) \times \{L, R\}$ なる関数．ただし，L, R はそれぞれテープヘッドを左，右に動かす動作．

関数は具体的には，$\delta(q, A_i) = (p, B, R)$ のような形である．まずチューリング機械の計算状況は $(q, A_1 A_2 \cdots A_n, i)$ で表す．ここで，q は制御部の状態，$A_1 A_2 \cdots A_n$ はテープに書かれた空白以外の部分の記号列，i はテープヘッドの位置である．$\delta(q, A_i) = (p, B, R)$ という規則に対応するチューリング機械の動作を形式的に書けば，

$$(q, A_1 \cdots A_n, i) \vdash (p, A_1 \cdots A_{i-1} B A_{i+1} \cdots A_n, i+1)$$

つまり，$1 \leqq i \leqq n$ なら，テープヘッドの位置にあるマス目に書かれている記号 A_i を読み，そのときの制御装置の状態が q なら，状態が p に変り，マス目の内容を B に書き換える．さらにテープヘッドは，δ の結果の第3項が R なので右に動く．もしこの項が L なら左に動く．このような動作 $\vdash$ を繰り返して二つの計算状況がつながるとき，$\vdash^*$ で結ばれるという．初期状態からスタートし，入力記号列を読んで $\vdash^*$ で最終状態になれば，この入力記号列つまり文が

認識されたという．また，入力が認識されると，もはや動かないと仮定してよい．ただし，入力を認識できない場合は停止しないこともありうる．

一例として $\{0^n 1^n \mid n \geq 1\}$ という言語を認識するチューリング機械を示し，その動作例も示そう．

(33) チューリング機械 $M(0^n 1^n) = \langle K, \Sigma, \Gamma, q_0, F, \delta \rangle$

$K = \{q_0, \cdots, q_5\}$, $\Sigma = \{0, 1\}$, $\Gamma = \{0, 1, A, B, \#\}$, $F = \{q_5\}$,

$\delta = \{1: \delta(q_0, 0) = (q_1, A, R),\ 2: \delta(q_1, 0) = (q_1, 0, R),\ 3: \delta(q_1, B)$
$= (q_1, B, R),\ 4: \delta(q_1, 1) = (q_2, B, L),\ 5: \delta(q_2, B) = (q_2, B, L),$
$6: \delta(q_2, A) = (q_3, A, R),\ 7: \delta(q_2, 0) = (q_4, 0, L),\ 8: \delta(q_3, B)$
$= (q_3, B, R),\ 9: \delta(q_3, \#) = (q_5, B, R),\ 10: \delta(q_4, 0) = (q_4, 0, L),$
$11: \delta(q_4, A) = (q_0, A, R)\}$

1: から 11: は規則の番号である．

このチューリング機械 $M(0^n 1^n)$ で 0011 を認識する過程を計算状況の遷移として書いてみると次のようになる．ただし，わかりやすさのため，計算状況の第2項においてテープヘッドの位置に下線をひいておく．また $\vdash_i$ という形で規則 i がそこで使われたことを示す．

$(q_0, \underline{0}011, 1) \vdash_1 (q_1, A\underline{0}11, 2) \vdash_2 (q_1, A0\underline{1}1, 3) \vdash_4 (q_2, A\underline{0}B1, 2) \vdash_7$
$(q_4, \underline{A}0B1, 1) \vdash_{11} (q_0, A\underline{0}B1, 2) \vdash_1 (q_1, AA\underline{B}1, 3) \vdash_3 (q_1, AAB\underline{1}, 4) \vdash_4$
$(q_2, AA\underline{B}B, 3) \vdash_5 (q_2, A\underline{A}BB, 2) \vdash_6 (q_3, AA\underline{B}B, 3) \vdash_8 (q_3, AAB\underline{B}, 4) \vdash_8$
$(q_3, AABB\underline{\#}, 5) \vdash_9 (q_5, AABB\#, 6)$

最後は最終状態 q_5 になったので，0011 はチューリング機械 $M(0^n 1^n)$ に認識された．

チューリング機械で言語 G の文 w を認識する場合の動作を説明する．テープに書く記号 Γ は，言語の文法を定義している終端記号の集合と非終端記号の集合と空白記号 $\#$ および特殊記号 $\%$ からなるとする．まず，テープに $\%w\%S\%$ を書き込む．ただし，S は G の開始記号である．チューリング機械は S に書き換え規則を適用するプロセスを模倣し S を順次書き換えていく．例えば，$\%w\%ABC\%$ であり B を DE に書き換える規則を適用する場合には，テープヘッドを B の位置に移動し，$C\%$ を適当にずらして B を書き換え，例えば $\%w\%ADEC\%$ のようにする．テープの非終端記号が全部終端記号に書き換わり，$\%w\%w\%$ となれば w は認識されたことになる．この動作は書き換え規則

の形に依存しないため，0型言語がチューリング機械で認識できることがわかる．逆にチューリング機械で認識できるなら0型言語であることも証明でき，結局次の定理が得られる．

定理4 0型文法によって生成される言語はチューリング機械で認識される．
また，チューリング機械で認識される言語は0型文法で生成される．

ただし，0型言語に属さない言語を認識しようとした場合には，チューリング機械は属さないことを認識してくれるわけではない．これについては後に決定可能性に関連して述べる．

以上の説明では書き換え規則はすべてチューリング機械の制御部に埋め込まれていた．そこで，より汎用性のあるチューリング機械として次のようなチューリング機械が考えられる．そのチューリング機械ではテープを二つの部分に分ける．その動作はまず，書き換え規則によって引き起こされる動作の系列をコード化し，これをテープの第一の部分に書いておく．テープの第二の部分には認識する対象である記号列を書いておく．テープの第一の部分の上のコードを解読して，その指示に従ってテープの第二の部分の記号列を認識するようなチューリング機械を作る．このチューリング機械はその動作がテープの第一の部分に書かれたコード次第でいかようにでも変えられるので汎用性がある．このタイプのチューリング機械を**万能チューリング機械**(universal Turing Machine)と呼ぶ．万能チューリング機械はちょうど現在のコンピュータに相当し，テープの第一の部分に書かれた動作の系列がいわゆるプログラムに対応し，テープの第二の部分に書かれた記号列がそのプログラムで処理するデータに対応する．

チューリング機械における計算量

チューリング機械で与えられた文を認識するまでにヘッドが動いたテープ上のマスの総数を，その認識に要する**時間計算量**(time complexity)という．また，認識までに動いたテープ上の範囲をマスの数で表したものを**記憶域計算量**(space complexity)という．これらの2種類の計算量は，その定義から推察されるように，認識において必要な時間および記憶領域を表す．ちなみに正規言語の場合は，文の長さNの1次式の時間計算量で認識できる．このことが，前に述べた正規言語が実時間で認識できるという性質を持つことの根拠である．

文脈自由言語の場合は，N の 3 次式の時間計算量で認識できる CYK アルゴリズムが知られている（嵩他 1988）．文脈自由言語の効率良い認識アルゴリズムについては田中（1989）などを参照していただきたい．また言語の認識の計算量については Barton et al. (1987), Ristad (1993) などが詳しい．

種々のチューリング機械と非決定性

チューリング機械には次に示すようないくつかの変形があるが，認識できる言語のクラスは同じである．
（1） 2 方向に無限長のテープを持つチューリング機械
（2） 多数本のテープを持つチューリング機械
（3） δ の左辺が一意に決まらない非決定性チューリング機械

決定性チューリング機械と非決定性チューリング機械の間には有限オートマトンの場合と同じように次の定理が成り立つ．

定理 5 ある言語が非決定性チューリング機械で認識されるなら，その言語は決定性チューリング機械によって認識される．

具体的に言えば，非決定性チューリング機械をシミュレートする（多テープ）決定性チューリング機械を作れる．このように，認識できる言語のクラスとしては決定性チューリング機械と非決定性チューリング機械で差はないが，認識にかかる計算量という点では大きな差がある．この問題については用語解説の P と NP[†] を参照してほしい．

最後に 0 型言語の集合としての性質を列挙しておく．
（ⅰ） 0 型言語の集合和，集合積は 0 型言語である．
（ⅱ） 二つの 0 型言語の連接は 0 型言語である．
（ⅲ） 0 型言語の閉包は 0 型言語である．

(d) 線形有界オートマトンと文脈依存言語

文脈依存言語を認識する**線形有界オートマトン**（linear bounded automaton）は，テープの長さが入力文の長さに比例（つまり線形）した長さに制限された非決定性のチューリング機械である．線形有界オートマトンの言語認識能力は次の定理による．

定理 6 文脈依存言語は線形有界オートマトンで認識される．逆に，線形有

界オートマトンで認識できれば，文脈依存言語である．

テープ長が有界であることを除くと，線形有界オートマトンの動作はチューリング機械と同じである．すなわち %w%S% を処理するプロセスはチューリング機械と同じである．ただし，文脈依存言語の場合は，書き換え規則 $\psi \to \phi$ の性質 $|\psi| \leq |\phi|$ により，開始記号から書き換えられていく記号列の長さは単調に増加する．よって，途中で開始記号から書き換えられた記号列の長さが w より長くならない．このことを 0 型言語と比べてみよう．0 型文法では，記号列を短くする $AB \to C$ のような規則がありうる．よって開始記号から書き換えた記号列はいくら長くなっていても最終的には，この記号列を短くする規則によって有限長の文が生成される可能性がある．したがって，チューリング機械ではテープは入力文の長さに依存した有限の長さに制限されない．文脈依存言語ではこの形の規則がない．よって，テープの長さは入力文に比例した長さで十分であることになる．

最後に文脈依存言語の集合としての性質を列挙しておく．
（ⅰ）　文脈依存言語の集合和，集合積は文脈依存言語である
（ⅱ）　二つの文脈依存言語の連接は文脈依存言語である．
（ⅲ）　文脈依存言語の閉包は文脈依存言語である．

(e)　帰納的および帰納的可算

ある手続きによって，ある言語に属する文をひとつずつ洩れなく生成できるとき，その言語は**帰納的可算**(recursively enumerable)であるという．0 型言語は書き換え規則を適用することによって文をひとつずつ洩れなく生成できるから帰納的可算な集合である．より制限の強い概念として**帰納的集合**(recursive set)がある．これを説明するために，決定可能という概念を定義する．

定義 14　すべての入力文が，ある言語に属するかどうかを決定する（つまり，属するか属さないかを判断し，属する場合も属さない場合も停止する）手続きが存在すれば，その言語を認識するという問題は**決定可能**(decidable)であるという．

チューリング機械によって決定可能な言語を「帰納的」という．明らかに帰納集合は帰納的可算な集合の部分集合である．よって，0 型言語だが帰納的でない言語もある．つまり，ある 0 型言語を認識するチューリング機械である

にもかかわらず，その0型言語に属さない文の認識プロセスが停止しないこともある．さらに，帰納的可算でない言語つまりチューリング機械が認識できない言語もある．例えば，帰納的可算な言語の補集合は必ずしも帰納的可算とは限らないことが知られている．以上述べてきた言語の階層をまとめると図1.9のようになる．

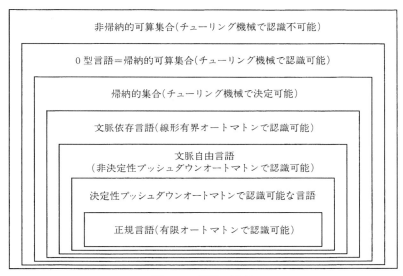

図 1.9　言語の階層

第 1 章のまとめ

1.1　集合は言語で表現された世界をモデル化する数学的道具である．
1.2　順序および関係は集合の構造を表現する．
1.3　言語にはチョムスキーの階層と呼ばれる数学的性質による階層がある．
1.4　階層は，0型言語，1型言語(文脈依存言語)，2型言語(文脈自由言語)，3型言語(正規言語)に分かれており，その型に属する言語の構造的複雑さ，認識に必要な数学的メカニズムや計算の複雑さが異なる．
1.5　各型の言語を認識する数学的メカニズムは，0型言語はチューリング機械，1型言語は線形有界オートマトン，2型言語はプッシュダウンオートマトン，3型言語は有限オートマトンである．

2
言語処理のための文法形式

2　言語処理のための文法形式

【本章の課題】

　言語の文を形式的に定義するために，これまで様々な文法形式が提案されてきた．言語を機械的に処理するためには，文法形式は，種々の言語現象を適切に記述するための表現能力と，コンピュータ上で現実的な時間で処理可能な計算論的な実用性を備えていなければならない．本章では，この両面からみて，歴史的に重要な文法形式と最近の進展について述べる．

　コンピュータによる自然言語処理は，1980年代までは，文脈自由文法の効率的な解析アルゴリズムの発展にしたがって，文脈自由文法およびその拡張という形で進展してきた．機械翻訳システムを代表とする多くの自然言語処理システムは，数千という文脈自由文法規則をもつことが普通であった．文法形式自体も本章で説明する LINGOL，確定節文法，語彙機能文法，GPSG など，多くのものが文脈自由文法の拡張として定義されたものであった．

　1980年代後半から，研究利用可能な言語コーパスが急速に整備され始め，コーパスを利用した言語処理の流れが起こるのに符合するかのように，文法の中心的な要素を文法規則ではなく単語と見るいわゆる語彙主義の流れが言語処理にも影響を与え，多くの語彙化文法が提案された．

　このような進展を踏まえて，代表的な文法形式の紹介を行うのが本章の課題である．

2.1 文法形式の要件

本章では，自然言語の文法を記述するための**文法形式**(grammar formalism)について述べる．文法形式とは，自然言語の文法を記述するための形式的な言語であり，一般的には特定の自然言語には依存しないものである．文法形式の要件として，最低限次のような適切性が必要である．

言語学的適切性 再帰的な句構造表現，関係節(埋め込み文)，等位構造などを言語学的に適切に記述する機能を有しているか．また，文の適格性を統語構造，意味構造などによって説明するための表現法を備えているか，など．

計算論的適切性 コンピュータ上のプログラムとして実現可能か．また，文解析に必要な計算時間は実用的に許容可能な程度か．

前者は，様々な言語現象を適切に扱いうるという要件だけでなく，句構造のような文構造に対して何らかの言語的制約を考慮しているかという視点も重要である．例えば，句構造として文脈自由文法の任意の形の規則を許す文法形式もあれば，基本的に X バー理論(2.4 節(a))，あるいは，それと同等な制約を句構造に課す文法形式もある．さらに，そもそも句構造を直接定義するようないわゆる文法規則を明示的なものとして記述しない文法もある．

後者の要件については，計算量，すなわち，文の長さに関してどの程度の計算時間で解析が可能かという理論的な興味のほかに，文法形式自体が特定の解析手続き(アルゴリズム)に依存しているかどうかも問題になる．

これらの対立について簡単にまとめておく．

句構造

文の構造の表現手段として多くの文法形式は**句構造**(phrase structure)を基本にしている．その代表的なものが**文脈自由文法**(context-free grammar，CFG)であり，第 1 章で説明されたように $A \rightarrow \alpha$ (A は非終端記号，α は非終端あるいは終端記号の有限列)のような規則の集合によって文の構造が定義される．非終端記号は，文法範疇あるいは単に**範疇**(category)とも呼ばれる．

句構造による文の解析結果は木構造の形で表すことができる．例えば，

John saw a lovely girl.

という文は，簡単な文脈自由文法によって図 2.1 のような木構造として表現できる．頂点の非終端記号 S の部分はこの木構造の**根**(root)と呼ばれ，John, saw など最も下の終端記号は**葉**(leaf)と呼ばれる．このように木構造は，植物の木とは上下逆さまに描かれることが多い．

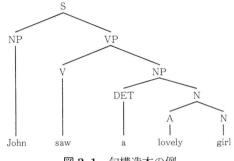

図 2.1 句構造木の例

句構造は，結果として得られる文の構造が木構造であることを言っているだけであり，文脈自由文法によって生成される構造のみを指すのではない．実際，文脈依存文法によって生成される文も木構造によって表すことができる（文脈依存構造の文法規則は，$\beta A\gamma \to \beta\alpha\gamma$ のような規則で記述することができるが，これは，$A \to \alpha$ という句構造規則が β と γ によって囲まれた文脈でのみ適用できることを意味する）．ただし，本章で取り上げるほとんどすべての文法形式は様々な形で文脈自由文法を拡張しており，文脈依存性を記述することができる．

手続的/宣言的文法形式

文法形式を分類する重要な性質として，処理手続きに依存しているかどうかという視点がある．本章で述べる文法形式は，言語を定義するメタな言語であるので，特定の処理手続きに強く依存しているものはない．しかし後で紹介する拡張遷移ネットワーク (2.2 節) などの初期の文法形式は，手続き的な文法の記述をベースにしていたものが多い．近年，特に単一化文法という名に代表される論理的な文法形式では，それぞれの規則の記述が宣言的であり，特定の処理手続きには依存しない定義となっている．

本章では，主に歴史的な流れに従って，現在でも影響を残していると考えられる自然言語処理のための代表的な文法形式を説明する．本章は，計算論的な立場からの解説であり，コンピュータ上での実現を前提としているか，あるいは，コンピュータ上での実現が容易な文法形式を主たる対象とする．最初に述べたとおり，ここで述べる文法形式は，自然言語の文法を記述するための言語であり，特定の言語の文法を記述するためだけのものではない．

2.2 状態遷移ネットワーク

Woods(1970)によって提案された拡張遷移ネットワークは，**状態遷移ネットワーク**(有限状態オートマトン，finite state automaton，FSA)に基づいており，それに様々な機能拡張を行って得られる文法形式である．状態遷移ネットワークは一つの初期状態と一つ以上の最終状態をもち，終端記号(単語)による状態遷移によって定義される．これに対して状態遷移を終端記号だけでなく非終端記号(句や節)によっても定義したものを**再帰的遷移ネットワーク**(recursive transition network，RTN)と呼ぶ．再帰的遷移ネットワークの文法規則の例を図 2.2 に示す．S, NP などの名前が書かれた状態が各ネットワークの初期状態であり，それぞれの非終端記号を定義している．POP という遷移アークを持つ状態が最終状態である．

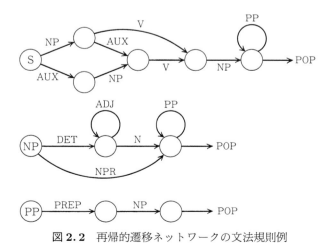

図 2.2 再帰的遷移ネットワークの文法規則例

第1のネットワークは文Sの定義であるが，初期状態からNPというラベルによる遷移が定義されている．NP自身は非終端記号であり，第2のネットワークによって定義されている．このように再帰的遷移ネットワークでは，ネットワーク内の一つの状態遷移がさらに他のネットワークで定義されるという再帰的な構造を持っている．再帰的遷移ネットワークの記述能力は状態遷移ネットワークを真に越えるが，実は文脈自由文法と等価である．例えば，第3の規則は，「PP → PREP NP」という文脈自由文法規則と等価である．複雑に見える第1の規則も次のような文脈自由文法規則の集合と等価である．

$$S \to NP\ V\ NP\ PPs \qquad PPs \to \varepsilon$$
$$S \to NP\ AUX\ V\ NP\ PPs \qquad PPs \to PP\ PPs$$
$$S \to AUX\ NP\ V\ NP\ PPs$$

これらの規則は，Sのネットワークの初期状態から最終状態までの可能な経路を展開し，ループが存在する箇所を別の文脈自由文法規則で定義し直すことによって機械的に得られる．

拡張遷移ネットワーク (augumented transition network，ATN) は，文解析の途中結果を格納する「レジスタ」をシステムが持ち，状態遷移の際にレジスタの値に対する「条件判定」を行ったり，条件が満たされた場合に実行する「アクション」を記述できるようにして，再帰的遷移ネットワークを拡張したものである．解析途中の構造やその他の情報を保持することにより，数や性の一致のような統語的な制約や意味的な整合性などの確認を容易に行うことができる．また，関係節を解析するために先行詞を格納しておくためのHOLD変数や，等位構造を解析するために並置される構造を格納するためのSYSCONJスタックなど，言語処理固有の様々な機能が備えられた．

拡張遷移ネットワークは，W. A. WoodsらのLUNARシステムなど1970年代から1980年代にかけて多くの自然言語理解システムで使用され，標準的な文法形式かつ言語解析システムとみなされていた．

2.3　拡張文脈自由文法

現在でも使われている多くの文法形式は，文脈自由文法をベースにしてい

る．文脈自由文法に基づいた文法形式を考える利点は，数多くの効率のよい統語解析アルゴリズムが研究されていること(本巻第3章)，および，個々の文法規則が独立した記述として理解できることである．拡張遷移ネットワークが再帰的遷移ネットワークを拡張したように，文脈自由文法を拡張した様々な文法形式が提案されている．統語構造記述に文脈自由文法を用い，様々な付加的な情報を参照可能にした文法形式は，総称して**拡張文脈自由文法**(augumented context-free grammar)と呼ばれる．本節では，文脈自由文法の拡張とみることができる代表的な文法形式を紹介する．

(a) LINGOL および拡張 LINGOL

文の統語構造の記述には文脈自由文法を用い，拡張遷移ネットワークのように文法規則中にプログラムを埋め込めるように拡張したもので，最も時期的に早く，かつ，記述力の高いシステムとして，V. R. Pratt による LINGOL (Pratt 1973, 1975)がある．

LINGOL では，CKY 法による上昇型解析(解析を単語，すなわち，葉のレベルから句のレベルへと，構文木を上向きに作り上げる処理)とアーリー法による下降型予測(部分的に作られた構文木から不足の句を予測し，その句を作り上げる処理のみを許容，あるいは，優先させる機構)を組み合わせた効率的な統語解析アルゴリズムを提案している．文法規則の形は，**チョムスキー標準形**($A \to BC$, $A \to w$ のいずれかの形)，および，$A \to B$ の形に限定している．任意の文脈自由文法はチョムスキー標準形に変換可能なので，その変換を前処理として行えば，この限定は，実質的な制限にはなっていないが，解析結果の構文木が変換前と変換後では同じにならないという欠点がある．

全体のシステムは，文脈自由文法規則のほか，解析時に必要な情報を上昇的に受け渡し，制約条件などのチェックを行うための**認識部**(cognitive component)と解析結果の表現を作り上げるための**生成部**(generative component)に分けられる．また，解析時に曖昧性が生じた場合，何らかの評価基準によって，競合する解釈から一つを選んで生成部に渡すための機構も考えられている．これらの各部は，利用者による LISP プログラムによって自由な処理を記述することができる．

LINGOL を日本語解析にも使えるように形態素解析と融合し，さらに，上昇

型解析における曖昧性に対して選択的に解析木の成長を行えるように拡張したシステムとして拡張 LINGOL(Tanaka, et al. 1979) がある．

(b) 確定節文法

2.7 節で説明する単一化文法の一種とされる**確定節文法**(definite clause grammar, DCG)も拡張文脈自由文法の一つである(Pereira & Warren 1980)．確定節文法では，文法規則には文脈自由文法が用いられ，各非終端記号が任意の数の引数(情報の格納場所)を持ち，かつ，文法規則の右辺の任意の位置に Prolog プログラムを挿入することができる．

例えば，「S → NP VP」という文法規則について，NP と VP のもつ数と性などの一致を制約として課すために，それぞれの句が持つ一致素性の値が，`Agr1`, `Agr2` という変数に格納されているとすると，この規則を次のように記述することができる．

```
s --> np(Agr1), vp(Agr2), {agreement_check(Agr1,Agr2)}.
```

ここに，`agreement_check(Agr1,Agr2)` は，二つの変数が持つ一致素性の値が矛盾しないことを確認する Prolog プログラムの呼び出しであると仮定している．このように，波括弧で囲まれた部分は Prolog プログラム(補強項と呼ばれる)とみなされ，その実行が成功するときにのみ当該規則が有効になる．Prolog のプログラムは文法規則の右辺であれば，このように規則の最後の位置に限らず自由な場所に記述してよい．どの位置に記述されても論理的な意味の違いはないが，Prolog の処理系では，左から順に解析が進むので，効率上の違いが生じる．なお，一致を確認するのが数および性だけならば，それぞれを表す変数(`Numb`, `Gen` とする)を設け，それらを用いて，上の規則を以下のように記述することも可能である．同じ値を持つことを同じ変数を使うことによって表現している．

```
s --> np(Numb,Gen), vp(Numb,Gen).
```

単一化文法として見た確定節文法については，2.7 節で再び取り上げる．なお，拡張遷移ネットワークで記述された文法が確定節文法に変換可能であるという議論が Pereira & Warren(1980)で詳しく示されている．

確定節文法と同様に単一化文法の一つとされる**語彙機能文法**(lexical functional grammar, LFG)(Kaplan & Bresnan 1982)も一種の拡張文脈自由文法と見る

ことができる．語彙機能文法は，統語構造を示す c–構造に関する規則と，句の内部表現を定義する f–構造に関する規則とから成る．前者は文脈自由文法の規則そのものであり，後者が解析結果を表示する素性構造を計算するための制約を記述する．語彙機能文法については，第 4 巻第 4 章を参照していただきたい．

2.4 言語学における句構造の拡張

(a) X バー理論

　文脈自由文法は，ある文法範疇がどのような文法範疇の列から作り上げられるかを定義するが，基本的には規則の形に対する制約は左辺がちょうど 1 個の非終端記号からなるというものだけであり，どのような文脈自由規則が言語的に許容されるかなどといった考え方は含まれていない．

　しかし，言語で許される文法範疇には，名詞から名詞句が作られたり，動詞が動詞句を作りさらに文となるなど，語からより大きな句が作られる過程に均質な規則性が見られる．このような規則性を記述する枠組みに **X バー理論**(X-bar theory) があり (Chomsky 1970; Jackendoff 1977)，言語の句構造に普遍的になりたつ構造を明らかにしている．

　X バー理論では，名詞や動詞などの範疇は，それ以上分割されない基本要素ではなく，より少数の素性の組合わせによって定義されるものと考えられる．つまり，文法範疇は，一般に素性の束 (集合) として表される．名詞 (N)，動詞 (V)，形容詞 (A)，前置詞 (P) といった範疇は，±N および ±V という 2 種類の素性の組合わせによって，次のように表現されると考えられる．

	+N	−N
+V	A	V
−V	N	P

　名詞範疇と動詞範疇を表す記号と素性を表す記号として N と V を用いているので，混乱を招くかもしれないが，素性を表す場合は，必ず [+N]，あるいは，⟨N, +⟩ のような表現を用いるというように記法上は明確に区別される．上の範疇は主要な**語彙範疇** (major lexical category) と呼ばれ，X バー理論では，

これらの範疇が句構造を作る際に，以下のような形の規則しか許容されないという制約を課す．

基本的な句構造の形

$\bar{X} \to YP^* \; X \; ZP^*$　　　（YP, ZP: 補助部 complement）
$\bar{X} \to YP^* \; \bar{X} \; ZP^*$　　　（YP, ZP: 付加部 adjunct）
$\bar{\bar{X}} \to Spec \; \bar{X}$　　　（Spec: 指定部 specifier）

これを，範疇 X(N, V, A, P のいずれか) が $\bar{X}$ や $\bar{\bar{X}}$ に**投射**(project) されるという．$\bar{\bar{X}}$ を X の**最大投射**(maximal projection) と呼び，XP とも書く（つまり，N の最大投射は NP（あるいは $\bar{\bar{N}}$），V の最大投射は VP（あるいは $\bar{\bar{V}}$）である）．X を $\bar{X}$ の**主要部**あるいは**主辞**(head) と呼ぶ．また，X と $\bar{X}$ は $\bar{\bar{X}}$ の主要部である．YP, ZP はある語の最大投射であり，X や $\bar{X}$ を修飾する句であるが，大部分の言語では通常 YP と ZP の一方しか取らない．Spec に何がくるかは，それぞれの語彙範疇によって異なる（例えば，N の Spec とは冠詞(DET) など）．

補助部と付加部の区別について，簡単に説明しておく．**補助部**は，語が構文的および意味的に完成するために必須の要素であり，**付加部**は，その名のとおり付加的な情報を与えるものと理解される．X バー理論では，これらが語に結び付くレベルが異なると考えるわけである．実際，次の例では，"of France" は "president" の補助部であり，これを付加部である "with gray hair" の後に置いて "president" に結び付けることはできない．

　the president of France with gray hair
＊the president with gray hair of France

一方，複数の付加部は同じレベル（$\bar{X}$ のレベル）で名詞に結び付くので，以下の例では，二つの付加部の位置が交換可能である（図 2.3 の上の二つの例も参考のこと）．

　a man from Paris with blue eyes
　a man with blue eyes from Paris

また，図 2.3 の下の二つの例に見られるような，名詞と動詞を中心とする句構造木に見られる範疇を越えた共通点を，X バー理論は予測することができる．なお，図では主要部からの投射の経路を太線で示した．

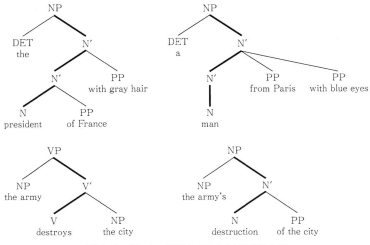

図 2.3 X バー理論に基づく句構造の例

(b) 一般化句構造文法

一般化句構造文法(generalized phrase structure grammar, GPSG) は, 確定節文法や語彙機能文法とは異なる方向での文脈自由文法の拡張である (Gazdar & Pullum 1982; Gazdar et al. 1985). GPSG では, 名詞や名詞句は N, NP のような単なる記号ではなく, 素性(素性名とその値の対)の集合とみなされる. 例えば, 3 人称単数かつ対格の名詞句(him など)は, 次のように表される.

$$\{\langle BAR, 2\rangle, \langle N, +\rangle, \langle V, -\rangle, \langle PER, 3\rangle, \langle PLU, -\rangle, \langle CASE, ACC\rangle\}$$

素性名とその値は, このように⟨ ⟩でくくられた対として表現される. ⟨BAR, 2⟩は, X バー理論における最大投射のことである (BAR レベル 0 が単語, 1 が補語の修飾を受けた句, 2 がそれ以上修飾を受けない句を意味する). N と V は, 名詞性, 動詞性を表す素性であり, N の値が +, V の値が − は, いわゆる名詞のことである. 同様に人称が 3 人称であること, 単複形が複数でないこと, 格が対格であることがそれぞれ対応する素性によって表現されている. GPSG は X バー理論に従っており, この例の先頭の三つの素性は前項で説明した記法では $\bar{\bar{\text{N}}}$ という情報を表していることに注意されたい.

GPSG の「非終端記号」は, このように**素性構造**によって表されるが, 素性名の種類は有限であり, それぞれの素性がとる値の種類も有限である. したが

って，可能な素性とその値の集合を一つの記号と見なせば，GPSG は，非常に多くの非終端記号をもった文脈自由文法と見ることができる．GPSG の記述能力は文脈自由文法を真に越えることはないが，言語的な一般化を行うための様々な機構を導入している．その特徴のいくつかをまとめておく．

ID/LP 規則　文脈自由文法の文法規則は，非終端記号の親子関係と子供の線形順序を同時に記述していることになるが，ID/LP 規則では，**直接支配** (immediate dominance, ID) と**線形順序** (linear precedence, LP) をそれぞれ別の規則によって表現する．例えば，次の ID 規則

$$\text{VP} \rightarrow \text{V, NP}$$

は，VP が V と NP によって構成されることを記述しているだけであって，支配される V と NP のどちらが左に現れるかを指定しない．一方，LP 規則は，例えば，V ≺ NP のように書かれるが，これは，特定の ID 規則に関する線形順序ではなく，どのような ID 規則についても，その子供 (規則の右辺) に V および NP という非終端記号が存在すれば必ず V の方が NP よりも左に現れることを意味する．英語ではこの LP 規則が成り立ち，一方，日本語では NP ≺ V が成り立つだろう．LP 規則は，きわめて重要な一般性を記述することも可能である．例えば，英語において，語レベルの非終端記号が常に句レベルの姉妹より左に現れる (動詞句における動詞と補語，前置詞句における前置詞と名詞句の位置関係など) という一般的な原則を，たった一つの LP 規則 (例えば，$\{\langle \text{BAR}, 0 \rangle\} \prec \{\langle \text{BAR}, 2 \rangle\}$) によって記述することができる．

メタ規則　GPSG で導入された**メタ規則** (metarule) は，文法規則を他の文法規則から生成する規則である．ただし，実際には，語レベルの主辞をもつ ID 規則 (**語彙 ID 規則**，lexical ID rule) に適用されて，別の語彙 ID 規則を生成するメタ規則に限定されている．メタ規則により，規則全体の数を少数ですませられるだけでなく，規則の間に横断的に成り立つ規則性を記述することができる．

英語の受動態と能動態の構文を比較するために，英語の能動態の構文を表す次のような二つの ID 規則を考えてみよう．

$$\text{VP} \rightarrow \text{H, NP} \qquad \text{VP} \rightarrow \text{H, NP, PP[to]}$$

ここに，H は動詞句の主辞，すなわち，動詞に対応し，PP[to] は前置詞 to を

もつ前置詞句の略記である．これらに対応する受動態は次のように書けるだろう．

VP[PAS] → H, (PP[by])　　　VP[PAS] → H, PP[to], (PP[by])

丸括弧は，その要素が省略可能であること，PAS は動詞形（VFORM 素性）の値が過去分詞形であることを意味する．これらの規則の間には統一的な規則性があり，メタ規則は，このような一般化を的確に記述することができる．

能動態構文から受動態構文を生成するメタ規則は次のように記述される．

受動化メタ規則（passive metarule）

VP → W, NP
⇓
VP[PAS] → W, (PP[by])

W は，ID 規則の右辺の任意の記号列に対応し得る変数である．上記の能動態 ID 規則の例では，第 1 の規則では H の部分を W に，第 2 の規則では H, PP[to] の部分を W に対応させることによって，それぞれの受動態 ID 規則が生成されることがわかる（ID 規則では右辺の要素の順序に意味がないことに注意せよ）．

メタ規則によって，受動態構文に関する ID 規則を明示的に記述する必要がなくなると同時に，能動態と受動態の間の関係の簡潔な一般化を行うことに成功している．

GPSG で提案された特徴的な考え方として，**主辞素性規約**（head feature convention，HFC），**足素性原理**（foot feature principle）などの原則がある．これらは，特定の文法規則ではなく，文法規則の集合に横断的に成り立つ原理であり，最終的には各文法規則に適用されることになるが，句構造全体に渡る規則性を表現することが特徴である．

素性の一部（BAR, AGR など）は**主辞素性**（head feature）と呼ばれ，それらについては次のような規約がどのような句構造木についても満たされなければならない．

主辞素性規約　右辺に主辞をもつ ID 規則では，親の主辞素性は，主辞である娘の主辞素性に等しい．

例えば，英語で直接目的語を持つ動詞句の規則は次のように書ける．（V[2]

の「2」は，動詞の下位範疇化パターンを表す番号である．ここでは，直接目的語を一つ取る動詞を表している．)

(1)　VP → V[2], NP

実際に GPSG では，各範疇は素性の集合であり，この規則は，より正確には次のように書かれるべきものである．

(2)　$\{\langle N,-\rangle,\langle V,+\rangle,\langle BAR,2\rangle,\cdots\} \to$
　　　$\{\langle N,-\rangle,\langle V,+\rangle,\langle BAR,0\rangle,\langle SUBCAT,2\rangle,\cdots\},$
　　　$\{\langle N,+\rangle,\langle V,-\rangle,\langle BAR,2\rangle,\cdots\}$

主辞素性である $\langle N,-\rangle, \langle V,+\rangle$ などは，この規則の右辺の主辞である第1の要素と親の間で共有されている．この性質は，この規則にだけでなく，主辞を右辺に持つあらゆる規則において成り立つものである．主辞素性規約を採用し，主辞を表すために H という記号を用いると，(2)の規則は，次の(3)のように表される．つまり，主辞が右辺のどの要素であるかを示せば，主辞素性規約により，H と VP が主辞素性を共有することが制約として課される．

(3)　VP → H[2], NP

主題化や関係節などのいわゆる**長距離依存**(unbounded dependency)を扱うための素性として**足素性**(foot feature)と呼ばれる素性群が定義されている．例えば，主題化の例である図 2.4 のような句構造木で，S/NP, VP/NP, NP/NP

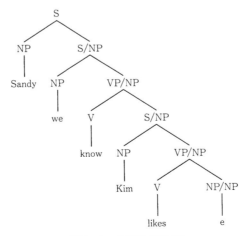

図 2.4　主題化文の例

は，それぞれ足素性である SLASH 素性の値が NP であるような S, VP, NP を意味する．主題化を説明するには，(4) のような主題化規則以外に図 2.4 に含まれる (5) のような規則が必要である．

(4)   S → NP, S/NP

(5)   S/NP → NP, VP/NP   VP/NP → V, S/NP

VP/NP は，VP がもつ SLASH 素性の値が NP，すなわち，⟨ SLASH, NP ⟩ という要素をもつことの略記である．SLASH 素性は，その範疇の中に痕跡 (trace) があることを表している．足素性には，SLASH 以外に，関係詞や疑問詞のための WH 素性，再帰代名詞などのための RE 素性がある．GPSG では，長距離依存を (5) のような局所的な規則を通じて SLASH 範疇が受け渡されることによって説明するが，どのような局所的な規則が許されるかを定義するのが**足素性原理** (foot feature principle，FFP) である．足素性原理は，簡単に言えば，既存の ID 規則に含まれる範疇に対して SLASH を**具現化** (instantiate) する際に，母親に新たに具現化される足素性は子に新たに具現化される足素性の和集合でなければならないという普遍的な原理である．したがって，既存の ID 規則に ⟨ SLASH, NP ⟩ を具現化することによって (5) のような規則は認められるが，例えば，(4) をもとにして，S/NP → NP, H/NP のように母親だけに新たな足素性を具現化することは認めない．

GPSG では，さらに，**素性共起制限** (feature coocurrence restriction，FCR) という，素性の間の依存関係を定義する枠組みがあり，文法範疇として存在し得る形についての横断的な制約を記述することができる．

     FCR2: [VFORM] ⊃ [−N, +V]
     FCR7: [BAR 0] ≡ [N] & [V] & [SUBCAT]
     FCR8: [BAR 1] ⊃ ∼ [SUBCAT]

FCR2 は，範疇が VFORM を持てば，必ず動詞であることを言っている．FCR7 は，BAR 素性の値が 0 であれば，それは SUBCAT が定義される主要範疇であるし，その逆も成り立つことを指定している．FCR8 は，BAR 素性の値が 1 の範疇には SUBCAT が含まれていてはならないという制約である．FCR もまた，規則に対して横断的な制約であり，言語において可能な範疇がどのようなものかを記述するために用いられる．

このように，GPSG は，文法形式としては句構造文法 (すなわち，文脈自由

文法)に留まりながらも，個々の文法規則を越えた横断的な原理や制約を記述することを可能にしている．

2.5 カテゴリ文法

　これまでは，句構造文法あるいはそれと等価な構造を基本的な統語構造とする文法について述べてきた．そこでの考え方は，文法の主役は句構造を記述する「文法規則」の集合であり，単語は，品詞やその語特有の例外事項を書くための単なる脇役にすぎなかった．しかし，一方で，単語こそが言語の主役であり，文法として我々が考えている規則性のほとんどが単語のレベルで持つべき情報であるという考え方があり，**語彙主義**(lexicalism)と呼ばれている(Karttunen 1989)．本節以降では，主として，語彙主義に近い立場をとる代表的な文法形式を説明することになる．

　本節で説明する**カテゴリ文法**(categorial grammar)は，単語が属する文法範疇(カテゴリ)が複雑な関数をなすと考え，関数適用を繰り返すことによって文を構成するという立場を取る．あるのは単語だけであり，文法規則と呼ばれるものは明示的には存在しない．カテゴリ文法の歴史は長く，古くは Ajdukievicz (1935) や Bar-Hillel (1953) にまで遡るが，本節では，カテゴリ文法の基礎として，**ランベック計算**(Lambek calculus)と呼ばれる一形式について説明する．また，前節までに用いていた範疇という用語と区別するため，カテゴリ文法の範疇をカテゴリと表記することにする．

　カテゴリの定義　カテゴリは，**原子カテゴリ**(atomic category)，および，**複合カテゴリ**(complex category)の2種類からなる．

(1) 原子カテゴリは，N, S の二つであり，それぞれ名前(名詞句)，文に対応する．

(2) 複合カテゴリは，他の二つのカテゴリから合成して得られるカテゴリであり，数学的には，一方を定義域，他方を値域とする関数となる．記法としては，X と Y がカテゴリなら，$X/Y, X\backslash Y$ は，複合カテゴリである．

記法上の定義と意味についていくつか注意をしておきたい．

(i) 原子カテゴリは，上の二つだけとは限らない．特に「名詞」と「名詞句」を区別するのが普通であるが，ここではそれらを区別しない最も簡単

な形式を示す．

(ii) X/Y と $X\backslash Y$ は，両者とも，Y を引数としてとり，X を値とする関数を表す．これらの違いは，X/Y が引数 Y を右側の位置にとるのに対し，$X\backslash Y$ では，引数 Y が左側の位置にあることを要求する点である．文献によっては（実は Lambek の原典でも），$X\backslash Y$ を $Y\backslash X$ と表記し，引数である Y が左側にあることを強調するものもあり，混乱の原因になるが，ここでは，現在ではより標準的な前者の記法を採用する．

例えば，目的語を一つとる動詞 "like" は，$(S\backslash N)/N$ というカテゴリの語であると考える．つまり，like は，右にある N と結び付いて $S\backslash N$ というカテゴリ（の句）になり，さらに左にある N と結び付いて S すなわち文になるカテゴリという意味である．このような語あるいは句同士の結び付きを定義するための演算規則を以下にまとめる．

カテゴリ文法の演算規則

関数適用　　　$X/Y\ Y\ \to\ X$
　　　　　　　$Y\ X\backslash Y\ \to\ X$

結合　　　　　$(X\backslash Y)/Z\ \leftrightarrow\ (X/Z)\backslash Y$

合成　　　　　$X/Y\ Y/Z\ \to\ X/Z$
　　　　　　　$Y\backslash Z\ X\backslash Y\ \to\ X\backslash Z$

繰り上げ　　　$X\ \to\ Y/(Y\backslash X)$
　　　　　　　$X\ \to\ Y\backslash(Y/X)$

分配　　　　　$X/Y\ \to\ (X/Z)/(Y/Z)$
　　　　　　　$X\backslash Y\ \to\ (X\backslash Z)\backslash(Y\backslash Z)$

関数適用(application)は，上でも述べたとおり，右あるいは左に現れる句（あるいは語）を引数としてとり，新しいカテゴリの句を生む演算である．**結合**(associativity)は，左右両方向から引数をとるカテゴリに対して，引数をとる順序を交換する演算である．**合成**(composition)は，Z を引数としてとって Y になるカテゴリと，Y を引数としてとって X になるカテゴリを合わせて，Z を引数としてとり X になるカテゴリを作る演算であり，関数の合成に等しい．**繰り上げ**(raising)は，自分(X)を引数としてとる関数（例えば $Y\backslash X$）それ自身

を引数としてとる関数に自分を変化させる演算であり，下に示すように，X と $Y \backslash X$，および，X の繰り上げの結果得られる $Y/(Y \backslash X)$ と $Y \backslash X$ からカテゴリ Y が得られることは変わらないが，本来引数であったものが関数になることにより意味解釈を行う場合のスコープの範囲の違いを説明することができる．下図では，実線の上の二つのカテゴリが関数適用を受けて下のカテゴリの句になることを表している．実線の右端に記されている不等号と A は，用いられている演算が関数適用であり関数がどの方向に適用されるかを表している．以後，それぞれの演算と方向を演算名の英語の頭文字と不等号によって表現する．

$$\frac{X \qquad Y \backslash X}{Y} <A$$

$$\frac{Y/(Y \backslash X) \qquad Y \backslash X}{Y} >A$$

繰り上げおよび**分配**(division)の具体例については(3)および(4)で示す．

カテゴリ文法に基本的に必要な演算規則は関数適用だけであり，これだけでほとんどの句構造を表現することができる．その他の演算規則は，句の構成の順序の変更，複雑な等位表現の説明，あるカテゴリから別のカテゴリの派生などの現象を説明するのに使われる．以下に演算規則の使用例を示す．

（1） 関数適用

$$\frac{\text{John} \quad (\text{ loves} \qquad \text{Mary})}{\frac{N \quad \dfrac{(S\backslash N)/N \qquad N}{S\backslash N} >A}{S} <A}$$

(2) 結合 $(S\backslash N)/N \to (S/N)\backslash N$

(i)
$$
\begin{array}{ccc}
(\text{John} & \text{loves}) & \text{Mary} \\
N & (S/N)\backslash N & N \\
\end{array}
$$
$$\underline{\qquad\qquad\qquad}\text{<A}$$
$$S/N$$
$$\underline{\qquad\qquad\qquad\qquad\qquad}\text{>A}$$
$$S$$

(ii)
$$
\begin{array}{cccccc}
(\text{Mary} & \text{cooked}) & \text{and} & (\text{John} & \text{ate}) & \text{the cookie} \\
N & (S/N)\backslash N & \text{Conj} & N & (S/N)\backslash N & N \\
\end{array}
$$
$$\underline{\qquad\qquad}\text{<A}\qquad\qquad\underline{\qquad\qquad}\text{<A}$$
$$S/N\qquad\qquad\qquad\qquad S/N$$
$$\qquad\qquad\qquad\qquad\underline{\qquad\qquad\qquad\qquad}\text{Conj}$$
$$S/N$$
$$\underline{\qquad\qquad\qquad\qquad\qquad\qquad}\text{>A}$$
$$S$$

(3) 合成 $(<C)\ Y\backslash Z\ X\backslash Y \to X\backslash Z$
   繰り上げ $N \to (S\backslash N)\backslash((S\backslash N)/N)$ $(= vp\backslash(vp/N)$ と略記)

$$
\begin{array}{cccccccc}
\text{John} & \text{saw} & \text{Mary} & \text{yesterday} & \text{and} & \text{Bill} & \text{today} \\
N & vp/N & vp\backslash(vp/N) & vp\backslash vp & \text{Conj} & vp\backslash(vp/N) & vp\backslash vp \\
\end{array}
$$
$$\qquad\qquad\underline{\qquad\qquad\qquad\qquad}\text{<C}\qquad\qquad\underline{\qquad\qquad\qquad\qquad}\text{<C}$$
$$vp\backslash(vp/N)\qquad\qquad\qquad vp\backslash(vp/N)$$
$$\qquad\qquad\qquad\qquad\qquad\underline{\qquad\qquad\qquad\qquad\qquad\qquad}\text{Conj}$$
$$vp\backslash(vp/N)$$
$$\underline{\qquad\qquad\qquad\qquad\qquad\qquad}\text{<A}$$
$$vp\ (= (S\backslash N))$$
$$\underline{\qquad\qquad\qquad\qquad\qquad\qquad\qquad}\text{<A}$$
$$S$$

(4) 分配 $S\backslash S \to (S\backslash N)\backslash(S\backslash N)$

(i)
$$
\begin{array}{ccc}
(\text{John} & \text{lives}) & \text{here} \\
N & S\backslash N & S\backslash S \\
\end{array}
$$
$$\underline{\qquad\qquad}\text{<A}$$
$$S$$
$$\qquad\qquad\underline{\qquad\qquad\qquad}\text{<A}$$
$$S$$

(ii)
$$
\begin{array}{ccc}
\text{John} & (\text{lives} & \text{here}) \\
N & S\backslash N & (S\backslash N)\backslash(S\backslash N) \\
\end{array}
$$
$$\qquad\underline{\qquad\qquad\qquad\qquad}\text{<A}$$
$$S\backslash N$$
$$\underline{\qquad\qquad\qquad}\text{<A}$$
$$S$$

(1)の適用の例は，"loves" が目的語一つと主語をとる他動詞 $(S\backslash N)/N$ であり，

目的語と主語が順に関数適用を受けて文を構成することを示している．(2) では結合演算を用いて "loves" のカテゴリを $(S/N)\backslash N$ に変えることにより異なる関数適用の順で同じ文の構成を説明できることを示している．これによって，その下の例に示されているような**非構成素等位構造**(non-constituent co-ordination) の内部構造を説明することができる．つまり，(2)(ii) では，"Mary cooked" と "John ate" が並置されており，これらは，従来の句構造文法では単独の構成素(constituent)をなさない単語列である．カテゴリ文法では，等位構造を定義するための次の (6) のような句構造規則スキーマをただ一つだけ許している．ここに，**規則スキーマ**(rule schema) とは，個別の句構造規則ではなく，規則の集合全体，あるいは，ある条件を持った統語構造全体に対して成り立つ規則のことである．下の規則では，X に任意のカテゴリを許すという意味で，無限個の具体的な句構造規則を表現している．GPSG の主辞素性規約や足素性原理，後に述べる HPSG の主辞素性原理なども規則スキーマの例である．

(6)　　X^+ Conj $X \Rightarrow X$

X^+ は一つ以上の X の列であり，Conj は**等位接続詞**(conjunction) である．(6) は，等位接続詞で結ばれる同一カテゴリの列が，同じ名前の一つのカテゴリにまとめられることを表している．X は，名詞句や動詞句のように句構造文法で定義されるような単なる構成素とは限らず，複合カテゴリであってもよいことに注意されたい．(3) の合成と繰り上げの例でも，"Mary yesterday" と "Bill today" のように従来の句構造文法ではおよそ一つの範疇ではとらえられないカテゴリが等位構造の対象になっている．(4) の例は，文修飾副詞である "here" を分配演算によって述語副詞に変化させている例である．

カテゴリ文法の特徴は，以上からわかるように，単語に対して複雑なカテゴリを定義し，カテゴリに対するいくつかの演算と規則スキーマを考えることにより，等位構造を始めとする様々な複雑な言語現象を説明することができることにある．

カテゴリ文法と意味論との関係についても簡単に述べておく．モンタギュー文法(第 4 巻 2.2 節参照)では，統語規則はカテゴリ文法に基づいてすべての語にカテゴリを与えると同時に内包論理に基づいたラムダ式(第 4 巻 1.8 節参照)によって語の意味を記述し，意味記述においても統語的な構造に対応したラムダ関数適用を行うことにより文の意味表現の導出を可能にしている．同様にラ

ムダ式による意味表現を用い，特に等位構造などにおける詳細な意味解釈を定式化した文法形式として M. Steedman による**組合せカテゴリ文法**(combinatory categorial grammar, CCG)がある (Steedman 1996)．

最後に，言語処理におけるカテゴリ文法の欠点について述べておく．上の(1)および(2)(ii)の例からわかるように，多様な演算規則を許すカテゴリ文法では，可能な解析結果をすべて計算しようとすると，同じ文に対して異なる解析結果を導いてしまうことがあり，これを**擬似的曖昧性**(spurious ambibuity)の問題という．特に，繰り上げ演算を無制限に用いると，可能な解析結果が無限に存在することもありうる．関数適用を基本演算とし，その他の演算は必要な場合にのみ用いるなどの工夫が必要である．擬似的曖昧性の取り扱いについては，例えば，(König 1989)が参考になる．

2.6 木接合文法

文脈自由文法や ID 規則では，句構造を表す規則は句範疇の親子関係だけであり，句構造木内の深さ 1 の部分木だけを表現していた．前節のカテゴリ文法では，単語が複雑な構造を表現しており，いわば，その語がどのような句構造の中に存在しうるかを記述していた．A. K. Joshi が提案した**木接合文法**(tree adjoining grammar, TAG)は，複雑な形をした句構造木そのものが文法の基本要素であり，これに，**接合**(adjoining)という木同士を組み合わせる演算を導入した文法形式である (Joshi et al. 1975; Joshi 1987, 1998)．まず，木接合文法の構成要素の定義と基本操作を記述し，次に例を示そう．

木接合文法は，5つ組 (Σ, NT, I, A, S) によって定義される．ここに，Σ は終端記号の集合，NT は非終端記号の集合，I と A はそれぞれ句構造木の集合であり，I の要素を**初期木**(initial trees)，A の要素を**補助木**(auxiliary trees)と呼ぶ．S は NT の特別な要素であり，文範疇を表す．I と A の要素を総称して**基本木**(elementary trees)と言う．

木の頂点の節点を根，最下部の末端の節点を葉，それら以外の節点を内部節点と呼ぶが，初期木でも補助木でも，根と内部節点は非終端記号のラベルをもち，葉は，終端記号，非終端記号，あるいは，空記号(e)のいずれかのラベルをもつ．

初期木において，非終端記号のラベルをもつ葉は，後で述べる置換操作の対象になるので，それを示すために，慣例として下向き矢印（↓）が付けられる．補助木において，非終端記号のラベルをもつ葉は，ただ一つの例外を除いて，下向きの矢印が付けられる．例外となる葉は，その補助木の根と同一の非終端記号のラベルをもち，その規則の**足**(foot)と呼ばれる．また，根から足への経路をその木の**幹**(spine)という．

図 2.7 の (a) が初期木の例，(b1), (b2) が補助木の例である．参考のために，それぞれの木に単語の例を添付した．補助木の足がアスタリスク（*）で示されている．(b1) の補助木では，先頭の VP が足，(b2) の補助木では，先頭の NP が足である．NP に添えられた (i) は，木の中の他の要素と**同一指標**(co-index)であることを意味している．(b2) の例では，関係節内の主語の位置にある痕跡 $(e(i))$ と同一指標であることが示されている．

木接合文法における適格な文は，S を根とし，初期木と補助木に対して以下の 2 通りの操作を用いて得られる木によって表現できる構造である．

置換(substitution) 　句構造文法と同様の木の生成操作．下向き矢印が付けられた節点に対し，その節点と同じラベルを根にもつ初期木によって置き換える操作．

接合(adjoining) 　木の内部節点（ラベル X をもつと仮定する）の位置で，木を上下に分割し，その間に X を根とする補助木を挿入する操作．この操作

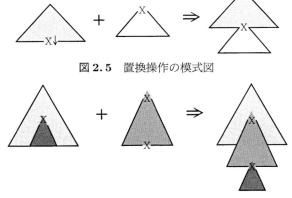

図 2.5　置換操作の模式図

図 2.6　接合操作の模式図

は，adjunction とも呼ばれる．

図 2.5 と図 2.6 にそれぞれの操作の模式図を示す．図からわかるように置換では，木の葉の位置にある非終端記号に対して新しい木をつなぐだけであるが，接合では，木の内部にある非終端記号に対して，補助木を割り込ませている．この接合操作が，他のどの文法形式にもない，木接合文法独特の操作である．

木接合文法による文解析の例を，図 2.7 の (c1) と (c2) に示す．(c1) の例は，(a) の初期木の中間節点である VP の位置に (b1) の補助木を接合して得られる文である．また，(c2) の例は，(a) の初期木の中間節点 NP の位置に (b2) の補助木を接合して得られる文である．接合された補助木を枠で囲んで示している．

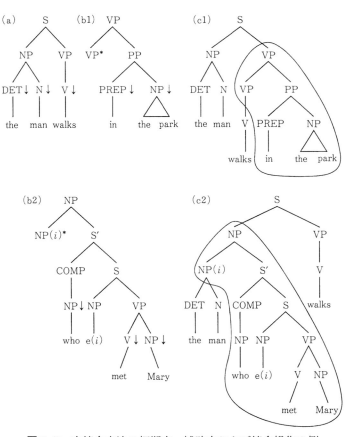

図 2.7 木接合文法の初期木，補助木および接合操作の例

このように，木の接合という操作により，初期木を基本構造としてもつ文や句を様々な形で拡張し，適格な文を構成することができる．

ここまでに述べた木接合文法の定義だけでは，文法がどのような形の初期木や補助木を含んでいればよいか，充分か，あるいは，必要かについては何も言ってくれない．近年の木接合文法は，各基本木が語彙化されていることを要求する**語彙化木接合文法**(lexicalized tree adjoining grammar，LTAG)に変化してきている(Joshi & Schabes 1992)．木が語彙化されているとは，少なくとも一つの葉が単語によってラベル付けされていることである．したがって，語彙化木接合文法では，単語の記述が文法のすべてであり，これらが上で述べた置換と接合操作を経ることにより，言語のあらゆる適格な文が生成できると考え

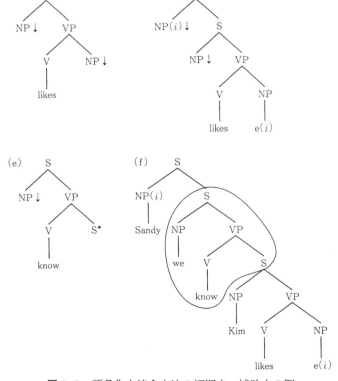

図 2.8　語彙化木接合文法の初期木，補助木の例

る．

　語彙化木接合文法の初期木と補助木の例を図 2.8 に示す．(d1) および (d2) は，likes という動詞に対応する初期木の例である．(d1) は，目的語と主語をもつ他動詞としての用法を表している．一方，(d2) は，likes の目的語が外置された構文を表している．また，(e) は，know に対応する補助木である．もちろん，これらが likes や know に対応する語彙記述のすべてではなく，他にも様々な記述が対応する．実際に，語彙化木接合文法に基づいて大規模な英語の文法を構築しようという XTAG というプロジェクトが進行しており (Doran et al. 1994, 1997)，その文法では，一つの単語に平均で 10 個近くの基本木が対応していると言われている．なお，(f) の木は，(d2) の上から 2 つ目の S の位置に (e) を接合して得られる木である．ちょうど図 2.4 で示した主題化文の木構造と対応していることに注意されたい．

　木接合文法の記述力は，文脈自由文法よりも真に高く，文脈依存文法の一部を表現することができる．任意の文脈自由文法は，第 3 章で説明されるように，長さ n の文を $O(n^3)$ の計算時間で解析することができるアルゴリズムが存在するが，木接合文法については，$O(n^6)$ 未満の時間で計算可能な解析アルゴリズムが知られていない．

　この欠点を補うために，木接合文法の補助木の形に制限を設けた**木挿入文法** (tree insertion grammar, TIG) が提案されている (Schabes & Waters 1995)．この文法では，補助木の足が (空の葉を除いて) 左端あるいは右端の葉として現れることを要求するだけで，あとは木接合文法と同じである．このような制限を持たせることで，文脈自由文法と同様の効率よい解析アルゴリズムを考えることができ，解析に必要な計算時間が $O(n^3)$ ですむことが示されている．木挿入文法に対して，**語彙化木挿入文法** (lexicalized tree insertion grammar) が提案されており，同様に効率よい解析が可能である．また，ここでは詳細を省略したが，次節で説明する素性構造を節点に記述することを認めることにより，数や人称などの文法的な制約を容易に記述することができる (Vijay-Shanker & Joshi 1988)．

2.7 単一化文法

本節では，総称して**単一化文法**(unification-based grammar)と呼ばれる文法形式を概観する．これらは，**単一化**(unification)というただ一つの演算に基づいて定義される文法のことであるが，単一化の対象となるデータ構造には，**項構造**(term structure)と**素性構造**(feature structure)の2種類が存在する．前者は，Prolog を代表とする論理型(計算機)言語の基本演算であり，論理型言語に組み込まれた文法形式，すなわち，論理文法(logic grammar)の基本データ構造である．一方，素性構造は，より言語学的な基盤をもつ単一化文法の基本データ構造となっている．以下では，まず，項構造と素性構造に対する単一化演算の概略を述べ，項構造に基づく単一化文法として代表的な論理文法について述べる．続いて，素性構造に基づく文法記述言語(文法規則を記述するための言語)である PATR–II を紹介する．最後に，素性構造に基づく代表的な単一化文法である主辞駆動句構造文法の概略を紹介する．

(a) 単 一 化

最初に，**項構造の単一化**(unification of term structures)について説明する．まず，項の定義より始める．

項構造とは，主に**第 1 階述語論理**(first-order predicate calculus)で用いられる基本的データ表現「項」によって表現されるデータ構造のことである．項は，次のように定義される．

項(term)とは，次のいずれかの形を取るデータ構造である．
(1) 定数，数，変数は，いずれも項である．特に，これらを単項と呼ぶ．
(2) f を n 引数の関数名とし，$t_1, t_2, \cdots, t_n$ が項であるならば，$f(t_1, t_2, \cdots, t_n)$ も項である．特に，このような項を複合項と呼ぶ．

定数は文字列，数は整数や実数，変数は値が未確定の項である．Prolog などの論理型言語では，定数は小文字で始まる文字列(日本語の場合は，任意の日本語文字列)で表現され，変数は大文字あるいは下線(_)で始まる文字列によって表される．変数とは，値が未確定であり，任意の項をその値として割当てることができるデータである．

項の例 "a", "abc", "singular", "名詞" などは定数．"123", "20.5" などは数，"X", "Y10", "_0001" などは変数であり，いずれも単項である．

また，"f(名詞, singular, X1)" は複合項である．

二つの項の単一化とは，それぞれの項に含まれる変数に対して最小限の値の割当てを行うことにより，両者を同一の表現にする操作である．その時に必要な変数への値の割当ての集合を**代入**(substitution)と呼ぶ．それぞれの項に含まれる変数へのどのような値の割当てによっても両者を同一の形にできないとき，単一化は失敗するという．

項の単一化の定義

（1） 二つの単項(定数あるいは数)は，両者が同じ値のときのみ単一化可能．

（2） 変数は，どのような項とも単一化可能であり，変数に相手の項の値が割当てられる．なお，変数同士の単一化は，両者が同一の変数になる．

（3） 二つの複合項が単一化可能なのは，両者が同じ関数名と同じ数の引数を持ち，それぞれの対応する引数の値が単一化可能なとき．

項の単一化の例

（i） 二つの定数あるいは数は，それらが同一の値であるときのみ単一化可能である．例えば，"abc" と "abc" は単一化可能であるが，"ab" と "abc" は単一化可能でない．

（ii） f(a, X, 10) と f(a, 名詞, Y) は単一化可能である．（{X=名詞, Y=10} という代入を行えばよい．）

（iii） "g(a, X, X)" と "g(Y, b, c)" は単一化可能でない．なぜなら，g の最初の2引数の単一化により，Y=a, X=b という割当てが行われ，これらは成功するが，第3引数の単一化において，すでに X には b という値が割当てられているため b=c という単一化が行われるようになり，これが失敗するからである．

次に，**素性構造の単一化**(unification of feature structures)について述べる．ここでは特にタイプ付き素性構造を対象にする．最初にタイプの定義について述べる．

タイプとは，ある半順序集合 T の要素であって，T は特に下向きに束(lattice)をなす．半順序集合とは，簡単に言えば，T のいくつかの要素間に順序関係が定義されていて，大小の比較が可能だということである．半順序集合が下向き

に束をなすとは,任意の二つのタイプの間に,そのどちらよりも小さい要素の中で最大のもの(最大下界)が一意に決まるという意味である.タイプの間に定義された順序関係は情報の多さに関する順序である.上で使った大小という表現は誤解を生みやすいので,以後は使用しない.タイプの順序関係を図で示す場合には,情報が少ない(より一般的である)タイプを上に,情報がより多い(より特殊である)タイプを下に描き,それらを直線で結ぶ.順序関係は推移的なので,冗長な直線は省略するのが普通である($A > B$ かつ $B > C$ なら,$A > C$ なので,A と B,B と C は直線で結ぶが,A と C は直接直線で結ばない).タイプの順序関係を**タイプ階層**(type hierarchy)とも呼ぶ.図 2.9 にタイプ階層の例を示す.図の最下部の $\perp$ はどのタイプよりも順序が下のタイプを意味し,矛盾を表す.

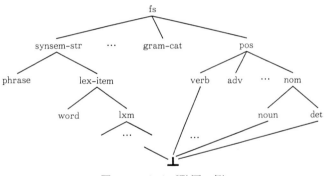

図 2.9 タイプ階層の例

素性構造とは,素性名と呼ばれるラベルとその値の対の集合である.**タイプ付き素性構造**(typed feature structure)とは,タイプと素性構造の対である.素性名は単なる名前なのでどのような文字列でもよいが,後で述べる HPSG の慣例に従い大文字のアルファベット列を用いる.これも慣例に従い,タイプは小文字のアルファベットを用いた文字列で表現する.素性の値は,タイプ付き素性構造,あるいはタイプ付き素性構造のリストである.各タイプは,それと対になる素性構造がどのような素性をもつかを限定し,各素性名は,その値として許されるタイプを限定する.このような制約により,正しい(well formed)素性構造を規定することができる.以下では,タイプ付き素性構造を単に素性構造と呼ぶ.次の例は,τ というタイプをもち,$\text{FEATURE}_1, \cdots, \text{FEATURE}_n$

を素性，$\text{VALUE}_1, \cdots, \text{VALUE}_n$ をそれぞれの値としてもつ素性構造の表現法である．

(7)
$$\begin{bmatrix} \tau \\ \text{FEATURE}_1 & \text{VALUE}_1 \\ \cdots \\ \text{FEATURE}_n & \text{VALUE}_n \end{bmatrix}$$

$\text{FEATURE}_1, \cdots, \text{FEATURE}_n$ は，タイプ τ で許される素性名であるが，特にその値が未定の場合は，省略される．また，τ で許される素性以外のものが現れてはならない．具体的な素性構造の例を次に示す．

(8)
$$\begin{bmatrix} gram\text{-}cat \\ \text{HEAD} & \begin{bmatrix} noun \\ \text{AGR} & \begin{bmatrix} agr\text{-}cat \\ \text{PER} & 3rd \\ \text{NUM} & sg \end{bmatrix} \end{bmatrix} \end{bmatrix}$$

(9)
$$\begin{bmatrix} symsem\text{-}str \\ \text{SYN} & \begin{bmatrix} gram\text{-}cat \\ \text{HEAD} & verb \\ \text{VAL} & \begin{bmatrix} val\text{-}cat \\ \text{SPR} & \langle \boxed{1}\text{NP} \rangle \\ \text{COMP} & \langle \boxed{2}\text{NP} \rangle \end{bmatrix} \end{bmatrix} \\ \text{ARG-ST} & \langle \boxed{1}, \boxed{2} \rangle \end{bmatrix}$$

(8)は，名詞の HEAD 素性の一部であり，人称が 3 人称，数が単数であることを表している．(9)に現れている $\boxed{1}, \boxed{2}$ は**タグ**(tag)と呼ばれ，項構造で述べた変数に対応する．同じタグが付された値は同一の値を共有すること，言い換えれば単一化されていることを表現している．なお，(9)の中でタグがもっている値 NP は，実際には複雑な構造をもつ素性構造である．一般に，素性構造がもつ情報をすべて記述すると膨大な記述量になるので，このような省略表現を慣例的によく用いる．また，理解可能な場合は，議論に必要な素性とその値

だけを記述し，他を省略することが多い．

二つの素性構造の単一化の結果得られる素性構造

（1）　単一化の結果得られる素性構造がもつタイプは，二つの素性構造がもつタイプのどちらよりも特殊なものの中で最も一般的なタイプ（最大下界）である．タイプ階層が下向きに束をなすことより，このような要素が一意に存在することが保証される．最大下界が $\bot$ のとき，単一化は失敗する．

（2）　二つの素性構造が共通にもつ素性については，それぞれの値を単一化した結果がその値となる．

（3）　どちらか一方の素性構造にしか含まれない素性の値は，その素性の値としてそのまま引き継がれる．

（4）　タグ同士の単一化は，その結果，両者が同じタグになる．

タイプ同士の単一化も，素性構造同士の単一化も，$\wedge$ という演算記号を用いる．下の例では，タイプ τ_1 と τ_2 の最大下界を τ_3 と仮定した（$\tau_1 \wedge \tau_2 = \tau_3$）．

素性構造の単一化の例

(10) $\begin{bmatrix} \tau_1 \\ \text{NUM} \quad sg \end{bmatrix} \wedge \begin{bmatrix} \tau_2 \\ \text{PER} \quad 3rd \end{bmatrix} \Rightarrow \begin{bmatrix} \tau_3 \\ \text{NUM} \quad sg \\ \text{PER} \quad 3rd \end{bmatrix}$

(11) $\begin{bmatrix} \tau_1 \\ \text{NUM} \quad sg \end{bmatrix} \wedge \begin{bmatrix} \tau_2 \\ \text{NUM} \quad pl \end{bmatrix} \Rightarrow$ 単一化失敗

(12) $\begin{bmatrix} F_1 \; \boxed{1} \begin{bmatrix} \text{PER} \quad 3rd \end{bmatrix} \\ F_3 \; \boxed{1} \end{bmatrix} \wedge \begin{bmatrix} F_1 \; \boxed{2} \begin{bmatrix} \text{NUM} \quad sg \end{bmatrix} \\ F_2 \; \boxed{2} \\ F_3 \; \begin{bmatrix} \text{GEN} \quad male \end{bmatrix} \end{bmatrix}$

$\Rightarrow \begin{bmatrix} F_1 \; \boxed{1} \begin{bmatrix} \text{PER} \quad 3rd \\ \text{NUM} \quad sg \\ \text{GEN} \quad male \end{bmatrix} \\ F_2 \; \boxed{1} \\ F_3 \; \boxed{1} \end{bmatrix}$

二つの構造の間の情報の量によって順序を定義すると，項構造と素性構造の

いずれについても，二つの構造を単一化するという演算は，両者のもつ情報を過不足なくもつ構造，すなわち，両者のいずれよりも多い情報をもつ構造の中で最も一般的(情報が少ない)構造を求める演算となっている．

(b) 論理文法

項構造に基づく文法記述言語として，**論理文法**(logic grammar)と呼ばれる一連の文法について述べる．2.3節の(b)で述べた確定節文法は，文脈自由文法の文法規則の各非終端記号が引数をもつことを許し，さらに，文法規則の任意の位置にPrologのプログラムが挿入可能な文法記述言語である．非終端記号の引数やPrologプログラムの引数は，項構造を用いたデータが与えられ，単一化演算によって文法的な制約のチェックや意味表現の生成など，自由な処理を記述することができる．

論理文法の歴史的経緯について，簡単に述べておく．Prolog自体が生まれた理由の一つが，A. Colmerauerらの自然言語による質問応答システムの開発であり，その中でMetamorphosis Grammar(MG)と呼ばれる文法記述言語が生まれた(Colmerauer 1978)．MGは，チョムスキーの文法階層で言えば，0型言語の文法規則(本巻第1章)の記述を許した言語であり，どのような文法規則をも記述することができた．確定節文法は，MGの文法規則の形を文脈自由文法に限定して精密化した文法記述言語である．その後，痕跡(trace)やそれに伴う長距離依存など，文脈自由文法の文法規則だけでは表現が難しい言語現象を文法規則の拡張によって取り扱うことを目指して，Extraposition Grammar(XG) (Pereira 1981)，Gapping Grammar(GG) (Dahl & Abramson 1984)，その後継であるDiscontinuous Grammar(DG) (Dahl 1989)などが提案された．しかし，コンピュータ上での実現を考えると文脈自由文法に対しては多くの効率のよい解析アルゴリズムが提案されており(本巻第3章)，また，痕跡などの現象についても文法規則のレベルで取り扱うのではなく，2.4節(b)の一般化句構造文法や本節(d)で紹介する主辞駆動句構造文法のように単語や句がもつ素性構造の中にその情報を持ち込んで取り扱うなどの考え方があり，文脈自由文法の文法規則の形にとどまっている確定節文法が代表的な文法記述言語として最も広く利用されている．論理文法は，あくまで文法規則を記述するための言語であり，特定の自然言語や文法理論に対応しているわけではない

ことに注意されたい．

（c）素性構造に基づく文法記述言語

M. Kay によって提案された文法記述のための枠組みである**機能単一化文法**(functional unification grammar，FUG)は，単語や句や文法規則などすべての文法要素を素性構造によって表現することを提案した文法形式であり(Kay 1984)，その後，素性構造の記述で用いられることになる経路表現や**選言**(disjunction)などの概念が提案されている．経路表現については，以下のPATR–II の説明で紹介する．選言は，素性の値が一意には決まらず，いくつかの値のいずれかであることだけを記述する方法であり，Karttunen (1984)，Kasper (1987) らによって，効率的な単一化アルゴリズムの研究が行われている．

本節では，素性構造に基づく文法記述のための言語として代表的な PATR–II (Shieber 1986,1992) について概要を述べる．1980 年代の前半に様々な種類の単一化文法が提案された．一方では，上で述べた Prolog 上での実現を意識した一連の論理文法であり，他方では，より言語学的に動機付けられた語彙機能文法や一般化句構造文法などであった．PATR–II は，これらの単一化文法による具体的な文法の記述と実現を目指し，種々の理論の最小公倍数的な機能をもつ文法システムとして開発された (Shieber 1984)．

PATR–II では，（タイプなしの）素性構造が基本的な表現手段として用いられる．単語および文法規則は，次のような句構造規則とそれぞれの構成素がもつ素性構造間の制約が付加された表現をとる．

(13) $X_0 \rightarrow X_1\ X_2$
$\langle X_0\ cat \rangle = s$
$\langle X_1\ cat \rangle = np$
$\langle X_2\ cat \rangle = vp$
$\langle X_0\ head \rangle = \langle X_2\ head \rangle$
$\langle X_0\ head\ subject \rangle = \langle X_1\ head \rangle$

第 1 行目が文法規則の骨格であり，右辺の二つの構成素 (X_1, X_2) から左辺の X_0 が作り上げられることを示している．第 2 行目以下が，それぞれの構成

素がもつ素性構造間の制約である．$\langle X_0\ head\ subject \rangle$ などは**経路表現**(path expression)と呼ばれ，X_0 の素性構造内の素性 $head$ の値である素性構造内の素性 $subject$ の値を指す．したがって，第 2 行目は，X_0 の cat の値が s であること，また，最後の行は，X_0 の $head$ の $subject$ の値が X_2 の $head$ の値と等しいことを表している．ここでは，"="を「等しい」と表現したが，これに対応する計算処理が単一化である．

PATR–II は，基本的にこのような記述法を定義し，利用者によって記述された文法を LISP あるいは Prolog で動くようにする解析システムを提供するだけである．上の文法規則は，例えば，以下で述べる主辞駆動句構造文法などの素性構造をベースにする文法理論では，次のように記述することもできる．

(14) $\begin{bmatrix} cat & s \\ head & \boxed{1}\begin{bmatrix} subject & \boxed{2} \end{bmatrix} \end{bmatrix} \rightarrow \begin{bmatrix} cat & np \\ head & \boxed{2} \end{bmatrix}, \begin{bmatrix} cat & vp \\ head & \boxed{1} \end{bmatrix}$

素性構造の記述に慣れた利用者には(14)の記述の方が直観的にわかりやすいと思われるが，(14)の記述は，あくまで人間の理解に向いた表示法であり，文法規則が(13)のように書かれるのは，PATR–II が文法記述のためのプログラミング言語であって，コンピュータ処理可能な文字セットだけで規則を記述しなければならないという，プログラミング言語としての制約によるものである．

本項の最後に，コンピュータ上での実現に関して，項構造と素性構造の関連についても述べておく．項構造は，Prolog では基本的なデータ構造であり，高速の単一化が可能である．ただし，関数の引数の位置が意味をもってしまう．つまり，同じ関数の第 1 引数と第 2 引数は異なる情報を格納しており，それぞれどのような情報を表現しているかは，文法記述者が個々に決めなければならない．一方，素性構造は，素性の位置という概念はなく，個々の素性に名前が付けられている．そのため，直観的にわかりやすい記述が可能であるが，単一化演算については，単純な方法では項構造ほどの効率が得られない．タイプ付き素性構造では，それぞれのタイプの素性構造がどれだけの素性をもつかが規定されており，さらに，それぞれの素性がどのタイプの値をとるかも決まっている．したがって，タイプ付き素性構造を表現するのに各タイプに対応した関数を用い，その関数の各引数がどの素性に対応するかを事前に決めてしまえば，

タイプ付き素性構造から項構造への簡単な変換を行うことができる．いったん変換を行えば，Prolog の効率のよい項構造の単一化演算を用いてタイプ付き素性構造の単一化を行うことが可能になる．ProFIT というシステム (Erbach 1995) は，このような考えに基づいて，タイプ付き素性構造を項構造に変換して単一化を Prolog 上で実現した汎用のシステムである．

(d) 主辞駆動句構造文法

　素性構造と単一化に基づいた文法理論として代表的な**主辞駆動句構造文法** (head-driven phrase structure grammar, HPSG) の概略を説明する (Pollard & Sag 1987, 1994; Sag & Wasow 1999)．HPSG は，GPSG を基礎とし，洗練されてきた文法理論である．GPSG の主辞素性規約や足素性原理などに対応する考えは継承されているが，個別の句構造規則は存在せず，ごく少数の文法スキーマがあるだけで，上記の規約などはすべて，句構造が構成される際に成り立つ原理として位置づけられている．HPSG の細かな定義は時代とともに変化しており，現在も変化し続けている．本項では，主として HPSG99 (Sag & Wasow 1999) の 1997 年におけるドラフトにしたがい，基本的な部分を具体例を用いて紹介する．

　HPSG では，すべての単語や句はタイプ付き素性構造によって表される．その主な素性は統語情報を表す SYN，および，意味情報を表す SEM である．単語の情報は，単語の表層形 ω と素性構造の対 $\langle \omega, D \rangle$ によって表される．具体的な例を以下に示す．

(15)
$$\left\langle \text{book}, \begin{bmatrix} \textit{cn-lxm} \\ \text{SYN} & \begin{bmatrix} \text{VAL} & \begin{bmatrix} \text{SPR} & \langle [\text{COUNT} \ +] \rangle \end{bmatrix} \end{bmatrix} \\ \text{SEM} & \begin{bmatrix} \text{INDEX} & i \\ \text{RESTR} & \langle \begin{bmatrix} \text{RELN} & \textit{book} \\ \text{SIT} & s \\ \text{INSTANCE} & i \end{bmatrix} \rangle \end{bmatrix} \end{bmatrix} \right\rangle$$

(16)
$$\left\langle \text{give}, \begin{bmatrix} \textit{dtv-lxm} \\ \text{ARG-ST} \;\langle [\;]_i, [\;]_j, [\;]_k \rangle \\ \text{SEM} \begin{bmatrix} \text{INDEX} \;\; s \\ \text{RESTR} \;\langle \begin{bmatrix} \text{RELN} & \textit{give} \\ \text{SIT} & s \\ \text{GIVER} & i \\ \text{GIVEN} & j \\ \text{GIFT} & k \end{bmatrix} \rangle \end{bmatrix} \end{bmatrix} \right\rangle$$

(15)は典型的な名詞の例，(16)は二重目的語をもつ動詞の例である．なお，素性構造の添字 i, j などは，その素性構造の INDEX 素性の値を表す略記法である．これらの語彙記述は，本来もつべき情報をすべて明示的にもっていないが，様々な語彙規則によって標準的な情報が追加されることになる．例えば，加算名詞 (cn-lxm) には次の**単数名詞語彙規則**(singular noun lexical rule)が，矛盾しない限り適用されて，次のように素性が追加される．

(17)
$$\langle \boxed{1}, [cn\text{-}lxm] \rangle \Rightarrow \left\langle \boxed{1}, \begin{bmatrix} \textit{word} \\ \text{SYN} \begin{bmatrix} \text{HEAD} \begin{bmatrix} \text{ARG} \begin{bmatrix} \text{PER} & \textit{3rd} \\ \text{NUM} & \textit{sg} \end{bmatrix} \end{bmatrix} \end{bmatrix} \end{bmatrix} \right\rangle$$

HPSG99 では，下位範疇化情報は，VAL という素性がもつことになっている．VAL は，さらに SPR (specifier) と COMPS (complements) をもつ．動詞では，これらはそれぞれ主語と補語に対応する．ただし，(16)のように，動詞自体は VAL 素性を直接はもたず，統語情報からはより中立的な ARG-ST という素性をもつだけである．英語の場合には，次のような**項実現原理**(argument realization principle, ARP)が適用されて，SPR と COMPS の値が決定される．

項実現原理 $\langle \omega, D \rangle$ を語彙記述とすると，単語 ω が句構造に組み入れられるためには D は，次の素性構造記述と単一化されなければならない．

(18) $\begin{bmatrix} \text{SYN} & \begin{bmatrix} \text{VAL} & \begin{bmatrix} \text{SPR} & \boxed{1} \\ \text{COMPS} & \boxed{2} \end{bmatrix} \end{bmatrix} \\ \text{ARG-ST} & \boxed{1} \oplus \boxed{2} \end{bmatrix}$

ここに，⊕ はリストの連結を表す．実は，動詞のタイプの単語は長さが 1 のリストを SPR の値として取るという制約が別にあるので，この原理によると，動詞の場合は，ARG-ST の値のリストの先頭の要素一つだけが SPR の値になり，リストの残りの要素が COMPS の値になる．

GPSG の主辞素性規約に対応する原理は，HPSG では**主辞素性原理**(head feature principle, HFP)と呼ばれる．

主辞素性原理 主辞をもつ句構造では，親の HEAD 素性の値は，主辞である娘の HEAD 素性と単一化されなければならない．

さらに COMPS と SPR の取り扱いに関する次の規則が与えられると，基本的な文の構造を説明することができる．以下の規則では必要な部分のみを表示し，他を簡略化して記述していることに注意されたい．

主辞–補助部規則(head-complement rule)

$$\begin{bmatrix} phrase \\ \text{COMPS} \ \langle \ \rangle \end{bmatrix} \to H \begin{bmatrix} word \\ \text{COMPS} \ \boxed{1} \end{bmatrix} \ \boxed{1}$$

主辞–指定部規則(head-specifier rule)

$$\begin{bmatrix} phrase \\ \text{SPR} \ \ \ \langle \ \rangle \end{bmatrix} \to \boxed{1} \ H \begin{bmatrix} phrase \\ \text{SPR} \ \ \ \ \langle \boxed{1} \rangle \end{bmatrix}$$

主辞–補助部規則では，$\boxed{1}$ は必ずしも一つの要素に限らず，一般にリストである．これらの規則は，VAL 素性の要素のうち，英語では，補語は右からの要素によって満たされ，主語は左の要素によって満たされることを示している．これらの規則は，個別の単語や品詞についてだけ適用される規則ではなく，この規則と単一化可能である限り，あらゆる語や句について適用可能なものである．これらの規則や原理を用いると，二重目的語をもつ give に対する句構造が図 2.10 のように構成されることを説明することができる．

次に，長距離依存の扱いについて見てみよう．HPSG87, HPSG94 では，

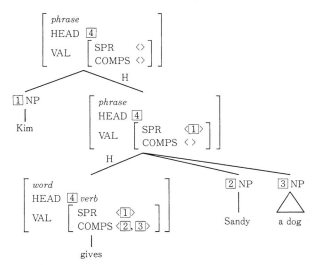

図 2.10 HPSG によってえられる句構造の例

SLASH 素性と呼んでいた外置された要素を格納する素性を HPSG99 では GAP 素性と呼んでいる．以下の例ではそれにしたがう．GAP は，単語が句構造に組み込まれる時点に導入されると考えられる．補語に対応する GAP は，次のような拡張された項実現原理により導入される．

項実現原理 $\langle \omega, D \rangle$ を語彙記述とすると，単語 ω が句構造に組み入れられるためには D は，次の素性構造記述と単一化されなければならない．

(19) $\begin{bmatrix} \text{SYN} & \begin{bmatrix} \text{VAL} & \begin{bmatrix} \text{SPR} & \boxed{1} \\ \text{COMPS} & \boxed{2} \ominus \boxed{3} \end{bmatrix} \\ \text{GAP} & \boxed{3} \end{bmatrix} \\ \text{ARG-ST} & \boxed{1} \oplus \boxed{2} \end{bmatrix}$

ここに，$\ominus$ はリストの差分を表す．(18) との違いは，COMPS の値が ARG-ST の先頭の要素以外のリストになるだけではなくて，その中から一部の要素を取り出して GAP 素性の値としてもよいことである．GAP 素性の値として選ぶことができる要素は（空リストを含んで）一意に決まらないので，この項実現原理によって，一つの単語からいくつもの正しい語彙記述を得ることができる．ちょうど，これは，語彙化木接合文法において，同じ単語に対して様々な可能

な基礎木を与えていたことに対応している．GAP 素性をもつ要素が句構造に組み入れられるときには，次の原理を満たす必要がある．

GAP 原理(GAP Principle)　主辞をもつ規則では，規則に特に規定がない限り，親の GAP 素性の値は，娘の GAP 素性の値の和集合に等しい．

さらに，次の**主辞フィラー規則**(head-filler rule)は，主題化など，主辞がもつ GAP を満たす句構造に関する規則である．

主辞フィラー規則

$$\begin{bmatrix} phrase \\ \text{GAP} & \langle\rangle \end{bmatrix} \rightarrow \boxed{1} \begin{bmatrix} phrase \\ \text{GAP} & \langle\rangle \end{bmatrix} \quad H \begin{bmatrix} phrase \\ \text{FORM} & fin \\ \text{SPR} & \langle\rangle \\ \text{GAP} & \langle\boxed{1}\rangle \end{bmatrix}$$

例えば，"hates" が ARG-ST の値として $\langle \boxed{1}, \boxed{2} \rangle$ を取るとすると，(19)の項実現原理からは，次の 2 種類の語彙記述の可能性が得られる．

(20) $\begin{bmatrix} \text{SYN} & \begin{bmatrix} \text{VAL} & \begin{bmatrix} \text{SPR} & \langle\boxed{1}\rangle \\ \text{COMPS} & \langle\boxed{2}\rangle \end{bmatrix} \\ \text{GAP} & \langle\rangle \end{bmatrix} \\ \text{ARG-ST} & \langle\boxed{1},\boxed{2}\rangle \end{bmatrix}$

(21) $\begin{bmatrix} \text{SYN} & \begin{bmatrix} \text{VAL} & \begin{bmatrix} \text{SPR} & \langle\boxed{1}\rangle \\ \text{COMPS} & \langle\rangle \end{bmatrix} \\ \text{GAP} & \langle\boxed{2}\rangle \end{bmatrix} \\ \text{ARG-ST} & \langle\boxed{1},\boxed{2}\rangle \end{bmatrix}$

このうち，(21)の語彙記述を用い，GAP 原理と主辞フィラー規則にしたがうと，図 2.11 のような主題化文が説明できる．

2.8　その他の関連事項

(a)　その他の語彙化文法

本章の後半では，語彙を中心的要素とする文法について述べた．これに関連

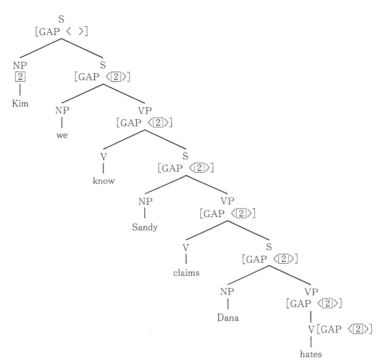

図 2.11　HPSG における主題化文の例

する文法について補足しておこう．**依存文法**(dependency grammar)では，句構造に相当するものが，主辞とそれ以外の従要素の間の依存関係によって表される (Hays 1964; Robinson 1970)．依存文法には，他の句構造文法にあるいわゆる統語範疇は存在せず，構文木を描くとすると，すべての節点は文中のいずれかの単語が対応し，単語間の依存関係を示す木構造になる．しかし，主辞という概念をもつ X バー理論，および，その考えを継承する HPSG などの文法では，主辞–補部，主辞–付加部などの主従関係があり，考え方を共有している．ただし，依存文法では，単語そのものが統語的な構造を予測できるだけの情報を担っていると考えているわけではなく，その意味では，本章で述べた語彙化文法とは異なる．

なお，日本語の統語構造は，文節の間の係り受けを基本的な構造として考えることもでき，それを文節間の依存関係とみることによって，依存文法の考え

方を自然に取り入れることができる．助詞や活用語の活用語尾や用言の格パターンなど係り受けに影響を及ぼす文法情報に基づいて文節間の依存関係を解析する方法は，コンピュータによる日本語の表層的な統語解析では広く利用される手法になっている．

リンク文法(link grammar)は，単語に，それが存在し得る統語環境を記述するという考え方に基づいており，典型的な語彙化文法の一つである(Sleator & Temperley 1991)．各単語には，すべての可能な統語的用法の一つ一つが次のような**選言**(disjunct)と呼ばれる記述によって与えられる．

$$d = ((L_1, L_2, \cdots, L_m)(R_n, R_{n-1}, \cdots, R_1))$$

$L_1, L_2, \cdots, L_m$ は**左結合子**，$R_n, R_{n-1}, \cdots, R_1$ は**右結合子**と呼ばれる．それぞれの L_i, R_j は，単なるラベルであっても素性構造のような複雑な表現であってもよい．文中の各単語 W には，その単語がもつ一つの選言が与えられ，かつ，各 L_i は，W より左に現れるある単語の右結合子と結合される．同様に各 R_j は，W より右に現れるある単語の左結合子と結合される．その際，結合子同士のラベルは同一でなければならないし，結合子が素性構造であれば，それらが単一化できなければならない．また，W の左右の結合子の順序が保存されなければならない，異なる結合関係が互いに交差してはならない，などの制約がある．

(b) 統計的統語解析

本章で述べた文法形式は，文の文法性を説明すること，および，与えられた文に対して文法的な構造を決定するための理論であって，文が曖昧な場合に，その中のどの解釈がより適切かを示すものではない．このような文法に従って言語解析を行うと，与えられた文に対して数千あるいは数万以上の可能な解析結果が得られることも珍しいことではない．そのため，文解析や文解釈において，様々な優先規則を設けて，最も自然な解析結果を得るための方法も重要である．文法規則とは別に優先解釈規則を考えるという方法は，従来よく取られてきた方法であるが，近年，大量の言語データが利用可能になり，統計的な情報を用いて，文の解析や優先解釈を行う方法が提案されている．形態素解析における統計的な手法は第3巻第2章で詳しく述べられている．ここでは，統計的な手法に基づく統語解析のためのモデルについて簡単にまとめる．

統計的言語解析の最も初期の方法は，文脈自由文法の各規則に生起確率を与え，全体的に最も確率が高い解析結果を優先させる**確率文脈自由文法**(probabilistic context-free grammar)である（藤崎 1984）．確率文脈自由文法については，**内側外側アルゴリズム**(inside-outside algorithm)など言語データから文法の生起確率を学習するアルゴリズムが提案されている（Charniak 1993）．また，これを利用して，文法規則の自動学習の研究も行われた（Pereira & Schabes 1992）．文脈自由文法だけでなく，依存文法に基づく確率文法の学習の研究（Carroll & Charniak 1992）も行われている．

文法規則に基づく確率文法では，充分な曖昧性解消を行うことが難しく，ここでも語彙化の流れが起こった．確率文脈自由文法に単語の情報を取り込んで確率モデルを拡張した研究として Hogenhout & Matsumoto (1996)，Ersan & Charniak (1996)，Charniak (1997)などがある．一方，リンク文法の確率化（Lafferty et al. 1992），語彙化木接合文法の確率化（Schabes 1992; Resnik 1992）など，様々な語彙化文法を確率化する研究も行われた．

以上の研究は，いずれもそれぞれの文法理論に基づく文法規則あるいは語彙記述がすでに存在することを前提としているが，現実の様々な言語現象を含む文を幅広く解析することのできる文法規則や辞書を構築するのは容易ではない．そこで，解析ずみのコーパスから文法規則を自動的に取り出す研究が行われた（Charniak 1996; 白井他 1997）．一方，解析ずみデータから種々の統計情報を獲得し，統語解析を行う，いわゆる，統計的統語解析の研究が盛んに行われるようになった．英語では，Magerman (1995)による決定木を用いた学習による統語解析を始めとし，Collins (1996, 1999)による単語の間の依存関係と統語規則を用いた確率的統語解析手法が提案された．さらに，Ratnaparkhi (1997)によって最大エントロピー法を用いた階層的な上昇解析に基づく手法，Charniak (2000)による確率文法と最大エントロピー法を組み合わせた手法などが提案された．ここまでは，単語や品詞などの基本情報に基づく確率を利用して適切な統語構造を構築する方法だが，近年は，より複雑な木構造同士の近さを判定する tree kernel などを用いて，確率的統語解析結果を再順序付けする方法などが提案されている（Collins 2002）．これらの研究は，いずれも Penn Treebank の同じデータを訓練データおよびテストデータとして用いており，同じ土俵で精度の比較を行うことが通例となっている．

日本語の表層的な統語解析は，文節間の係り受け関係で近似できるので，文節間の係り受け確率を解析ずみコーパスから推定し，それに基づいて係り受け解析を行う方法が最初に試みられた(Fujio & Matsumoto 1998)．同様の解析を，文節間の係り受け確率の学習を決定木によって行い，さらにモデルの混合手法を用いて解析精度を高める研究も行われた(春野他 1998)．その後，Uchimoto et al.（1999）による最大エントロピー法を用いた文節係り受け，および，Kudo & Matsumoto(2002)によるサポートベクターマシンを用いた手法などが提案されており，これらの手法も，京大コーパスの同じ部分を訓練およびテストデータに用いた実験が行われている．

(c) 表現法と計算

本章では，文脈自由文法，すなわち句構造を生成する文法から出発し，句構造を保存しながらも様々な拡張が行われた文法形式について述べた．近年になって文法の語彙化が進み，そのような文法理論では，句構造を規定する個別の文法規則はほとんど存在しないか，存在しても，文法規則というよりは，句構造を規定する少数のスキーマになっていた．

本巻の第3章では，主として文脈自由文法に対する統語解析の手法が解説されているが，そのような統語解析法が利用価値を失っているかというと，実はそうではない．文法規則の表現自体は古典的な文脈自由文法と離れてしまっていても，多くの理論が根底に仮定している構造は句構造から大きく逸脱しないものである．GPSG が文法規則の間の横断的な性質を規約や原理として抽象化しつつも句構造文法の範囲に留まっていたことを思い出していただきたい．

例えば，語彙に複雑な素性構造を仮定し，きわめて少数の文法規則しかもたない HPSG のような文法に基づいて文解析を行う場合，そのままの形で文脈自由文法のための解析アルゴリズムを使い，計算的に重い処理である単一化を常に実行しながら文解析を行うことは必然ではない．S. M. Shieber が指摘するように(Shieber 1985)，素性構造の一部をまとめてシンボル化し(例えば，三人称単数男性の名詞句は，HEAD 素性のタイプが $noun$，NUM 素性の値が $3rd$，PER 素性が sg，GEN 素性が $male$ の句であるが，これを単に NP3sm という範疇とみなす，など)，各シンボルを個別の文法範疇と見れば，多くの文法規則をもつ拡張文脈自由文法に変換することができる．より大きな範囲の素性構

造をシンボル化すれば文法範疇の数が増すが，その代わり，その部分の単一化演算を文解析時に行う必要がなくなり，単一化に伴う負荷を軽減することができる．もちろん，文法規則が増加することによって解析アルゴリズムの負荷は増えるので，両者のトレードオフによって適切な範囲のシンボル化を行えばよいわけである．永田他 (1990)，Torisawa & Tsujii (1996) らは，同様の考え方によって大規模な文法規則に対する効率よい文解析を実現している．

第 2 章のまとめ

2.1 コンピュータ処理を目的とした自然言語の文法形式は，言語学的な適切性と計算論的な適切性を兼ね備えていなければならない．

2.2 現在，コンピュータ処理のための文法形式の多くは，句構造文法を基礎とし，様々な拡張を施されたものである．古典的な代表的システムとして拡張遷移ネットワーク文法，LINGOL などがある．

2.3 文法理論は，個別の規則の羅列ではなく，言語の構造全体にわたる普遍的な規則性を表現し，記述する方向へと発展してきている．X バー理論や一般化句構造文法などがそのような考え方の先鞭である．

2.4 多くの文法理論が，近年，単語を重視する方向，すなわち語彙主義の立場を取り始め，様々な語彙化文法が提案されている．

2.5 語彙に重きをおく文法形式として，カテゴリ文法，語彙化木接合文法，主辞駆動句構造文法，リンク文法などがある．

2.6 単一化というただ一つの演算に基づいた文法形式として単一化文法と呼ばれる一連の文法があり，項構造に基づくものと素性構造に基づくものが存在する．前者の代表例が論理文法であり，後者の代表例が PATR-II および主辞駆動句構造文法である．

3
統語論と計算

【本章の課題】

　形態論と統語論は意味論や語用論に比べて理論的によく形式化されており，こうした統語的知識に関する統語解析や表層文生成などの計算過程も，意味や語用論的知識にまつわる計算に比べて，形式的な性質をかなり明確に述べることができる．

　本章では，統語的知識に関する計算の方法を，処理の手順と曖昧性の扱いを含むいくつかの観点に沿って，体系的に理解することを目指す．その際，文脈自由文法やTAGなどの文法の種類にも，統語解析や文生成などの作業の種類にも依存しない，一般的な処理手続きを用いて計算の方法を定式化する．これが制約・原理に基づく計算法に拡張できることを述べ，統語的知識に関する計算が一般的な種類の情報に関する一般的な計算の特殊な場合として位置づけられることを示す．

3.1 統語解析

統語解析(parsing または syntactic analysis, 構文解析とも言う)とは, ある終端記号列を入力として与えられ, 何らかの文法(統語論)に基づくその記号列の統語構造を出力として作りだす過程である. その主な目的は意味の理解である. たとえば, 図 3.1 に示した文脈自由文法 G (主語を明示しない文の文法)に基づいて終端記号列「すぐ泣く太郎を叱る」を統語解析すると, 図 3.2 に示した統語構造が得られる(後述のように, 別の統語構造も得られる). この構造においては, 「すぐ」が「叱る」に係ることから, すぐなのは泣くことではなく叱ることであるとわかる. こうした意味構造を明示する仕掛けがもちろん必要だが, ここでは省略する. ここで, 「すぐ」や「泣く」はそれぞれ 1 個の終端記号であるとする. 以後, 本文中でこれらに言及する際には, 紛らわしさを避けるため すぐ のように下線を引いて示す.

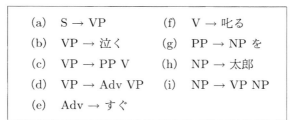

図 3.1 文法 G

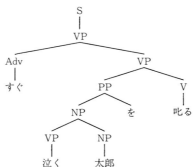

図 3.2 「すぐ泣く太郎を叱る」の統語構造

第1章で述べた**導出の木**(derivation tree)は，もともと文記号Sから終端記号列を導出する様子を示すものだが，以下ではこれを文の統語構造と見なして**構文木**(parse tree)と呼ぶ．図3.2のような構文木を作る統語解析は，図3.3に示したような局所木(local tree)の集合を求めることに等しい．つまり，図3.3の局所木の間で等しい節点を単一化(unify)して全体をひとまとめにする方法はただ1通りであり，その結果が図3.2の構文木になる．

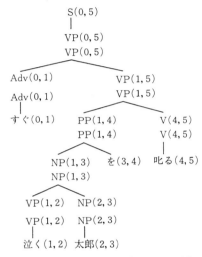

図 3.3　図3.2の統語構造を表わす局所木の集合

後述の例に見るように，文脈自由文法の場合には，それぞれの書き換え規則は第2章で述べた確定節文法のひとつの確定節に対応し，構文木は確定節文法の**証明木**(proof tree)と実質的に同じものになる．ある書き換え規則がn個の記号を含めば，その規則は，終端記号列の中のn個の位置(これを**入力位置**と呼ぼう)に対応するn個の変数を引数として持ち，それらに関して**具現化**(instantiation)することができる．具現化とは，引数となっている変数に具体的な値を代入して特殊化したコピーを作ることである．一般的な規則を特殊化する際にコピーが必要なのは，その規則が具体的な値を伴って複数回使われることがあり，異なる使用どうしを区別せねばならないからである．図3.3の各局所木は，ひとつの確定節ないしはそれに対応する書き換え規則を具現化したものである．

たとえば

  VP → PP V

という規則は，

  vp(X,Z) --> pp(X,Y), v(Y,Z).

という確定節に対応し，VP と PP の左側の X，PP と V の間の Y，V と VP の右側の Z という 3 個の引数を変数として持つ．これらの変数は，入力される終端記号列の中の入力位置によって具現化される．第 2 章では確定節を表示する際にこれらの変数を省略したが，それを明示すると上記のようになる．図 3.3 の局所木に添えてある整数は入力位置を表わす．各入力位置は終端記号の間にあり，最初の記号の左側の入力位置を 0，それ以降を順に 1, 2, … としよう．現在の例では下のように入力位置が定義される．

  0 すぐ 1 泣く 2 太郎 3 を 4 叱る 5

右端の入力位置は入力記号の個数に等しい整数となる．たとえば，図 3.3 の上から 2 番目の局所木は，

  VP → Adv VP

という規則の具現化であり，文の最初の入力位置 0 から最後の入力位置 5 までを支配する節点 VP が，0 から 1 までを支配する節点 Adv と，1 から 5 までを支配する節点 VP からなることを表わす．この局所木を

  VP → 0 Adv 1 VP 5

のように書くこともある．

 図 3.3 に示した局所木はそれぞれすべての引数に関して具現化されているが，統語解析の途中では一部の引数に関してだけ具現化された，たとえば

  VP → 0 PP 2 V

のような局所木を作ることもある．また，統語解析が終了しても，求めるべき構文木が図 3.3 に示したような完全に具現化された形ではできていないこともありうる．左辺と右辺を合わせて延べ 3 個の記号からなる書き換え規則は 3 個の引数を持つので，仮にそれらが左から順に具現化されるとすれば，図 3.4 のように，まったく具現化されていない場合から三つの引数がすべて具現化された場合まで 4 段階の具現化がありうる．ここで，X, Y, Z は終端記号または非終端記号，黒丸はその引数，破線と太い実線は引数の共有関係，i, j, k は終端記号列中の入力位置を表わす．破線は具現化されていない引数，太い実線は具現

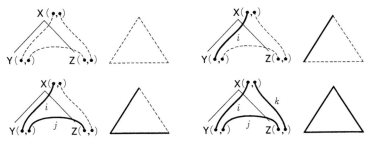

図 3.4 具現化の段階と局所木の略記法

化された引数である．以後ここに示したような三角形の略図で局所木を示すことがある．

　一般に，言語を理解するには統語論的知識以外にもさまざまな知識が必要になる．たとえば上の文で「すぐ」が「泣く」に係り，文全体の構造が図 3.5 のようになるとすれば，すぐなのは泣くことだという解釈が得られるが，これを排除するには，たとえば太郎はあまり泣かないとかという知識が必要である．人間は言語を理解する際に統語論的知識と同時に（というよりむしろ，統語論的知識に優先して）このような一般的知識を用いていると考えられる．自然言語処理システムでも統語解析の曖昧性を絞り込むために意味的な知識を用いることが多い．以下では，議論が複雑になることを避けるため，統語論的な知識のみを用いた解析の方法を論ずるが，それらの方法が統語論的知識以外の知識の処理と融合可能かどうかは重要な問題である．この問題に配慮して，統語論的知識の処理に限定されないなるべく一般的な形で処理の方法を述べるように

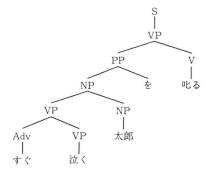

図 3.5 「すぐ泣く太郎を叱る」の別の統語構造

3.1 統語解析

しよう．

　一般に，統語解析を含むパターン認識(pattern recognition)においては，ひとつひとつの構造記述をどういう手順で作るかという問題と，曖昧性(図3.2と図3.5のような複数通りの構造記述の可能性)をいかに扱うかという問題が生ずる．これら二つの問題への対処法に応じた二つの次元によって，統語解析の方法を表3.1に示す9種類に分類することができる．この表の各欄に示したのは，代表的なアルゴリズムやプログラムの名前である．

表 3.1　二つの次元による統語解析法の分類

各構造の作成手順	曖昧性の扱い		
	後戻り型	並列型	決定性
下降型	ATN	Earley	LL(k)
上昇型	シフト・リデュース	CYK, SAX, GLR	LR(k), PARSIFAL
左隅型	BUP		

　左隅型かつ並列型の統語解析法はしばしば用いられるが，特別な名前はない．左隅型かつ決定性の統語解析法はあまり用いられないが，これは歴史的な理由によるものだろう．また，LL(k) と LR(k)(Aho & Ullman 1972)は曖昧性のない(各文の統語構造が唯一に定まる)文法のための統語解析法であり，プログラム言語などにはしばしば用いられるが，自然言語に関しては実用的でない．

　各統語構造を作る手順としては，**下降**(top-down)**型**，**上昇**(bottom-up)**型**，および**左隅**(left-corner)**型**などの方法がある．もちろん他にもありうるが，実際に使われている手順はほぼこの3種類に限られ，他の手順はこれらの変種としてだいたい理解できる．下降，上昇，および左隅というのは，構文木の形に関する言い方である．図3.2のように構文木の中で根節点が最も上で単語が最も下にあると考えると，下降型の統語解析では，構文木がほぼ上から下へという順序で作られ，同様に上昇型の統語解析では，構文木が下から上へという順序で作られる．左隅型統語解析では，構文木の各部分木が左隅から作られる．

　3種類の手順の詳細については後に述べるが，あらかじめそれらの性質を大雑把に比較しておきたい．「すぐ泣く太郎を叱る」という記号列に対して図3.2に示した構造を作る際に，この文を 太郎 まで読み込んだ段階で三つの手順によって作られている構造を図3.6に示す．各手順においては，各曲線で囲まれ

た範囲の中の構造が作られている．下降型ではこの段階で文の構造がほとんどでき上がっており，あとは二つの記号 を と V が支配する構造を完成させるだけである．上昇型では入力ずみの単語(終端記号)によって完成する二つの部分木が作られており，それらの間の関係は未定である．左隅型では文全体の構造のうち「泣く太郎」で始まる VP が未完成だが，その VP の左端に「泣く太郎」という NP があることが予測されている．このように，三つの手順が作る構造は，下降型が最も大きく，上昇型が最も小さく，左隅型は両者の中間である．大きな構造を作るということは多くの予測を行なうということであり，多くの曖昧性に直面することになる．したがって，曖昧性に対処する上では上昇型の手順が最も有利である．

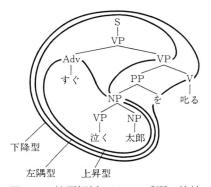

図 3.6　統語解析の三つの手順の比較

曖昧性に対処する仕方としては，**後戻り**(backtrack)**型**，**並列**(parallel)**型**，および**決定性**(deterministic)の方法がある．後戻り型の統語解析においては，明示的に保持する構造は常にただ 1 個である．その構造が誤っていることがわかった場合など，何らかの理由で他の構造について調べたい場合には，その構造を捨てて別の構造を作る．これを後戻りと言う．並列型の統語解析においては，一時に複数個の部分構造を並列的に持ち，正しい可能性のある構造だけを残しながら，各構造を成長させていく．もちろん 1 個の構造に対して成長のさせ方は複数個ありうる．

　決定性の統語解析においては，一時に保持する構造は常に 1 個だけであり，かつ後戻りもしない．つまり一度間違えたら取り返しがつかないので，間違った構造を作らないように細心の注意を払う必要がある．それには構造を作るの

3.1 統語解析

をなるべく遅らせることが望ましく，そのためには上昇型の手順が最も都合が良い．表 3.1 で自然言語用の決定性の統語解析の唯一の項目である PARSIFAL（これはプログラムの名前である）(Marcus 1980) は下降型の側面も持ってはいるが，それが決定性であることは上昇型の側面に由来するので，上昇型に分類してある．

統語解析法を分類するための観点としては，表 3.1 に示した二つの次元に加えて，**メモ化**†(memoization) と**コンパイレーション**(compilation) がある．これらはいずれも，構造を作る手順および曖昧性の扱いと同様に，統語解析に限らない一般的な概念である．

メモ化とは，部分的な計算結果を記憶しておく（メモを残す）ことを言う．メモを使うのは冗長な計算の繰り返しを避けるためである．後戻り型統語解析では，メモを用いることによって**時間計算量**(time complexity，計算のステップ数)を抑えることができる．並列型統語解析ではメモを用いるのが普通であり，これによって，時間計算量だけでなく**空間計算量**(space complexity，作業記憶の消費量)も抑制することができる．後戻り型でも並列型でも，メモを用いることによって，計算が有限時間内に停止することを保証できる場合が多い．文脈自由文法に基づく統語解析では，これにより，後戻り型か並列型かによらず，最悪の場合の時間計算量は入力記号列の長さの 3 次関数，同じく空間計算量は 2 次関数以下にすることができる．x が n の d 次関数以下だというのは，正の定数 C に対して，$x < Cn^d$ だということである．

コンパイレーションとは，処理効率を向上させるために前もって計算を部分的にすませておくことである．統語解析におけるコンパイレーションの目的は，多数の構造を効率的に表現すること，計算中の各時点において行なうべき操作を効率的に選択すること，作りかけの構造のそれぞれについてそれを含む全体の構造が存在する可能性を保証すること（により無駄な構造の生成を避けて計算の効率を高めること）などである．統語解析においては，コンパイレーションに基づく技法として，**最終呼び出し最適化**(last-call optimization)，**先読み**(lookahead)，**到達可能性**(accessibility) などがしばしば用いられる．

以下では，下降型，上昇型，左隅型の三つの手順に分けて統語解析を論ずる．自然言語の統語構造は，文脈自由文法によって近似できるので，ここではまず文脈自由文法に基づく統語解析について述べ，後にそれを拡張する形でより一

般的な文法体系に基づく統語解析の方法を紹介する．その際，**グラフ構造スタック**(graph-structured stack)という比較的一般性の高いデータ構造を用いることにより，さまざまな統語解析法や異なる文法の扱いを統一的に説明する．これらの方法によって扱えるのは基本的に句構造(phrase structure)だけである．しかし，後の節で触れるように，句構造に関する統語解析は一般的な推論へと自然に拡張することができる．これに基づいて，素性構造(feature structure)にも及ぶさまざまな制約(constraint)あるいは原理(principles)も扱うことが可能である．

3.2 下降型統語解析

下降型の統語解析とは，具現化された構造が構文木全体の根(頂上)の節点を含み，かつ連結(ひとつながり)であるような統語解析の仕方である．入力の時間順(左から右)に終端記号列を処理する下降型の統語解析のうち，構文木の具現化が最も遅いものを **LL 統語解析**(LL parsing)と言う．LL 統語解析では，各構文木(証明木)において次のような処理が行なわれる．

(LL) ひとつ以上の引数が具現化可能な各局所木を具現化する．

これによってひとつの構文木の中で具現化が進む様子を，図 3.4 に従って図 3.7 に示す．陰を付けた局所木が具現化されている．やや細めの曲線は**スタック**†(stack)であり，これについては後述する．9個の構文木の下端にある黒丸は入力ずみの終端記号，構文木の間の太い矢印は計算の順序を表わす．

より正確には，LL 統語解析とは，入力記号列を左から右へ走査しながら**最左導出**(leftmost derivation)に従って行なわれる統語解析である．LL の最初の L は左から右へ(left to right)の L，2番目の L は最左導出の L である．第1章で述べたように，最左導出とは，文記号 S から始めて，非終端記号がなくなるまで，最も左側にある非終端記号に書き換え規則を適用し続ける過程である．図 3.7 において構文木に付けられた矢印は，それに従う具現化の順序を表わす．

LL 統語解析(最左導出)の例を表 3.2 に示す．表の「#」の欄は最左導出のステップ(具現化された局所木の個数)を示す．図 3.6 に示した下降型の統語解析の状態は，表 3.2 のステップ [8] の3行目に当たる．「入出力」は最左導出で出力され，LL 統語解析で入力される終端記号である．最左導出も LL 統語解析

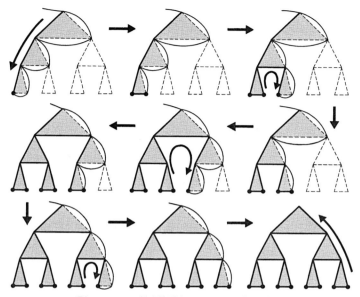

図 3.7 LL 統語解析による具現化の進行

も，表 3.2 の「スタック」に示すスタックに基づく計算過程と見なすことができる．スタックの各要素は作りかけの構造(構文木中の具現化された部分)に含まれる節点である．計算は常にこのスタックの左端において行なわれるので，スタックの先頭(top)は左端である．

最左導出と LL 統語解析の違いは，LL 統語解析では終端記号列を出力するのではなく入力するという点と，構文木を作るという点である．構文木を作るため，最左導出の場合よりも多くの節点をスタックに記憶しておく必要がある．節点のうち $X(i)$ と $X(i,j)$ (X は終端記号または非終端記号，i と j は入力位置)の形のものを**具現化節点**と呼ぼう．構文木の節点は終端記号または非終端記号でラベル付けされている．$X(i)$ はそのラベルが X，左端の入力位置が i，右端の入力位置が未定であるような節点を表わす．また $X(i,j)$ は，ラベルが X で左端と右端の入力位置がそれぞれ i と j であるような節点を表わす．具現化節点以外の節点は，具現化の及んだ局所木に属する具現化されていない節点である．表 3.2 に示したスタックは LL 統語解析におけるスタックである．最左導出におけるスタックは，表 3.2 の「スタック」から先頭以外の具現化節点

表 3.2 最左導出と LL 統語解析

#	入出力	スタック	具現化された規則
[0]		S(0)	
[1]		VP(0) S(0)	S → 0 VP
[2]		Adv(0) VP VP(0) S(0)	VP → 0 Adv VP
[3]	すぐ(0,1)	すぐ(0) Adv(0) VP VP(0) S(0) Adv(0,1) VP VP(0) S(0) VP(1) VP(0) S(0)	Adv → 0 すぐ Adv → 0 すぐ 1 VP → 0 Adv 1 VP
[4]		PP(1) V VP(1) VP(0) S(0)	VP → 1 PP V
[5]		NP(1) を PP(1) V VP(1) VP(0) S(0)	PP → 1 NP を
[6]		VP(1) NP NP(1) を PP(1) V VP(1) VP(0) S(0)	NP → 1 VP NP
[7]	泣く(1,2)	泣く(1) VP(1) NP NP(1) を PP(1) V VP(1) VP(0) S(0) VP(1,2) NP NP(1) を PP(1) V VP(1) VP(0) S(0) NP(2) NP(1) を PP(1) V VP(1) VP(0) S(0)	VP → 1 泣く VP → 1 泣く 2 NP → 1 VP 2 NP
[8]	太郎(2,3) を(3,4)	太郎(2) NP(2) NP(1) を PP(1) V VP(1) VP(0) S(0) NP(2,3) NP(1) を PP(1) V VP(1) VP(0) S(0) NP(1,3) を PP(1) V VP(1) VP(0) S(0) を(3) PP(1) V VP(1) VP(0) S(0) PP(1,4) V VP(1) VP(0) S(0) V(4) VP(1) VP(0) S(0)	NP → 2 太郎 NP → 2 太郎 3 NP → 1 VP 2 NP 3 PP → 1 NP 3 を PP → 1 NP 3 を 4 VP → 1 PP 4 V
[9]	叱る(4,5)	叱る(4) V(4) VP(1) VP(0) S(0) V(4,5) VP(1) VP(0) S(0) VP(1,5) VP(0) S(0) VP(0,5) S(0) S(0,5)	V → 4 叱る V → 4 叱る 5 VP → 1 PP 4 VP 5 VP → 0 Adv 1 VP 5 S → 0 VP 5

を除いたものである．LL 統語解析で $X(i)$ の形の節点をスタックに記憶しておくのは，後に右端の入力位置に関してもその節点を具現化するためである．

スタックの中で $X(i)$ より先(表 3.2 では左側)においては，入力位置 i から始まる記号列の X による解析が行なわれる．スタックの先頭が $X(i)$ に戻り，これが $X(i,j)$ に具現化された上でポップされればその解析は成功である(**ポップ** pop とは，先頭の要素をスタックから取り除く操作である)．したがって，スタックが空になれば全体の解析が成功したことになる(表 3.2 ではスタックが空になった状態を省略してある)．

表 3.2 の「具現化された規則」は，LL 統語解析が作る構文木の部品となる局所木である．各ステップで具現化された規則のうち最初にあるのが，最左導出に用いられた規則の具現化である．他の具現化は，以前の具現化でできた局

所木のさらなる具現化である．

最左導出の場合，たとえばステップ [7] では，ステップ [6] までに導出された記号列「すぐ VP NP を V」の中の最も左にある終端記号 VP に対して規則「VP → 泣く」を適用して記号列「すぐ 泣く NP を V」を得る．

LL 統語解析のステップ [7] では，ステップ [6] で得られたスタック

　　VP(1) NP NP(1) を PP(1) V VP(1) VP(0) S(0)

の先頭の VP(1) に「VP → 泣く」を適用してスタックを

　　泣く(1, 2) VP(1) NP NP(1) を PP(1) V VP(1) VP(0) S(0)

とし，「VP → 泣く」の具現化「VP → 1 泣く」を作る．さらに泣く(1, 2) を入力と照合した上でポップし，入力位置を 2 に進め，スタックの先頭の VP(1) を VP(1, 2) として，「VP → 1 泣く」をさらに「VP → 1 泣く 2」に具現化する．こうしてこの VP の解析が終わったので VP(1, 2) もポップしてスタックの新たな先頭を NP(2) に具現化し，同時に，ステップ [6] で作った局所木「NP → 1 VP NP」をさらに「NP → 1 VP 2 NP」に具現化する．

表 3.2 の LL 統語解析における [8] の 4 行目の状態を図 3.8 に示す．曲線はスタックである．LL 統語解析の進行に沿ってスタックが変化する様子を図 3.9 に示す．図 3.9 において VP から角括弧付き番号までを節点を経由して結ぶ 23 本の太線はそれぞれ，表 3.2 の 23 個のステップのうちの同じ番号のものに対

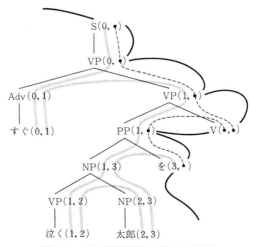

図 **3.8**　LL 統語解析の途中の状態

応する．図3.9で[8]につながる左から4番目のスタックが図3.8のスタックに当たる．一般に，LL統語解析の各ステップにおいては，スタックを表わす太線から左上にある構文木の部分がすでに部分的に具現化された状態で，書き換え規則がひとつ新たに具現化され，また以前の具現化で作られていた局所木の具現化が進むこともある．

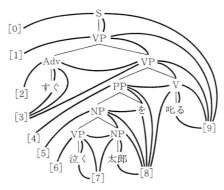

図3.9 LL統語解析中のスタックの変化

以上をまとめると，LL統語解析は次のような手続きである．
(1) S(0)だけを含むようにスタックを初期化し，入力位置を0に設定する．
(2) 以下を繰り返す．
　(2-1) スタックの先頭の節点が$X(i)$のとき
　　Xが終端記号ならば，入力位置の直後の入力記号とXとを照合する．これが成功すれば$X(i)$をさらに$X(i, i+1)$に具現化して入力位置を$i+1$に進める．この照合に失敗すれば解析も失敗する．
　　Xが非終端記号ならば，Xを左辺に持つ書き換え規則を$X(i)$が左辺になるように具現化し，具現化された書き換え規則の右辺を**プッシュ**(push)する(スタックの先頭に付加する)．書き換え規則の右辺が空ならば$X(i)$を$X(i, i)$で置き換える．
　(2-2) スタックの先頭の節点が$X(i, j)$のとき
　　これをポップし，それでスタックが空になれば解析を成功して終了する．
　　スタックが空にならないとき，先頭の節点が$Y(k)$ならば，これを

$Y(k,j)$ に具現化するとともに，この $Y(k)$ を根とする局所木の具現化を進めて $Y(k,j)$ が根となるようにする．先頭の節点が具現化されていない記号 Y ならば，これを $Y(j)$ に具現化するとともに，この節点 Y を娘（書き換え規則では右辺）に持つ局所木の具現化を進め，対応する節点が $Y(i)$ となるようにする．

表 3.2 の 2 行目以降は，この手続きの (2-1) または (2-2) における局所木の具現化の結果を示す．つまり，表 3.2 の [1] 以下の番号付きの行は，(2-1) で非終端記号 X を展開して書き換え規則を具現化した結果を表わし，それ以外の行は，(2-2) で局所木の具現化を進めた結果を表わす．(2-1) での入力との照合は表 3.2 では明示されていない．上記の手続きは文脈自由文法を前提としたものだが，もっと一般的な文法に対しても拡張できる．

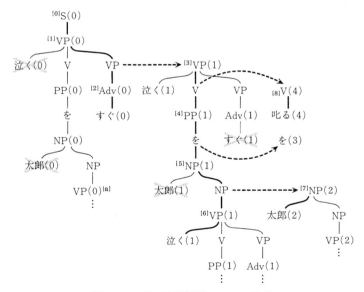

図 3.10　LL 統語解析における探索

図 3.9 は「すぐ泣く太郎を叱る」という文の正しい構文木をひとつ作る解析過程だが，他の構文木を作る解析過程や正しい構文木に至らずに失敗する解析過程もある．これらの一部を含むいくつかの解析過程を図 3.10 に示す．太い実線と破線は表 3.2 と図 3.9 に示したスタックを表わし，細い線はそれ以外の

スタックを表わす．ここで $X(i,j)$ の形の節点は省略してある．各具現化節点から S(0) までの実線で結ばれた節点の系列が，その具現化節点を先頭とする1本のスタックである．節点 X から節点 $X(i)$ への破線の矢印は，終端記号がスタックからポップされて入力位置が i に進み，X がスタックの先頭に現われて $X(i)$ となることを意味する（したがって X の直上の節点と $X(i)$ の間にリンクが存在するはずだが，図が繁雑になるのでこれは省略した）．ここで X が終端記号の場合は入力と照合され，非終端記号なら展開される．たとえば NP から NP(2) への矢印は，すぐ がポップされて入力位置が2に進み，NP が NP(2) となってスタックの先頭になるということである．

図 3.10 の [1] や [2] は表 3.2（図 3.9 でも同じ）におけるステップの番号である．[a] や [b] は，表 3.2 に含まれないステップである．×印は，スタックの先頭の終端記号が現在の入力記号と一致しないために解析が失敗することを意味する．後戻り型解析の場合には，ここで後戻りが生じ，直前の状態に戻って，そこでスタックの先頭の非終端記号に別の規則を適用することにより探索を進める．並列型解析の場合には，同時に保持されている複数個の構造のうち誤ったものを捨てて正しいものだけを成長させる．

(a) メ　モ

先の手順に従う単純な LL 統語解析は，左再帰(left recursion)を含む文法に対してしばしば停止しない．左再帰とは，ある非終端記号を1回以上展開して得られる記号列の左端に同じ非終端記号が現われることを言う．現在の例に用いている文法 G は図 3.11 のような左再帰を含む．たとえば図 3.10 の [a] ではスタックの先頭が VP(0) となるので，そこからステップ [1] 以降と同じ計算が始まり，無限ループが生じて計算が終わらなくなる．並列型ではもちろん，後戻り型の解析においても，規則「VP → PP V」を「VP → Adv VP」より常に先に使うとすれば，この無限ループは必ず生ずる．

このような無限ループはメモによって防ぐことができる．ここでは具現化節点をメモとして使うことを考えよう．メモを用いた LL 統語解析の各ステップにおいては，スタックの先頭の節点 $X(i)$ に対して，$X(i)$ というメモがまだ存在しなければそれを作って先へ進む．しかし，$X(i)$ というメモがすでにあれば，以前に作った $X(i,j)$ の形のメモをひとつ選び，$X(i)$ をポップして入力位

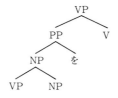

図 3.11 左再帰の例

置を j まで進め，$X(i)$ を娘とする局所木をさらに具現化する．これは，入力位置 i 以降の X による解析はすでに進行中であるか完了しているので，同じ計算を繰り返すのは無駄だからである．同じ計算を繰り返すと無限ループが生ずる．ここでは，X を左辺に持つ書き換え規則の代わりに，$X(i)$ と $X(i,j)$ というメモの組を $X(i) \rightarrow X(i,j)$ という書き換え規則として使うのだと思えばよい．

たとえば図 3.10 に示した計算過程において，VP(0) というメモがステップ [1] で作られた後，[a] でスタックの先頭が再び VP(0) になる．しかし $VP(0,j)$ という形のメモはまだ作られていないから，このステップに続く計算はさしあたり進められない．こうして無限ループが回避される．

各 $X(i)$ に対して $X(i,j)$ の形のメモは複数個ありうるので，それによって生ずる局所的な曖昧性を扱うには後戻りや並列処理を用いる．これは，X を展開する複数の書き換え規則によって生ずる局所的な曖昧性の扱いと同様である．

$X(i,j)$ の形のメモがまだ作られていないか，またはその形の既存のメモを調べ尽くしているとしても，その後の計算によってこの形のメモが新たに作られる可能性がある．そのようなメモが作られた場合には，それを用いた解析を再開できるようにしておかねばならない．そのための計算の制御はやや複雑である．たとえば，表 3.2 の計算をメモを用いて行なうことを考えると，[3] で VP(1) というメモが作られているので，[6] では $VP(1,j)$ の形のメモを使って計算を進めることになる．そのメモは，[3] から始まり [6] を経ない計算によって作られるものである．そのようなメモは VP(1,2) だけなので，[6] ではそれが使われ，それによって後に VP(1,5) ができる．後戻り型の解析においては，[6] に至ったときに VP(1,2) ができていなければ，[6] から先の計算を一時的に止めておき，後戻りして他の可能性を調べ，それによって VP(1,2) が作られた後に [6] から先を続けることができる．

並列型 LL 統語解析では，複数本のスタックが同時に処理されるが，メモを

用いるとスタックどうしが合流することがある．したがってこれらのスタックは全体として一般的な形のグラフ†を構成する．これを**グラフ構造スタック** (graph-structured stack) と言う．「すぐ泣く太郎を叱る」の並列型 LL 統語解析で作られるグラフ構造スタックを図 3.12 に示す．文全体の構造のいずれにも貢献しないスタックは細い線で描いてある．VP(0) や VP(1) や NP(2) において複数のスタックが合流していることに注意されたい．この合流によって巡回路 (cycle) が作られ，こうして無限本のスタックが有限の仕方で表現される．メモを使わなければ，無限本のスタックを別々に表現しなければならなくなるために無限ループが生ずるのである．

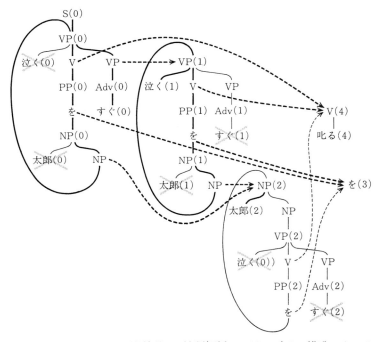

図 3.12 メモを用いた並列型 LL 統語解析におけるグラフ構造スタック

図 3.12 は，図 3.2 と図 3.5 に示した二つの構造を作る解析過程を含む．それらをそれぞれ図 3.13 と図 3.14 に示す．これらを合わせたものが，図 3.12 で濃く描いた部分である．図 3.13 では VP(1) の下で「泣く」と「泣く太郎を叱る」の解析が行なわれていること，図 3.14 では VP(1) の下で「すぐ泣く」

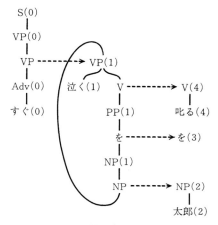

図 3.13 メモを用いた LL 統語解析による図 3.2 の構造の作成

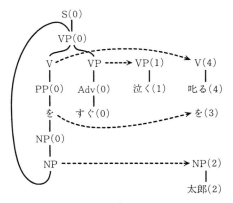

図 3.14 メモを用いた LL 統語解析による図 3.5 の構造の作成

と「すぐ泣く太郎を叱る」の解析が行なわれていることに注意されたい．

(b) 最終呼び出し最適化

これまで述べてきた単純な LL 統語解析では，各構成素の最後の終端記号が処理されてからその構成素が完成するまでに，その構成素の根から最後の終端記号の節点(右下端)までの距離に比例する時間がかかる．これは，最後の終端記号から根の方に逆行しながら局所木の具現化を完成させるためである．たとえば表 3.2 に示したように，ステップ [9] では，最後の終端記号 叱る が処理さ

れた後，Vと2個のVPとSを母親とする四つの局所木を完成させる具現化が行なわれている．したがって，最悪の場合，ある構成素の最後の終端記号が入力されてから構成素全体の解析を終えるまでに，構成素の長さ（終端記号の個数）に比例する時間がかかってしまう．

これを防ぐには，**最終呼び出し最適化**(last-call optimizatoin)が必要となる．最終呼び出し最適化とはプログラミング言語における概念であり，ある手続き（または関数）p を実行する際に最後に呼び出す手続き q について，q が終了したときに実行制御が p の最後（図 3.15 の (A)）に戻るのではなく p が終了したときに戻るべきところ（図 3.15 の (B)）に戻るようにすることである．もし p も他の手続きの実行の中で最後に呼び出されたとすれば，(B) は p を呼び出した手続きの実行よりも上位の手続きの実行に含まれることになる．これにより，q の実行を終了してから次の実質的な計算を始めるまでの遅延時間を一定に抑えることができ，効率の向上につながる．最終呼び出し最適化は一種のコンパイレーションだが，最終呼び出しの深さは事前にはわからないので，これは本番の計算中に行なわれる**動的**(dynamic)**なコンパイレーション**と言える．

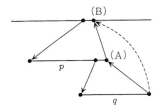

図 3.15 最終呼び出し最適化

LL 統語解析では，各節点に関する処理を手続きの呼び出しと見なすことにより，最終呼び出し最適化を適用することができる．つまり，ある節点 X の右端の子孫の節点 Y について，Y の最後の終端記号を入力と照合したとき，具現化をスキップするわけである．たとえば表 3.2 のステップ [9] では，叱る を入力と照合して入力位置を 5 に進めた後は S(0,5) を作るだけで全体の計算を終えることになる．

これに応じて，具現化をスキップする節点をスタックから取り除く．前記の LL 統語解析の手続きにおいては，具現化節点の隣にその右端の具現化節点が置かれて複数個の具現化節点が連続する（たとえば表 3.2 では「太郎(2) NP(2)

NP(1)」や「叱る(4) V(4) VP(1) VP(0) S(0)」などの連続ができる）が，最終呼び出し最適化においては，右端の娘を展開した場合にはそれをスタックから除き，書き換え規則の右辺に対応する節点で置き換える．これにより，局所木を完成する処理はスキップし，$X(i,j)$ の形の具現化節点も右端の娘でないものだけを作る．こうして，図 3.2 の構文木を作る解析過程は図 3.16 のようになる．終端記号が入力と照合されると即座にそれを右端に持つ最上部の節点が完成していること，とくに，最後の終端記号 叱る が入力と照合された直後に S が処理されて全体の計算が終了していることに注意されたい．

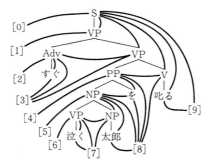

図 3.16 最終呼び出し最適化を用いた LL 統語解析

図 3.17 に最終呼び出し最適化を用いた LL 統語解析によって作られる構造を示す．矢印は具現化，曲線はスタックにおける隣接関係を表わす．たとえば，S(0) と 叱る(4) はステップ [9] においてスタック中で隣接する．また，スタック中で V(4) が 叱る(4) に置き換わった後，叱る(4) が入力と照合されて叱る(4,5) で置き換わると同時に S(0) が S(0,5) で置き換わった上で 叱る(4,5) がポップされると考えれば，S(0,5) と 叱る(4,5) はスタックにおいて隣接する．

最終呼び出し最適化を用いると，どの局所木も統語解析の間には完成しない．しかし，図 3.17 のように解析過程の記録を残しておけば，最終呼び出し最適化の下で作られる構造は，完全な構文木と実質的に同等である．それは，統語解析が終わってから，完全な構文木をその大きさに比例する時間で作れるということである．たとえば図 3.17 では，S(0,5) と 叱る(4,5) の間の構造を完成させるには，まず S(0) と 叱る(4) の間の節点をその個数に比例する時間でたどることができればよい．並列型の解析の場合にはひとつの記号列に対して多数の構造が並列的に作られているので，無関係な節点をたどらないようにするの

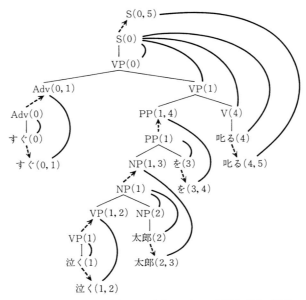

図 3.17 最終呼び出し最適化の下での統語解析の結果

に工夫を要する．それには 叱る(4) から上向きに，各節点が S(0) とスタック上で隣接している（図 3.17 で曲線でつながっている）ことをチェックしながらたどればよい．各 i に対して $X(i)$ の形の節点の個数は文法に現われる非終端記号の種類の数を越えないから，このチェックは定数時間でできる．これに対し，S(0) と 叱る(4) の間の節点は必ずしも 叱る(4) と直接つながっているわけではないので，S(0) から下向きにたどりながら 叱る(4) に達する際には各節点ごとに定数を越える時間が必要となる．NP(1,3) と 太郎(2,3) の間の構造を完成させる処理についても同様である．

(c) アーリーのアルゴリズム

最終呼び出し最適化を用いなければ，m 個の記号を含む書き換え規則を m 個の引数に関して具現化することになるので，長さ n の終端記号列を解析する際の空間計算量は n の m 次関数となり，時間計算量はそれ以上である．最終呼び出し最適化を用いても，m 個の記号を含む書き換え規則を $m-1$ 個の引数に関して具現化することになるので，計算量は n の $m-1$ 次（ただし $m=3$ の

3.2 下降型統語解析

場合は 3 次)の関数となる.

しかし,書き換え規則を具現化する際に具現化する引数の個数を 2 以下とすれば,いずれの場合にも,空間計算量を n の 2 次関数,時間計算量を n の 3 次関数で抑えることができる.具現化する引数の個数を 2 以下にするとは,たとえば,「VP → 0 Adv 1 VP 5」の代わりに「VP → 0 Adv VP 5」という局所木を作るということである.LL 統語解析では,「$X \to Y_1Y_2 \cdots Y_{m-1}$」という規則に対して,「$X \to iY_1Y_2 \cdots Y_{m-1}$」および「$X \to iY_1jY_2 \cdots Y_{m-1}$」… 「$X \to iY_1Y_2 \cdots Y_{m-1}j$」という m 通り(最終呼び出し最適化の下では最後のものを除く $m-1$ 通り)の具現化のパターンがありうる.

このように 2 個以下の引数に関して具現化された局所木を**アーリー項**(Earley item)と呼び,アーリー項とメモを用いた並列型 LL 統語解析の手続きを**アーリーのアルゴリズム**(Earley's algorithm)と言う(Eearley 1970).アーリーのアルゴリズムはスタックの概念を用いずに定式化されるのが普通だが,アーリー項の集合はグラフ構造スタックを形成する.また,もともとのアーリーのアルゴリズムではアーリー項をメモとして用いるが,上で述べてきた具現化節点をメモとする方法のほうが効率が良い.もちろん,アーリーのアルゴリズムにも最終呼び出し最適化が適用できる.

アーリーのアルゴリズムにおいて空間計算量が文の長さ n の 2 次関数になるのは,アーリー項の定義から明らかだろう.時間計算量が n の 3 次関数になるのは,二つの引数に関する具現化によって作られる局所木と $X(i,j)$ の形の具現化節点が,それぞれ n に比例する個数の異なる仕方で作られるからである.たとえば「$X \to iY_1Y_2jY_3 \cdots Y_{m-1}$」は「$X \to iY_1kY_2 \cdots Y_{m-1}$」と $Y(k,j)$ から作られるが,$i \leq k \leq j$ だから,そのような k の個数は n に比例する.最終呼び出し最適化の下でも,二つの具現化節点 $X(i)$ と $Y(j)$(前者が上位にあり,$i<j$ とする)の間のスタックにおける隣接関係のリンク(図 3.17 の曲線)はそれぞれ,$Z(k,j)$ の形の具現化節点の生成によって作られるから,同様に k の取りうる値の範囲に応じた時間計算量を生じ,したがって時間計算量は n の 3 次以上の関数になる.

3.3 上昇型統語解析

上昇型の統語解析とは，まだ作られていない統語構造の部分が構文木全体の根を含み連結であるような統語解析の仕方である．記号列を入力された順に処理する上昇型統語解析の方法の代表的なものとして，**LR 統語解析**（LR parsing）がある（後述のように，もう少し狭い範囲のものを LR 統語解析と呼ぶことも多い）．LR 統語解析では，各構文木において次のような処理が行なわれる．

(LR)　すべての引数が具現化可能な各局所木を具現化する．

ひとつの構文木の中で具現化が進む様子とスタックを図 3.7 と同様の仕方で図 3.18 に示す．

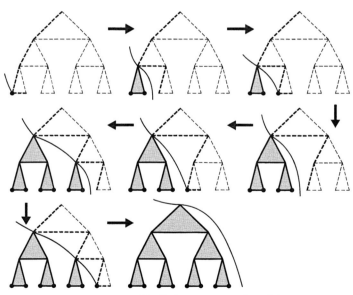

図 3.18　LR 統語解析による具現化の進行

より正確に言うと，LR 統語解析は，**最右導出**（rightmost derivation）の逆順に入力記号列を左から右へ照合しながら構文木を作る解析の仕方である．第 1 章で述べたように，最右導出とは，文記号 S から始めて，非終端記号がなくな

るまで，最も右側にある非終端記号に書き換え規則を適用し続ける過程である．LR の L は LL の最初の L と同じく left to right の L，R は最右導出の R である．図 3.2 の構文木に関する最右導出と LR 統語解析の例を表 3.3 に示す．LR 統語解析は上から下へ，最右導出は下から上へ進む．表の「#」は最右導出のステップを示す．図 3.6 に示した上昇型の統語解析の状態は，表 3.3 の [5] の 1 行目に当たる．表 3.2 と異なり，表 3.3 ではスタックの先頭は右端である．表に示した「演算」は LR 統語解析における処理を表わす．

表 3.3 最右導出と LR 統語解析

#	スタック	演算
[9]		
	すぐ(0,1)	シフト
[8]	Adv(0,1)	Adv → 0 すぐ 1
	Adv(0,1) 泣く(1,2)	シフト
[7]	Adv(0,1) VP(1,2)	VP → 1 泣く 2
	Adv(0,1) VP(1,2) 太郎(2,3)	シフト
[6]	Adv(0,1) VP(1,2) NP(2,3)	NP → 2 太郎 3
[5]	Adv(0,1) NP(1,3)	NP → 1 VP 2 NP 3
	Adv(0,1) NP(1,3) を(3,4)	シフト
[4]	Adv(0,1) PP(1,4)	PP → 1 NP 3 を 4
	Adv(0,1) PP(1,4) 叱る(4,5)	シフト
[3]	Adv(0,1) PP(1,4) V(4,5)	V → 4 叱る 5
[2]	Adv(0,1) VP(1,5)	VP → 1 PP 4 V 5
[1]	VP(0,5)	VP → 0 Adv 1 VP 5
[0]	S(0,5)	S → 0 VP 5

一般に，上昇型の統語解析は，**シフト**（shift，移動）と**リデュース**（reduce，還元）という 2 種類の演算を用いる．シフトとは，入力記号を作業記憶（LR 統語解析の場合にはスタック）の中に取り込むことである．リデュースとは，作業記憶中の節点の列を，それが右辺と照合する書き換え規則の左辺で置き換えることである．リデュースは書き換え規則による展開の逆の演算であり，これを使うことによって解析過程が上昇型になる．

LR統語解析ではスタックを用いるので，シフトはスタックへのプッシュ，リデュースはスタックの先頭の節点の列の置き換えである．表3.3では，「演算」が「シフト」であるところでシフトが行なわれ，スタックの先頭に終端記号の具現化がプッシュされる．また，リデュースが行なわれたところでは規則が具現化される．上昇型の統語解析では，どの節点も局所木も1回のリデュースで具現化が一挙に完成するから，LR統語解析でスタックの中に蓄えておくべき節点は最右導出の場合と等しい．LR統語解析のシフトは最右導出では終端記号のポップに対応するが，最右導出ではこれをステップとしてはカウントしないのが普通なので，表3.3でもそれに従い，[0], [1] などの各ステップは最右導出における書き換え規則による展開を示し，LR統語解析のリデュースに対応する．

たとえば最右導出のステップ[5]では，ステップ[4]のスタックの先頭のPPを書き換え規則「PP → NP を」で展開し，を をポップして出力する．逆にLR統語解析では，入力 を を を(3,4)としてシフトし，スタックの先頭の「NP(1,3) を(3,4)」を書き換え規則「PP → NP を」によってPP(1,4)にリデュースする．このように，LR統語解析の過程は最右導出の過程と一対一に対応する．したがって，ひとつの構文木を作るLR統語解析はただひとつしかない．

表3.3のLR統語解析によって図3.2の構文木を作る様子を図3.19に示す．ε からの各太線がLR統語解析におけるスタックであり，ε の反対側の端がスタ

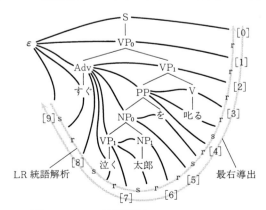

図 3.19 LR統語解析におけるスタック

ックの先頭にあたる．番号付きの9本のスタックは最右導出の9個のステップに対応する．s は LR 統語解析におけるシフト，r はリデュースを表わす．NP_0 などの下付き添え字については後述する．図からわかるように，LR 統語解析の各ステップにおいては，スタックを表わす太線から左下にある構文木の部分の具現化が完了している．

以上をまとめると，LR 統語解析は次のような手続きである．

（1） スタックを空に初期化し，入力位置を 0 に初期化する．

（2） スタックの要素が $VP(0, n)$ の形の節点ひとつだけで入力記号がなくなるまで以下を繰り返す（各ステップでシフトかリデュースのいずれかを行なう）．

 シフト　入力記号を（具現化して）スタックにプッシュし，入力位置を次に進める．

 リデュース　書き換え規則の具現化でできる局所木の右辺がスタックの先頭の記号列に等しければ，その局所木の母親によってこの記号列を置き換える．

(a)　LR オートマトン

統語解析の途中で作られている部分的な統語構造が，統語解析を続けることによって文全体の統語構造に成長しうることを，その部分的構造が**整合的** (consistent) であると言おう．下降型の統語解析では，（どの非終端記号も終端記号のみからなる列を生成できるならば）作りかけの構造が常に整合的であることは明らかである．しかし，上記の LR 統語解析の手続きは整合性を保証しない．この手続きでは，たとえば図 3.20 に示す（曲線はスタックを表わす）ように，すぐ をリデュースしないでおくことも可能だが，この構造は整合的でない．これは，すぐ が書き換え規則「Adv → すぐ」にしか現われないからである．図 3.20 のように解析を進めてしまうと，すぐ が再びスタックの先頭になることがないのでいつまでたっても すぐ をリデュースできず，全体として S を作れない．

下降型の統語解析において整合性が簡単に保証できるのは，図 3.6 からもわかるように，作りかけの統語構造が連結（ひとつながり）だからである．しかし，上昇型の統語解析では，作りかけの構造が連結とは限らず，スタックの各要素

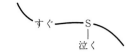

図 3.20　「すぐ泣く」の誤った解析

がひとつの連結成分（ひとつながりになった局所木と節点の集合）に対応する．たとえば図 3.6 では，上昇型の統語解析での作りかけの構造は 2 個の連結成分からなる．

したがって，上昇型の統語解析において整合性を保証するにはスタックの内容に制限を加える必要がある．それにはやや複雑な事前のコンパイレーションが必要となる．このコンパイレーションでは，**LR オートマトン** (LR automaton) と呼ばれる有限状態オートマトンを作る．LR オートマトンから作られる **LR 表** (LR table) に基づいて定まる統語解析の仕方を，しばしば狭い意味で「LR 統語解析」と呼ぶ．LR オートマトンは，LR 統語解析におけるスタックの内容に対応する記号列を規定する．つまり，LR オートマトンにおける状態遷移は終端記号または非終端記号によって生じ，LR 統語解析におけるシフトに相当する．スタックの内容を LR オートマトンで制限することにより，作りかけの統語構造の整合性を保証することができる．LR オートマトンの各状態は **LR 状態** (LR state) と呼ばれ，各 LR 状態は，局所的な解析の可能性を表わす **LR 項** (LR term) の集合である．

このようなコンパイレーションの仕方にはいくつかあるが，ここでは最も簡単な方法のひとつについて述べる．この方法で作られる LR 項と LR 状態を **LR(0) 項**および **LR(0) 状態**と言い，それに基づいて求まる LR オートマトンを **LR(0) オートマトン**と言う．後述のようにこの 0 は先読みの幅を示す．また，それに応じて定まる LR 表および LR 統語解析を，それぞれ **SLR 表** (simple LR table) および **SLR 統語解析** (simple LR parsing) と言う．

文脈自由文法 G から得られる LR(0) オートマトンを図 3.21 に示す．それぞれの矩形で囲まれた LR(0) 項の集合がひとつの LR(0) 状態であり，S, ε, VP_0 などはその名前である．

LR(0) 状態の間の遷移は，終端記号または非終端記号によって行なわれる．異なる記号によって同一の状態への遷移が起こることはないので，ある状態への遷移を引き起こす記号をその状態の名前とする．ただし，解析の初期状態に

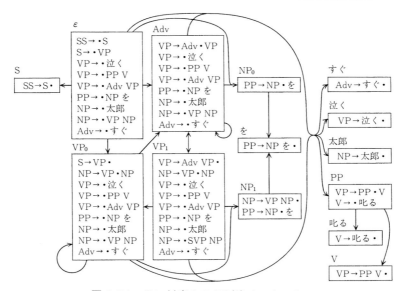

図 3.21 G に対応する LR(0) オートマトン

対応する LR(0) 状態への遷移は存在しないので，この状態の名前を ε とする．また，同一の記号によって異なる状態へ遷移する場合には，遷移先の状態を区別するため，記号に下付きの添字を付けてそれらの名前とする．たとえば，状態 ε および状態 Adv から記号 VP によって遷移する先の状態は異なるので，それらの状態をそれぞれ VP_0 および VP_1 と呼んで区別する．LR 統語解析はスタックの要素が S の具現化ひとつだけで入力が終わった状態のときに成功するので，この状況を認識するため，G に含まれていない SS → S という規則を導入してある．

一般に，LR(0) オートマトンは以下の条件に従って構成される．

(A) LR(0) 項「SS → • S」は LR(0) 状態 ε の要素である．

(B) 記号 X と Y および（空かもしれない）記号列 α と β に対し，LR(0) 項「$X \to \alpha \bullet Y\beta$」が LR(0) 状態 σ の要素ならば，

(1) Y を左辺とする書き換え規則の右辺の左端に • を挿入して得られる LR(0) 項もすべて σ の要素である．

(2) Y は σ からの状態遷移を引き起こし，LR(0) 項「$X \to \alpha Y \bullet \beta$」はその遷移先の LR(0) 状態の要素である．

LR(0) オートマトンは,この条件によって必要とされるものだけを含むという意味で最小とする.つまり,この条件によって要請される LR(0) 状態と遷移だけがあり,各 LR(0) 状態はこの条件によって要請される LR(0) 項だけを含む.これに従って図 3.21 の LR(0) オートマトンが文法 G から作られることを確認されたい.

あるスタックが LR(0) オートマトンによって許容されることと,そのスタックが LR 統語解析において作られる整合的な構造に対応することとは等しい.これは次のように考えればわかる.

まず,スタックが LR(0) オートマトンによって許容されるということは,そのスタックが図 3.22 に示したような仕方である文全体の構文木と交わるということに等しい.図 3.22 は,第 1 に,スタックの最初 (左端) の要素は構文木の左端の節点であり,第 2 に,最初以外の要素はその左隣の要素の妹 (母親を共有する右隣の節点) または妹の左端の子孫だということである.まず,条件 (B) の (2) により,各 LR(0) 状態からの遷移 (LR 統語解析におけるシフト) を引き起こすのが,その LR(0) 状態の要素である LR(0) 項の中の ● の右隣の記号であることに注意しよう.すると第 1 に,LR(0) オートマトンが許容するスタックの最初 (左端) の要素は ε からの状態遷移を引き起こす記号 (の具現化) だが,(A) と (B) の (1) によりそれは構文木の左端の節点であることに等しい.第 2 に,LR(0) オートマトンが許容するスタックの最初以外の要素は,直前 (左隣) の要素に続く状態遷移を引き起こす節点だが,それは (B) により,直前の要素の妹 (母親を共有する右隣の節点) であるか妹の左端の子孫であることに等しい.

次に,図 3.22 のように,スタックの最初 (左端) の要素が構文木の左端の節

図 3.22 LR 統語解析のスタック

点であり，それ以外の要素がその左隣の要素の妹または妹の左端の子孫であるということは，スタックの先頭に対してだけリデュースを行なうことによって解析が完成するということである．それは，LR 統語解析において作りかけの対応する構造が整合的であることに等しい．

以上により，LR(0) オートマトンが許容するスタックの集合と，LR 統語解析で作られる整合的な構造に対応するスタックの集合とは同じである．たとえば図 3.20 に示したスタックは図 3.21 の LR(0) オートマトンによって許容されないので，整合的な構造に対応しないことがわかる．

LR(0) オートマトンに従って LR 統語解析を行なうため，LR 統語解析のスタックの中に，そこまでのスタックの内容によって LR(0) オートマトンにおいて到達する LR(0) 状態の情報を付随させることを考えよう．それには，表 3.3 に示した単純な LR 統語解析におけるスタックの要素 $X(i,j)$ の代わりに，記号 X に対応する LR(0) 状態 Y を用いて $Y(i,j)$ をスタックの要素とすればよい．さらに，$Y(i,j)$ の i は直前（左隣）の要素の右側の入力位置なので省略して，$Y:j$ をスタックの要素としよう．これに従って，図 3.2 の構文木に関する LR 統語解析の様子を表 3.4 に示す．スタックが空の初期状態は省略してある．「演算」の列は表 3.3 のそれと等しい．

表 3.4 LR(0) オートマトンに基づく LR 統語解析

#	スタック	演算
0	すぐ:1	シフト
1	Adv:1	Adv → 0 すぐ 1
2	Adv:1 泣く:2	シフト
3	Adv:1 VP_1:2	VP → 1 泣く 2
4	Adv:1 VP_1:2 太郎:3	シフト
5	Adv:1 VP_1:2 NP_1:3	NP → 2 太郎 3
6	Adv:1 NP_0:3	NP → 1 VP 2 NP 3
7	Adv:1 NP_0:3 を:4	シフト
8	Adv:1 PP:4	PP → 1 NP 3 を 4
9	Adv:1 PP:4 叱る:5	シフト
10	Adv:1 PP:4 V:5	V → 4 叱る 5
11	Adv:1 VP_1:5	VP → 1 PP 4 V 5
12	VP_0:5	VP → 0 Adv 1 VP 5
13	S:5	S → 0 VP 5

LR(0) オートマトンに従う LR 統語解析では，● を右端に持つ LR(0) 項を含む LR(0) 状態がスタックの先頭である場合にリデュースが行なわれる．そのとき，書き換え規則の右辺と照合する要素の列がポップされ，書き換え規則の左辺の非終端記号(の具現化である節点)がシフトされて，その非終端記号による遷移先がスタックの先頭の LR(0) 状態となる(非終端記号によるシフトはしばしば goto と呼ばれる)．表 3.4 では，リデュースとその直後の非終端記号によるシフトはひとつの行にまとまっている．たとえば第 3 ステップでは，書き換え規則「VP → 泣く」で 泣く をリデュースすることによってスタックがひとまず Adv:1 だけを含む状態になり，次に非終端記号 VP によって状態 Adv から状態 VP_1 に遷移するのでシフト (goto) が起こって VP_1:1 がプッシュされる．

(b) LR 表

LR(0) オートマトンに従ってスタックを作れば，作りかけの構造が整合的であることは保証される．しかし，計算の効率をさらに高めるため，1個の終端記号の**先読み**(lookahead)を考えよう．先読みとは，入力データの一部に関する処理を遅延させることであり，表 3.1 に現われる $LL(k)$ と $LR(k)$ の k は先読みされる終端記号の個数である．先読みは，構造の作成を遅らせることにより曖昧性を抑制する．LR 統語解析の場合，終端記号を先読みするということは，それをスタックにプッシュ(シフト)する前に計算の制御に用いるということである．

LR(0) オートマトンに従う LR 統語解析では，現在の入力位置の次の終端記号がスタックの先頭の LR(0) 状態からの遷移を引き起こせる場合に限ってシフトが可能なので，終端記号1個の先読みによるシフトの制御はすでに含まれている．しかし，先読みによるリデュースの制御は LR(0) オートマトンに含まれない．

上述のように，リデュースは ● を右端に持つ LR(0) 項を含む LR(0) 状態がスタックの先頭のときに行なわれる．ここで次の入力記号を先読みすることにより，不適切なリデュースをある程度防ぐことができる．書き換え規則の左辺の非終端記号 X に次の入力記号 a が続きうる (S を展開して得られる記号列で Xa を含むものがある) 場合にだけリデュースを許すことにすると，たとえば，表 3.4 の第 3 ステップではスタックの先頭の記号が VP で次の入力記号が 太郎

だが，Sを展開してできる記号列が「S 太郎」という部分列を含むことはないので，書き換え規則「S → VP」によるリデュースは行なわれない．

図 3.21 の LR(0) オートマトンによるシフトの制御と先読みによるリデュースの制御をまとめて，表 3.5 のような **SLR 表**(simple LR table) ができる．$ は入力の終わりを意味する特別な記号である．表の各要素は，左側の LR(0) 状態において上側の記号が次の入力であるときに可能な演算を表わす．すぐ や 泣く などは LR(0) 状態であり，シフトによる遷移先を示す．(a)や(b)は文法 G の書き換え規則であり，各規則を用いたリデュースを表わす．すぐ|(d) などはシフトとリデュース両方の可能性があることを意味する．この例にはないが，一般には，複数通りのリデュースが可能な場合もある．一方，LR(0) オートマトンの作り方から，シフトの可能性は常に 1 通りである．

表 3.5 G の SLR 表

状態	$	終端記号（シフト｜リデュース）					非終端記号（シフト）				
		すぐ	泣く	太郎	を	叱る	S	VP	Adv	NP	PP	V
ε		すぐ	泣く	太郎			S	VP_0	Adv	NP_0	PP	
すぐ		(e)	(e)	(e)								
泣く	(b)	(b)	(b)	(b)								
太郎					(h)							
を						(g)						
叱る	(f)	(f)	(f)	(f)								
S	受理											
VP_0	(a)	すぐ	泣く	太郎				VP_0	Adv	NP_1	PP	
VP_1	(d)	すぐ|(d)	泣く|(d)	太郎|(d)				VP_0	Adv	NP_1	PP	
Adv		すぐ	泣く	太郎				VP_1	Adv	NP_0	PP	
NP_0					を							
NP_1					を|(i)							
PP						叱る						V
V	(c)	(c)	(c)	(c)								

SLR 統語解析では作りかけの構造は常に整合的だが，一般には，その構造に先読みの記号が続きうるとは限らない．これはリデュースに関する制限が甘いからである．たとえば図 3.23 に示した二つの構文木だけを生成する文法の下では，S から生成される記号列の中で Y の後に b が続きうるので，この文法に

基づく SLR 統語解析においては，スタックの要素が $a_0:1$ (a_0 は ε から a によって遷移する先の状態) だけで先読み記号が b のとき，Y → a によるリデュースが可能である．しかし，文の左端の Y の後には b は続きえないので，その後の解析は失敗する．

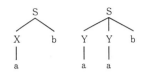

図 3.23 SLR 統語解析で無駄なリデュースを引き起こす言語

詳細は省略するが，このような無駄を避けるには，LR オートマトンを構成する際に先読みによるリデュースの制御を考慮する必要がある．そのような LR オートマトンを **LR(1) オートマトン**(LR(1) automaton)，それから作られる LR 表を **CLR 表**(canonical LR table)，それに基づく LR 統語解析を **LR(1) 統語解析**(LR(1) parsing) または **CLR 統語解析**(canonical LR parsing) と呼ぶ．LR(1) オートマトンは状態が非常に多くなるので，複数個の状態をまとめて状態数を減らした上で統語解析に用いることがある．そのようにしてできる LR 表およびそれに基づく統語解析の方法を，それぞれ **LALR 表**(look-ahead LR table) および **LALR 統語解析**(look-ahead LR parsing) と言う．

(c) 決定性と曖昧性

LR 表の各要素で指定される演算が 1 個以下のとき，この LR 表に基づく LR 統語解析は**決定的**(deterministic) である．つまり，いかなる入力記号列に対しても作られる (複数個の連結成分からなることもある) 構造は 1 個以下である．どの文も 1 個の構文木しか持たない文法を**決定性の文法**(deterministic grammar) と言う．LR(1) 統語解析は，事実上すべての決定性の文法に対して決定的になる．LALR 統語解析で決定的に統語解析できる文法のクラスはもう少し小さく，SLR 統語解析で決定的に統語解析できる文法のクラスはさらに小さい．

自然言語の文法は決定性ではないので，表 3.5 に見られるように，LR 統語解析においても曖昧性が生ずる．並列型で曖昧性を扱い，メモを用いる LR 統語

解析の仕方を **GLR 統語解析** (generalized LR parsing) と言う (Tomita 1987)．図 3.24 に「すぐ泣く太郎を叱る」の GLR 統語解析で作られるグラフ構造スタックを示す．この過程は，図 3.12 と同じく，図 3.2 と図 3.5 に示した二つの構文木を作る．しかし，これらの構文木に反映されない計算は図 3.24 においてはスタックの細線の部分に対応するものだけであり，無駄な計算の割合が図 3.12 よりも小さい．

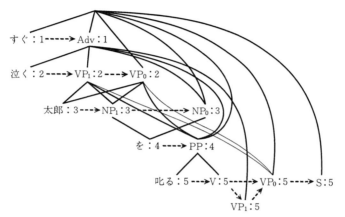

図 3.24 GLR 統語解析におけるグラフ構造スタック

前述のように，上昇型の統語解析は他の方法に比べて構造を作るのが遅いため，曖昧性を扱う上で都合が良い．とくに自然言語の場合は曖昧性が高いので，決定性の統語解析は上昇型に近いものにならざるを得ず，また先読みも必要になると考えられる．前述の PARSIFAL(Marcus 1980) でも先読みを用いているが，先読みの範囲が SLR 統語解析や LR(1) 統語解析の場合のように 1 個の終端記号ではなく，3 個の構成素にわたるという意味で，より一般的である．ただし PARSIFAL は，語彙的知識などにも依存する細かい制御を用いているので，SLR 統語解析や CLR 統語解析と異なり，文法 (統語的知識) だけから自動的に導出することができないと考えられる．

3.4 左隅型統語解析

下降型の統語解析では，構文木の中の作りかけの部分は常に連結 (ひとつな

がり）だった．上昇型の統語解析では，具現化が及んでいない部分は連結だが，具現化された部分は一般には連結でない．**左隅型統語解析**(left-corner parsing) においては，構文木の中の各部分木を作ろうとする際に，まずその根節点を具現化し，次にその左隅の部分木を具現化するので，作りかけの部分も具現化されていない部分も一般には連結でない．

左隅型統語解析は，各構文木において次のような処理を行なう手続きである．

(LC) 終端記号の節点または3個以上の節点にわたって引数が新たに具現化可能になった各局所木を具現化する．

以下では簡単のため，各書き換え規則中の記号が3個以下であるような文法に基づく左隅型統語解析を考える．たとえば「A → B C D」という書き換え規則は「A → B U」と「U → C D」(U は他の書き換え規則で用いられていない記号）という二つの書き換え規則の組と等価（同じ終端記号列を生成/認識する）だから，各書き換え規則中の記号が3個以下であるような文法に話を限ることによって一般性が失われることはない．図3.25に示した局所木においては，P, Q, R の順で引数の具現化が可能になる．(LC) により，まず P だけが具現化可能なときは局所木は具現化されないが，さらに Q も具現化可能になると局所木が具現化され，最後に R が具現化可能になっても局所木の具現化は進まない．

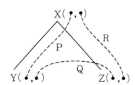

図 **3.25** 3個の節点を持つ局所木

したがって，構文木全体の具現化は図3.26のように進む．ここでは，図3.18と同様に，陰をつけた局所木が具現化されており，葉の黒丸は入力ずみの終端記号に対応する節点であり，曲線はスタックを表わす．スタックの先頭は下端である．2番目の終端記号が入力された上段中央の状態において左下隅の局所木の2個の引数が具現化可能となり，これらは3個の節点にわたるので，この局所木が具現化される．次に3番目の終端記号が入力されると，その局所木において新たに具現化可能となる引数は1個だけであり，これは2個の節点

にしかわたらないので，この局所木に関しては具現化を進めない．しかしその右上の局所木においては，3個の節点にわたる具現化が可能になるので，具現化を行なう．

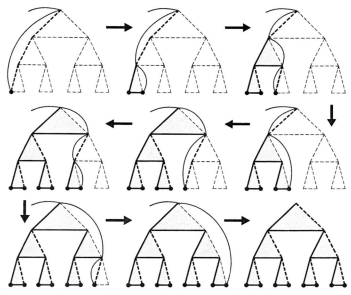

図 3.26　左隅型統語解析における具現化

　図 3.2 の構文木を作る左隅型統語解析において作られるスタックを図 3.27 に示す．LL 統語解析および LR 統語解析の場合と同様に，スタックの要素は作りかけの構造と未処理の構造との境界に位置する節点だが，左隅型統語解析の場合はすべての要素が $X(i)$ の形をしている．これまでの例と同じく，スタックを表わす各曲線の左側の局所木はその段階で具現化されており（ただし頂上の局所木は節点を 2 個しか持たないので具現化されない），右側の局所木は具現化されていない．スタックの下端（先頭の側）の括弧入りの整数は，それまでに具現化された局所木の個数を示す．

　(LC) は，終端記号の節点の引数が新たに具現化可能となる局所木は具現化され，それ以外の局所木は，2 個以下の節点の引数しか新たに具現化可能でないならば具現化されない，ということである．したがって，具現化をスキップされる具現化可能な引数は，図 3.26 の太い破線で示した経路をなし，それぞ

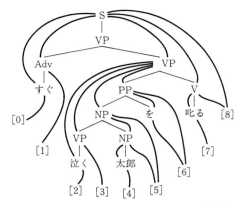

図 3.27 「すぐ泣く太郎を叱る」の左隅型統語解析

れの連結な経路では同じ引数の値が共有されている．各構文木の中の作りかけの構造にはこのようなスキップに応じた隙間ができる．すべての隙間が正しい構造で埋まることがありうるということが，作りかけの構造が整合的だということである．

図 3.18 のように，LR 統語解析におけるただひとつの隙間は，スタックの要素であるすべて(左下の状態では 3 個)の節点において作りかけの構造と接し，具現化された引数をこれらの節点が共有するという複雑な構造を持つので，この隙間が埋められること(整合性)を保証するために前述のような複雑なコンパイレーション(CLR 表の作成)が必要だった．しかし左隅型統語解析では，各隙間はちょうど二つの節点において作りかけの構造に接する単純な構造を持つので，もっと簡単なコンパイレーションによって整合性を保証できる．

(a) 到達可能性

上述のように，図 3.26 では連続した太い破線(ひとつながりの破線はひとつとみなす)のそれぞれがひとつの隙間を表わす．上の図 3.25 に関する議論からわかるように，左隅型統語解析で生ずる隙間には 2 種類ある．ひとつは各局所木の第 1 引数の具現化をスキップして生ずる隙間であり，そこでスキップされる引数は図 3.26 では左下がりの太い破線で示した経路をなす．もうひとつは各局所木の最後の引数の具現化をスキップして生ずる隙間であり，そこでスキップされる引数は図 3.26 では左上がりの太い破線で示した経路をなす．同じ

3.4 左隅型統語解析

引数(の組)を共有する二つの節点の間の隙間を埋める構造がありうることを，両者の間が**到達可能**(accessible)であると言おう．左隅型統語解析では，上記2種類の隙間に関する2種類の到達可能性が考えられる．

書き換え規則の第1引数に関する隙間の両端の節点では，共有された第1引数だけが具現化されているが，それがいかなる値による具現化であるかはこれらの節点の間での到達可能性に影響しない．ゆえにこの場合の到達可能性は，文法に現われる記号の間の関係だから，統語解析の実行に先立ってコンパイルしておくことができる．通常はこの意味での到達可能性だけを到達可能性と言うので，これを狭義の到達可能性と呼ぼう．たとえば文法 G における狭義の到達可能性は表3.6のようになる．○は，左側の記号が上側の記号の左端の子孫になりうることを意味する．

表 3.6 G における到達可能性

	S	VP	Adv	NP	PP	V
すぐ	○	○	○	○	○	
泣く	○	○		○	○	
太郎	○	○		○	○	
を						
叱る						○
S						
VP	○	○		○	○	
Adv	○	○		○	○	
NP	○	○		○	○	
PP	○	○		○	○	
V						

この表の到達可能性に従えば，たとえば図3.28に示したような整合的でない構造は作られない．一般に，表3.6のような狭義の到達可能性の表の大きさは，文法に現われる記号の個数の2次関数であり，実用的な大きさの文法に対してもさほど大きくはならない．一方，LR統語解析においては，LR状態の個数はもとの文法に含まれる書き換え規則の個数の指数関数なので，実用的な文法からLR表(とくにCLR表)を作るのが実際には難しいことも多い．

一方，書き換え規則の最後の引数に関する隙間の両端の節点は，第1，第2引数ともに具現化されており，第2引数を共有する．両者の間の到達可能性は，

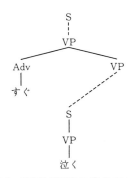

図 3.28 到達可能性の成り立たない例

第 2 引数の値にはよらないが，それぞれの第 1 引数の値に依存する．たとえば，文法 G では VP と NP から NP を作ることができ，「すぐ泣く」は VP になるので，すぐ 泣く で始まる記号列の統語解析において，NP(0)（すぐ で始まる名詞句）と NP(2)（泣く の右側から始まる名詞句）の間は到達可能だが，Adv と NP から NP を作れないので，NP(0) と NP(1)（泣く で始まる名詞句）の間は到達不能である．0 や 1 などの引数の値は無限にありうるから，この場合の到達可能性は統語解析以前にはコンパイルできず，統語解析の最中に動的にコンパイルする必要がある．

この動的なコンパイレーションは，互いに到達可能な二つの節点をスタックの中で隣接する要素とし，両者を直接結びつけることである．これは前述の最終呼び出し最適化の際の動的なコンパイレーションに等しい．二つの節点をスタックの中で隣接させるのは，両者の間の各節点の第 2 引数の具現化がスキップできることがわかっているからである．このスキップにより，図 3.26 の左上がりの太い破線で示したギャップができる．

以上のように，狭義の到達可能性と最終呼び出し最適化とは，いずれも引数を共有する二つの節点の間の処理のスキップに関わっており，まとめて広義の到達可能性に一般化されることがわかる．

(b) 心理的実在性

下降型統語解析および上昇型統語解析と左隅型統語解析とを，**心理的実在性** (psychological reality)，つまり，人間の心的情報処理過程との近さに関して比

3.4 左隅型統語解析

べてみよう．結論から先に言うと，左隅型統語解析の心理的実在性が最も高いと考えられる．これは主として二つの理由による．これらの理由はいずれも，広義の到達可能性に関するコンパイレーションに由来する．

第1に，左隅型統語解析においてスタックが長くなる（作業記憶への負担が大きくなる）場合と人間にとって処理が困難になる場合とが似通っている．これに対し，下降型統語解析と上昇型統語解析でスタックが長くなる場合には，必ずしも人間にとって処理の困難が生じない．

まず，**左枝分かれ**(left branching)**構造**と，その左隅型統語解析におけるスタックを，図 3.29 に示す．これからわかるように，ひとつの左枝分かれ構造を処理する際，各瞬間にスタックの要素となる節点は2個であり，これは左枝分かれの深さに依存しない．これらの節点の間の隙間が埋められるということが狭義の到達可能性であった．左枝分かれ構造は，いくら長くても人間にとって必ずしも理解が難しくないので，左隅型統語解析はこの意味で人間の言語処理過程に一致する．これに対し，図 3.7 に見られるように，下降型の統語解析ではスタックの長さが左枝分かれの深さに比例する．メモを用いた場合，各左枝分かれ構造に対応するスタックの要素の個数は文法の中の記号の個数を越えないが，実用的な文法ではその個数はかなり大きいだろう．

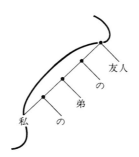

図 3.29　左枝分かれ構造

次に，**右枝分かれ**(right branching)**構造**と，その左隅型統語解析におけるスタックを，図 3.30 に示す．これからわかるように，ひとつの右枝分かれ構造を処理する際，やはり各瞬間にスタックの要素となる節点は2個であり，これは右枝分かれの深さに依存しない．これも到達可能性に関するコンパイレーション（この場合には最終呼び出し最適化）による．右枝分かれ構造も，いくら長

くても人間にとって必ずしも理解が難しくないので，左隅型統語解析はこの意味で人間の言語処理過程に一致する．これに対し，図 3.18 に見られるように，上昇型の統語解析ではスタックの長さが右枝分かれの深さに比例する．

図 3.30　右枝分かれ構造

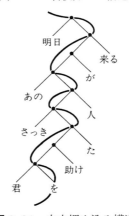

図 3.31　中央埋め込み構造

　いずれの統語解析法でもスタックが長くなるのは，**中央埋め込み**(center embedding)**構造**を処理する場合である．中央埋め込み構造の例と，その左隅型統語解析におけるスタックを，図 3.31 に示す．ここでたとえば「さっき君を助けた」の中で「君を」の両端に「さっき」と「助けた」という空でない記号列があることを，「さっき君を助けた」の中央に「君を」が埋め込まれていると言う．図 3.31 からわかるように，スタックの長さは中央埋め込みの深さに比例する．中央埋め込みが深い構造の処理は人間にとっても困難なので，この点でも左隅型統語解析は人間の振舞に近い．

左隅型統語解析の心理的実在性が高い第 2 の理由は，それが**実時間**(real time)の計算だということである．一般に実時間とは，入力が終わってから単位時間のうちに処理が完了するという意味である．統語解析の場合には，構文木の各部分木の最後の終端記号が入力されてからその部分木の処理が終わるまでに単位時間しか要しないということである．人間は聞いた(読んだ)単語を以前の単語列とほぼ即座に関係付けて理解しているようなので，人間の言語処理過程は実時間と考えられる．

　左隅型統語解析が実時間の計算であるのは，各入力記号に対応する計算が単位時間で行なわれるからである．それは，1 個の終端記号が入力されるたびに，局所木がちょうど 1 個だけ具現化されるからである．ある終端記号が入力されることによって具現化される局所木は，その記号(の左側の入力位置)を第 2 引数(図 3.25 の Q)として持つものであり，そのような局所木は各構文木の中に 1 個しかない．これに対し，下降型統語解析では左枝分かれの深さに比例してスタックを延ばすため，左枝分かれ構造の最初の終端記号の入力に応じて必要になる計算時間に上限がなく(メモを用いた場合は上限があるが，それはかなり大きいだろう)，左端の部分木の処理が単位時間では行なえない．また上昇型統語解析では，右枝分かれの深さに比例してスタックが長くなるので，終端記号が入力されてからそれを右端に持つ部分木の処理が終了するまでに右枝分かれの深さに比例する時間がかかる．

3.5　他の文法に基づく統語解析

　第 2 章で述べた木接合文法(TAG)に基づく統語解析も，文脈自由文法に基づく統語解析と同様の仕方で分類できる．つまり，各構造を作る手順に関しては下降型，上昇型，および左隅型があり，曖昧性の扱いに関しては後戻り型，並列型，および決定性の方法が考えられる．ただし，決定性の文脈自由文法に基づく決定性の統語解析法として LR(1) 統語解析などが知られているのに対し，(決定性の) TAG に基づく決定性の統語解析法についてはあまり研究が進んでいない．

　ここでは，(LL)，(LR)，および(LC)を TAG に基づく統語解析に適用することを考える．(LL)などは証明木に関する条件なので，それらを適用するには

TAG を確定節文法で表現する必要がある．文脈自由文法の場合には書き換え規則と確定節が 1 対 1 に対応したが，TAG ではそれほど簡単な対応関係がなく，構文木と証明木とはかなり異なったものになる．

TAG の各**基本木**(elementary tree)を確定節で表現しよう．二つの基本木とそれらの確定節による表現を図 3.32 に示す．左上が初期木(initial tree)，右上が**補助木**(auxiliary tree)の例であり，それぞれその下の 4 個および 3 個の(局所木の形で描かれた)確定節によって表わされる．ここで，確定節の中の各節点が表現しているのは，構文木中の節点ではなく，構文木の部分構造である．各節点がどの部分構造を表わすかを図 3.32 の上側の基本木に対して示す．tt, uu, および vv はそれぞれ，構文木中の節点 U, T, および V に接合可能なすべての補助木を表わす．また図 3.33 には，引数を 6 個含む確定節と構文木との対応関係を一般的な形で示す．節点 x(A,K,I,C) は A から C までと I から K までの終端記号列とを支配する部分構造を表わす．y(A,K,J,B) と z(B,J,I,C) も同様である．この確定節においては，A,B,C,I,J,K の順で入力による具現化が可能になる．

(LL) に従えば，これらの引数のそれぞれが具現化されるたびに局所木の具現

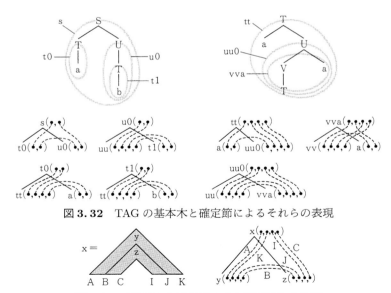

図 **3.32** TAG の基本木と確定節によるそれらの表現

図 **3.33** TAG における構文木と確定節との関係

化が生ずる．(LR) に従えば，これらの引数のすべてが具現化可能になったときに局所木が具現化される．(LC) に従えば，A と B が具現化可能になったときと，さらに J までが具現化可能になったときの 2 回にわたって局所木の具現化が起こる．A だけが具現化可能のときはもちろん，A と B に関する具現化の後で C と I が具現化可能になったときも，二つの節点にしか新たな具現化が及ばないので，節の具現化は行なわれない．J まで具現化が進んでから K が具現化可能になったときも同様である．

　上記からわかるように，TAG に基づく左隅型統語解析 ((LC) に従う統語解析) ではひとつの確定節において具現化される引数は 5 個以下なので，全体の空間計算量は文の長さの 5 次関数以下であることがわかる．詳細は割愛するが，(LL)，(LR)，(LC) のいずれを用いても，TAG に基づく統語解析の空間計算量は入力記号列の長さ n の 4 次関数，時間計算量は n の 6 次関数を越えないようにすることができる．

　(LR) と (LC) を用いた場合，作りかけの構造の整合性を保証するにはやはり何らかのコンパイレーションが必要になる．(LR) 用のコンパイレーションは文脈自由文法の場合よりもかなり複雑なものになる．これに関連して，決定性の TAG に基づく決定性の統語解析法は知られていない．一方，(LC) 用のコンパイレーションは TAG の場合にも文脈自由文法の場合と基本的に同様であり，隙間の両端の二つの節点の間の到達可能性を事前にまたは動的にコンパイルすればよい．まず，図 3.33 の引数 A に関する到達可能性と C に関する到達可能性は，文脈自由文法の場合と同様に処理される．次に，C と I の組に関する到達可能性は C に関する到達可能性に等しいので改めてコンパイルする必要はない．また，K に関する到達可能性は C に関するそれと同様に動的にコンパイルできる．

　簡単のため，図 3.33 の形の確定節だけからなる証明木の部分を考え，(LC) に従ってこれを具現化する様子を図 3.34 に示す．曲線はスタックである．図 3.33 の A, B, C に対応する引数の具現化が可能になったところまでの処理は，図 3.26 に示した文脈自由文法に基づく左隅型統語解析と同じ反時計回りの処理なので省略する．図 3.34 の左上はその直後の状態である．I, J, K に対応する引数の具現化は証明木の中で逆に時計回りに進行する．濃い陰は局所木が二度具現化されたことを表わし，大きい黒丸は終端記号が 2 個具現化されたこと

を表わす．極太線は二つの並行する引数が具現化可能になっていることを意味する．そのうち，実際に具現化が行なわれていることを実線で，実際には具現化が行なわれていないことを破線で示すのはこれまでと同様である．太い実線と極太の破線が重なったものは，二つの具現化可能な引数の一方だけが実際に具現化されていることを示す．

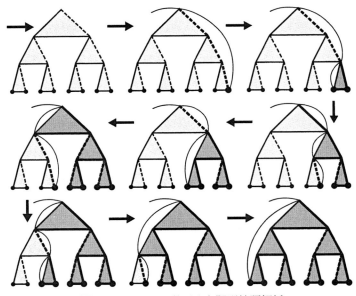

図 3.34 TAG に基づく左隅型統語解析

　文脈自由文法や TAG，あるいは HPSG (Pollard & Sag 1994) などの制約に基づく文法理論に限らず，事実上あらゆる文法理論を確定節文法によって表現することが可能である．そして，(LL)，(LR)，および (LC) を上述のように確定節文法の証明木に関する処理の条件と見なせば，それぞれの文法に基づく 3 通りの統語解析法を一般的な仕方で導くことができる．

　ただし，証明木の中で各時刻に新たに具現化可能になる部分が連結であることを (LC) は前提しているが，一般の確定節文法や文生成においてはこの前提が成立しないので，(LC) を拡張する必要がある．文脈自由文法や TAG に基づく統語解析では，具現化を引き起こすのは入力記号列だけであり，証明木の中で各時刻にちょうど 1 個の入力記号に関する具現化だけが新たに可能になるの

で，上記の前提が成立するが，一般には，証明木の中の非連結な複数箇所で引数が一度に新たに具現化可能になることがある．詳細には立ち入らないが，そのような一般の場合に整合性を効率良くチェックするには，できかけの構造の隙間の中の引数が新たに具現化可能にならないように(LC)を拡張すればよい (Hasida 1998)．

3.6 文 生 成

　表層的な文生成は，入力として意味表現が与えられ，それに対応するひとつの文を出力する計算過程である．(第4章で扱うのは，談話の文脈の中での文生成や文章の生成である．)表層文生成もまた，統語解析と同様に，文の各構造記述を作る手順と，曖昧性への対処法という二つの次元に沿って表3.1のような形で分類することができる．文の構造記述として確定節文法の証明木を用いることにすれば，(LL)，(LR)，および(LC)に基づいて，各構造記述を作る手順が三つ定義される．統語解析の場合と同じく，(LL)および(LR)による文生成をそれぞれ下降型および上昇型の文生成と呼ぶことができる．(LC)に基づく文生成を**意味主辞駆動生成**(semantic-head-driven generation) (Shieber et al. 1990)と言う．意味主辞駆動生成の方が下降型の文生成よりも効率が良く，また上昇型の文生成よりも実時間性が高いので，ここでは意味主辞駆動生成について述べる．文生成においては一般には前述のように拡張された(LC)を用いる必要があるが，下に示す例では新たに具現化可能になる部分が常に連結なのでこれまでの(LC)で十分である．

　図3.35から図3.38に意味主辞駆動生成の過程を示す．もちろん，解析の場合と同じく，これらの図に示したような証明木の形が文生成の前からわかっているわけではない．実際には他にも多くの証明木の可能性があり，そのうちどれが適切なものかは初めはわからず，探索が進むにつれて可能性が絞り込まれて行くわけである．また，ここでは簡単のため単語列(形態素列)とそれに関する引数は省略してある．

　この計算への入力は，図3.39に示した意味表現である．これは具体的な意味表現なので，このsoon(●,●)やtaro(●)などの節点(リテラル)の引数は具体的な値であり，上記の文生成において証明木の中の引数はそれらの値によっ

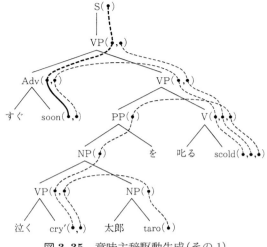

図 3.35 意味主辞駆動生成（その 1）

て具現化される．後述のように soon(●,●) の第 1 引数が文生成における最初の入力となる．soon(●,●) や taro(●) は終端記号のようなものであり，証明される必要はないが，単語や形態素を表わすのではなく，意味表現の部品である．soon(X, Y) は，事象 Y の生じ方がすぐであるという事象が X だという意味である．たとえば，Y が叱るということなら，X はすぐ叱るということになる．taro(X) は，X が太郎だという意味である．cry′(X, Y) は，泣いている状態の対象 Y が X だという意味である．たとえば Y が太郎なら X は泣く太郎ということになる．(cry でなく cry′ にしてあるのは，通常の文ではなく関係節の意味を表わすためである．)

図 3.35 から図 3.38 においては，これまでと同様に，太線が具現化可能な引数であり，そのうち実線のものが実際に具現化されているが，破線のものは具現化されていない．太い実線の引数を含む局所木が具現化された局所木である．図 3.35 では，「すぐ泣く太郎を叱る」という文全体の意味を代表する引数が，図 3.39 の soon(●,●) の第 1 引数の値によって具現化可能になっている．(LC) によれば，これによって第 1 引数が具現化可能になる soon(●,●) を含む左下端の局所木が処理され，実際に soon(●,●) の第 1 引数が具現化される．次に，soon(●,●) が入力の意味表現の対応する部分と照合されてその第 2 引数が入力によって具現化可能となり，図 3.36 に示したように右端の局所木が具現化さ

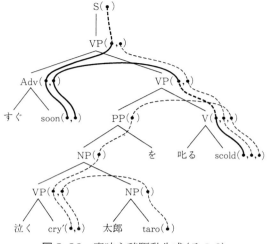

図 3.36　意味主辞駆動生成（その 2）

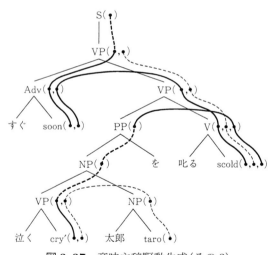

図 3.37　意味主辞駆動生成（その 3）

れる．残りの計算についても同様なので説明は省略する．

　意味主辞駆動生成という名前は，各部分木の生成がその根節点の**意味主辞** (semantic head) によって起動されることに由来する．ある節点の意味主辞とは，それと同じ意味を持つ最下の子孫の節点である（本来の定義はもう少し複雑だが，この言い方でも事実上同じことである）．たとえば，上の例で生成さ

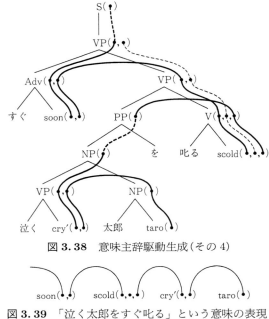

図 3.38　意味主辞駆動生成 (その 4)

図 3.39　「泣く太郎をすぐ叱る」という意味の表現

れる文「すぐ泣く太郎を叱る」全体（根節点）の意味主辞は「すぐ」(を支配する節点 Adv) である．図 3.35 から図 3.38 までの各ステップにおいて，意味主辞の探索が行なわれているが，(LC) では，これが到達可能性に基づく処理のスキップに相当することに注意されたい．

3.7　展　　望

　統語解析と文生成について統一的な視点から述べた．(LL)，(LR)，および (LC) はいずれも確定節文法に関する一般的な**データ駆動** (data-driven) 型の推論手続きであり，統語解析や文生成に限定されない．ここでデータ駆動というのは，入力データ（または入力データから派生したデータ）によって処理を起動する計算の制御法である．入力データがどのような順序や組合せで入ってくるかが予測しにくい場合にはプログラム（たとえば確定節プログラム）の中で計算の手順を予め定めておくのが難しいので，データ駆動型の方法が適してい

る．確定節文法に関する他の一般的な推論手続きとして，たとえば**アーリー演繹**(Earley deduction)がある(Pereira & Warren 1983)．これは振舞においては(LL)に近いが，データ駆動型ではなく，確定節の中での処理の順序を固定している点で柔軟性に欠ける．

　HPSGなどの制約に基づく文法理論や，最近の変形文法などの原理(principle)に基づく文法理論による統語解析を**制約**（または**原理**）**に基づく統語解析**(constraint-based parsing)と言う．制約に基づく統語解析では，入力記号列以外のものによる具現化が生じ，それらも入力として扱う必要がある．したがって入力の振舞を予測するのが難しいため，データ駆動型の色彩が強い計算を行なわざるを得ない．(LL)，(LR)，および(LC)に見られるように，データ駆動型の推論手続きは，作業の種類(統語解析や文生成)や知識の種類(文脈自由文法，TAG，HPSGなど)に依存しない一般的なものになる．したがって，制約に基づく統語解析は，文生成や意味処理を含む自然言語処理一般あるいは人工知能一般に自然に拡張されるはずのものである．たとえば次章で述べる文章生成では統語論以外の一般的な知識も使うが，そのような複雑な作業もやはり，データ駆動型の一般的な推論手続きによって行なえるだろう．このように統語解析や文生成のための特別な手続きがないという観点は，認知科学的にも興味深い．

　しかし，制約に基づく統語解析に関する従来の研究(Berwick et al. 1991; Merlo 1996)では，まだそのような一般的な推論手続きを用いるに至っていない．これまでに示したように(LC)はいくつかの望ましい性質を持っているが，まだ効率や柔軟性の上で不十分と考えられる．たとえば，(LL)も(LR)も(LC)も終端記号の情報を証明木の中で伝播させているが，それに限らない一般的な情報を伝播させる必要があるかもしれない．

第3章のまとめ

3.1 統語解析と文生成は，各統語構造(確定節文法の証明木)をどのような手順で作るかという観点，および，曖昧性をどのようにして扱うかという観点から分類することができる．各構造を作る主な手順としては，証明木の局所木を具現化する三つの条件(LL)，(LR)，(LC)から導かれる3通りがあり，曖昧性を扱

う主な方法には，後戻り型，並列型，決定性の三つがある．

3.2 統語解析においても文生成においても，(LL)および(LR)はそれぞれ下降型および上昇型の計算過程を導く．(LC)による統語解析は左隅型統語解析，文生成は意味主辞駆動生成である．

3.3 文脈自由文法や TAG に基づく統語解析は，入力が線形の列であり，証明木の中で新たに具現化可能になる部分が常に連結であるような計算過程である．そうした計算は，(LL)，(LR)，(LC)のいずれによる場合も，証明木の節点に当たるものを要素とするスタックの処理として定式化できる．

3.4 (LR)と(LC)では，作りかけの構造が一般には連結でない．無駄な計算を避けるには，それが完全な証明木に成長しうるものでなければならない．それは連結成分の間の隙間を埋める構造がありうるということであり，これをチェックするには隙間の構造をコンパイルしておく必要がある．

3.5 (LR)では隙間の形が複雑なので，そのコンパイレーションは，文脈自由文法の統語解析用でもかなり複雑なものになる．

3.6 (LC)の場合，各隙間は二つの節点で作りかけの構造と接する単純な形をしているので，動的なコンパイレーションも含めてコンパイレーションが比較的簡単にできる．それにより，統語解析においては到達可能性および最終呼び出し最適化，文生成においては意味主辞の検索が導かれる．

4
文生成とシステミック文法

4 文生成とシステミック文法

【本章の課題】

　言葉を生成することは言葉を理解することとどのように違うのだろうか．自然言語処理研究者の間では長い間，生成を理解の単なる逆の処理と見なす考え方が支配的であった．しかしながら，このような考え方は大きな誤りである．文を生成するコンピュータプログラムを構築するためには，まず文生成特有の問題をよく理解することから始め，問題に適したアプローチを選ぶことが必要であろう．本章では，主として工学的立場から文生成の問題にせまり，文生成プログラムの設計方法を具体例に基づいて考える．

　本章の内容は大きく二つに分かれる．前半の 4.1 節から 4.3 節では，文生成という問題の特質について論じる．我々が生成したいのは，脈絡のない単なる文の集まりではない．コミュニケーションの状況や前後の脈絡に合った文を生成することが目的である．これには，言語理解の場合とは異なり，「選択」という概念に基づいて言語知識を構成するアプローチが有効である．後半の 4.4 節から 4.8 節では，上述のアプローチの代表例としてシステミック文法をとりあげ，システミック文法の概要とシステミック文法に基づく文生成器の設計方法について述べる．

　言語の生成は，伝達内容を選ぶ作業と伝達内容に対応する言語表現を選ぶ作業からなる．これら 2 種類の作業は本来明確に切り分けられるものではないが，本章ではある特定の観点からの切り分け方を仮定し，後者の言語表現の選択に焦点を当てる．本章で述べる「文生成」は言語表現の選択の中心的な構成要素である．

4.1 文生成とは

文生成(sentence generation)とは，**コミュニケーションの意図**(communicative intention)に基づいて自然言語文を自動的に作り出す計算過程である．**文生成器**(sentence generator)は，伝達しようとする内容を入力として受け取り，それに対応する言語表現を出力として生成する．現在の文生成アプローチの多くは，論理形式(本叢書第4巻第2章参照)，あるいは何らかの知識表現言語(第4巻第4章，第1巻第3章参照)で表現された事実関係の集合を入力と仮定している．例として，次のような論理形式を考えよう．

$$\mathrm{on}'(x,y) \wedge \mathrm{book}'(x) \wedge \mathrm{red}'(x) \wedge \mathrm{table}'(y)$$

この入力から生成できるのは，"the red book is on the table"(赤い本が机の上にある)のような文である．

このような生成過程を考えるとき，何をもって最終的な出力とするかは比較的明らかである．まず，生成される文は文法的に適格でなければならない．それから，一つ一つの語についても適切に選択されたものでなければならない(第3巻参照)．したがって，文生成に必要な基本的資源は，統語解析(第8巻第3章参照)の場合と同様，文法と語彙だということになる．

初期の文生成器はこの二つの資源しか備えていなかった．そのため，これらの生成器は文法的に適格な文をランダムに生成することしかできなかった．コミュニケーションの意図が欠落していたためである．このような生成器では，文法の正しさを検証するといった目的にしか使えない．そこで，伝達すべき意味内容(meaning)を入力として受け取り，それを「カバーする」文を生成するプログラムがその後次第に作られるようになっていった．ただし，何をもって生成器の入力とするか，またその入力をどのように表現するべきかという問題は，現在もなお議論の分かれるところである．このことは，統語解析が文字列あるいは音素列という明確な入力を出発点としているのとまさに対照的である．

生成器への入力は何であってもよいわけではない．というのも，上の例のような単純な論理形式を入力に指定したとしても，それに対応する文は一つには決まらないからである．たとえば，文脈によっては，

The red book is on the table.

(赤い本が机の上にある．)

という代わりに，

It is the red book that is on the table.
(机の上にあるのは赤い本です．)

あるいは

The red book on the table.
(机の上にある赤い本)

や

The book on the table is red.
(机の上にある本は赤い．)

といった文の方が適切な場合があるかもしれない．

There is a book on the table. It is red.
(机の上に本がある．その本は赤い．)

のように，複数の文に分けて伝えることもできる．この問題，すなわち論理形式では出力文を一意に決めるのに十分な情報が与えられないという問題は**論理形式問題**(logical form problem)と呼ばれ，Shieber (1993, p. 188) や McDonald (1993) が有益な議論を展開している．適切な出力を選択するには，言語を語用論的あるいは機能的に分析するアプローチが必要である．この問題は後ほど再考する．

　文生成器への入力は最初，**意味ネットワーク**†(Simmons & Slocum 1972; Shapiro 1979) で与えられた．その後，知識の認知モデルの成果を取り入れたことで，「話題」または「焦点」(たとえば，ネットワークのどの部分に注意が向けられているか)，さらに「関心の範囲」(area of interest) といった情報が入力に加わるようになり，コミュニケーションの意図をより正確に指定できるようになった．焦点の指定や新情報/旧情報の区別が文生成に重要な役割を果たすことがわかってきたのである．

　以来，文生成は二つの方向に発展してきた．一つは，意味ネットワークを入力とする初期の実験を発展させる方向である．意味ネットワークを用いて情報システムの知識を記述し，何らかのコミュニケーション意図が与えられると，その知識に基づいて発話を生成する．このタイプの文生成は，**自然言語生成**(natural language generation)を構成する中心的要素になっている．自然言語

生成では，どうすればコンピュータの内部表現から質の高い**テクスト**(text)を生成するプログラムが作れるかが中心的な問題である．このような研究は，純粋な理論的研究(言語学，心理言語学)から実用的研究(たとえば，情報システム内部の情報をユーザに提示するインタフェースの開発)まで多岐にわたる．これらの中でもとくに言語学的研究では，文ではなくテクストに焦点を当てるのが支配的である．テクストは互いに関連のない文の集まりではなく，文どうしが相互につながりを持っている．そのようなテクストを生成するにはそれぞれの文をどのように作ればよいか，ということが最も重要な問題になっている．

もう一つの方向は，より最近になって始まった研究である．これは，生成過程を解析の観点から捉えるアプローチで，生成を統語解析の逆の過程と見なすものである．この場合，解析過程で出力される構造が生成器への入力になる．このアプローチにおける興味の対象は，統語解析の問題と同様，統語構造や処理の計算量的性質(たとえば，あらゆる入力に対して停止性が保証されるか，意味入力(semantic input)に相当しない文が生成されないことが保証されるか，入力の意味内容を過不足なく表現できるか)に集中する．最もよく知られており，また研究も進んでいるアルゴリズムとしては，**意味主辞駆動生成アルゴリズム**(semantic head-driven generation, Shieber et al. 1990)が挙げられる．この方向の研究では，意味(命題的内容を表現した入力)と言語表現の集合との対応関係をさらに洗練することが課題として残されている．言語学的関心がもっぱら文という文法単位に向けられている点が，第一の方向とは異なる点である．この方向の研究動向については van Nood & Neumann (1996)による概説がすでにあること，また以下で述べる生成特有の問題の多くがそれらの研究では取り上げられていないことから，本章では主として一つ目に挙げた研究の方向に焦点をしぼる．

自然言語生成の応用分野は現在もさまざまな方面に広がりを見せている．たとえば，気象データからの天候レポートの作成(Kittredge et al. 1986)，顧客の質問に対する応答の生成(Springer et al. 1991; Coch et al. 1995)などが挙げられる．これらは社会ですでに実用化されているものである．また，技術文書(Reiter et al. 1995; Rösner & Stede 1994 参照)やマニュアル(Not & Stock 1994; Paris et al. 1995 参照)，特許申請書(Sheremetyeva et al. 1996 参照)の自動生成，さらにはコンピュータとの協調的作業(Levine & Mellish

1994 参照)，患者の健康状態の報告・患者教育用テキスト(Cawsey et al. 1995; DiMarco et al. 1995 参照)や医療文書(Li et al. 1986)の作成，データベース(Androutsopoulos et al. 近刊，参照)や情報システム(Bateman & Teich 1995 参照)の自然言語インタフェースなどもすでに現実味を帯びた応用領域になっている．また，機械翻訳における生成の役割も次第に明らかになっている．統語的情報に頼ったトランスファ規則(本叢書第9巻第3章「機械翻訳」参照)を洗練するだけでなく，生成器の性能を向上させることによって翻訳の質を上げようとする考え方である(Whitelock 1992; Copestake et al. 1995 参照)．さらに，WWWのページの自動生成への需要が近い将来劇的に増えることは間違いない．ユーザの要求に応じてWWWから情報を収集し，文書を合成・整形してWWWのページを作成するサービスである．これについても，すでにいくつかのプロトタイプシステムが報告されている(Gruber et al. 1995; Milosavljevic & Dale 1996 参照)．

　自然言語処理研究者の間では長い間，生成を単なる理解の逆の処理と見なす考え方(たとえばEngelien & McBryde 1991, p.32)が支配的であった．しかしながら，このような考え方は大きな誤りである．多様で質の高いテキストを生成するためには，自然言語理解ではあまり関心が払われない問題に取り組まなければならない．また，生成には生成特有の需要があって，そのことが文生成器のアーキテクチャや特性に重要な影響を与えている．生成の目的自体を見直すことが，どのような文生成システムを作ればよいかを考える上で不可欠である．

　以上の点を考え合わせて，本章の内容を以下のように構成する．4.2節では，単なる文ではなく，テキストを生成する場合に，どんな問題を考慮しなければならないかを考える．4.3節では，それらの問題を扱うためには「選択」という概念に基づいて文法を構成することが有効であることを指摘する．このことは，本章のもう一つの中心的テーマである「システミック文法」の議論と密接に結びついている．システミック文法は文生成に適した特徴を備えており，生成用の文法としては他の言語学的アプローチに基づく文法より広く使われている．システミック文法については4.4節で詳述する．4.5節では，生成システムの入力について詳細に検討し，古典的な論理形式で表される単純な命題内容のほかに，どのような情報を入力として指定する必要があるかを考える．4.6

節ではシステミック文法を用いた生成システムを概観し，4.7 節ではシステミック文法の形式的記述，およびそれと「制約ベース」の文法記述方法（言語処理の分野で最も広く使われている文法記述方法，第 6 巻第 3 章参照）との関連について述べる．最後に 4.8 節で，文生成とシステミック文法の今後の方向性について概観する．

4.2 文からテクストへ

　文生成は，あらゆる自然言語生成システムの基本となる構成要素である．したがって，自然言語生成の中心的な問題がわかれば，文生成が満たすべき要件も自然に見えてくる．まずは，いくつかの例を通して，自然言語生成で何が中心的な問題になってきたかを見てみよう．

　最初に，(1) の二つのテクスト a, b を見てほしい．どちらのテクストも生成システム PAULINE (Hovy 1988) の出力である．これらのテクストを含めて PAULINE が生成するテクストはいずれも，仮想的なアメリカ予備選挙の結果を伝えるものである（詳細については Hovy (1987) を参照）．

(1) a. Carter and Kennedy were the candidates in a primary in Michigan on 20 February. Carter lost to Kennedy by 335 votes. At present, Kennedy has a better chance of getting the nomination than before. Carter is also closer to getting the nomination than before. Both Carter and Kennedy want to get the nomination.
（カーターとケネディはミシガン州の予備選挙の候補者だった．2 月 20 日のことだ．カーターはケネディに 335 票差で破れた．現在，ケネディがノミネートされるチャンスは前より拡大している．カーターのチャンスもやはり拡大している．もちろん，カーターもケネディもノミネートされたいと願う気持ちは同じだ．）

b. I am pleased to inform you that Carter has improved his chances of winning the nomination. At the present time, Carter has many more delegates than he had in the past; also, Carter has many more than Kennedy does.
（私は，カーター候補が党代表を勝ちとるチャンスを広げたことを

皆様にご報告申し上げられることをうれしく思います．現時点におきまして，カーター候補は，過去を上回る数の代表議員を獲得しております．カーター候補の獲得数はケネディの獲得数を上回るものであります．)

これら二つのテクストのもとになった入力のうち，知識表現言語で表される伝達内容はまったく同じものである．両者の違いは，生成されるテクストの**文脈**(訳注：ここで言っている「文脈」は一般に大域的文脈，談話状況などと呼ばれるものを指しており，テクスト中の特定の箇所から見た先行文脈あるいは局所的文脈とは異なる．以下「文脈」は一貫して大域的文脈を指す）を特徴づけるいくつかのパラメタの設定の仕方にある．テクスト(1a)では，話し手も聞き手も選挙結果について特に強い意見を持っているわけでなく，話し手は知りあいに話すときのように少しだけた言い方で事実を客観的に述べようとしている．これに対し，(1b)の方は，カーター候補に肩入れしている話し手が講演会のようなより形式張った状況で演説するときの原稿のように見える．話し手と聞き手の社会的距離は(1a)の場合に比べて(1b)の方が遠い．このような文脈の違いが表層の構文や単語の違い，さらにはテクストの伝達内容の違いとなって現れてくる点に注目してほしい．一対一に近い対応関係で論理形式を表層文に変換するだけの単純なアプローチでは，このような文脈依存的なテクスト生成は不可能である．

続いて，Penman テクスト生成システム(Mann & Matthiessen 1985)の出力例を見てみよう．この例では，デジタル回路設計のためのエキスパートシステム(Bateman & Paris 1989)の自然言語出力部として Penman を用いている．Penman はシステミック文法を用いた世界初の大規模汎用生成システムである．Penman については後ほど詳しく紹介する．

(2) a. The system is faulty, if there exists a O in the set of the output terminals of the system such that the expected value of the signal part of O does not equal the actual value of the signal part of O and for all I in the set of input terminals of the system, the expected value of the signal part of I equals the actual value of the signal part of I.

(システムは，シグナル部の期待された値が実際の値と等しくない

出力端子 O が出力端子集合のなかに存在し，かつ入力端子集合の任意の入力端子 I について I のシグナル部の期待された値が実際の値と等しいとき，不良である．)

b. The system is faulty, if all of the expected values of its input terminals equal their actual values and the expected value of one of its output terminals does not equal its actual value.
(システムは，入力端子の期待された値がすべて実際の値と等しく，出力端子の期待された値がどれか一つでも実際の値と等しくないとき，不良である．)

c. The system is faulty, if the inputs are fine and the output is wrong.
(システムは，入力が正常で出力が異常のとき，不良である．)

例(1)の場合と同様，どのテクストも同一の事実集合が入力になっている．個々の事実は，エキスパートシステムが推論に用いる述語論理のような形式で表現されている．これをもっとも忠実に言語化したテクストが(2a)である．Penman はこの事実集合から，与えられた文脈に応じて異なるテクストを生成することができる．(2a)は，エキスパートシステムの開発者(システムが用いている正確な内部表現に関心がある人)を読み手として想定したときのテクストである．一方，(2b)は，エキスパートシステムのユーザのなかでもある程度高度な知識を持つ人(デジタル回路の振る舞いには関心があるが，エキスパートシステム内部の詳細には関心がない人)向けのテクストであり，(2c)は，技術的なことに関心のないユーザ向けのテクストである．

テクストのタイプを特定し，さらに対象とする読者のタイプを特定したとしてもまだ，生成すべきテクストの候補は一つに絞ることができない．一つに絞るためには，もう一つの基準として，テクストを構成する文どうしがうまくつながりあっているかどうかを考える必要がある．テクストの展開の仕方がまずいと不自然に聞こえ，最悪の場合，意味をとることさえできなくなってしまう．例として，テクスト(3)を見てみよう (Halliday 1978, p. 134)．

(3) Now comes the president here. It's the window he's stepping through to wave to the crowd. On his victory his opponent congratulates him. What they are shaking now is hands. A speech is going to be made by him. 'Gentlemen and ladies. That you are confident in me honours

me. I shall, hereby pledge I, return this country into a place, in which what people do safely will be live, and the ones who grow up happily will be able to be their children. …

（今は大統領がここに現れます．群衆に手を振るために大統領がくぐっているのは窓です．彼の勝利については対抗者が彼を祝福しています．彼らが今しているのは握手です．スピーチが彼によって行われようとしています．「男性の皆さん，そして女性の皆さん．あなた方が私の勝利を信じてくださったことは光栄に思います．私はやりとげます．ここでは私が誓います．この国を，人々が安全にできることが生活することであるような場所，そして幸せに成長する人々が彼らの子供たちになれる場所に戻します．…）

このテクストは，それぞれの文がどれも前後とのつながり方に関する誤り，すなわち「テクスト的な」(textual)誤りを最低一つおかしており，結果として非常にまずいものになっている．おそらく，どんなネイティブの英語話者も受け入れまい．ただし，ここで注意しなければならないのは，テクスト中のどの文をとってみても文法的には誤りがないことである．どの文もある特定の文脈では適格だと判断されるはずなので，生成システムの文法はこれらすべてをカバーする必要がある．とすれば，問題は，文法的に正しい選択肢がいくつもある場合に，その中からどのようにして適切なものを選ぶかということになる．

(3)に見られる典型的な誤りの一つに，要素の並び方の順序に関するものがある．英語では，多くの言語と同様，テクスト的な重要性を要素の順序によって表すことがある．この意味で，"Now comes the President here" では時間情報である "now" を文頭に配置することによって強調しているので不適当である．テクスト的文脈を考えると，"now" は最後に置くのが自然であろう．"On his victory" も同様の理由で不自然である．能動態／受動態の選択のような，焦点に関連する構文選択の誤りも典型的なテクスト的誤りである．例文中の "A speech is going to be made by him" の受動態は，この文脈で使う理由が見当たらない．また，"What they are shaking now …"，"in which what people do safely"，"That you are confident in me …" などに見られる外置形も，同様に不自然である．このようなタイプの誤りがあると，テクストの自然さは著しく損なわれる．

上の三つの例から，自然言語生成研究における中心的ゴールの一つが見えてくる．そのゴールとは，「どのような点に注意すると，適切な言語表現を選択することができるのか」を明らかにすることである．自然言語生成の研究者たちは，何らかのテクストを単純に生成するだけでは十分だと考えていない．彼らが目指すのは，与えられた文脈に最も合ったテクストを生成することなのである．以上から，テクスト生成が満たすべき要件として次の2点を挙げることができる．

(i) 語句の選択や表現スタイルにテクスト的な一貫性がなければならない．たとえば，一般的な単語から突然特殊な専門用語に変わったり，丁寧な言葉遣いから突然ぞんざいな言葉遣いに変わったりするテクストを生成してはいけない．

(ii) 単に文をつなげるのではなく，結束性のあるテクストを構成するように，慎重に構文を選択しなければならない．テクスト中の個々の文（あるいは節，句）は読み手/聞き手の知識状態を変化させる．後続の文は，この知識状態とどのような関係にあるかを，代名詞，省略，焦点化構造などを利用して明示する．また，知識状態を変化させる場合には，moreover, but, in contrast といった接続表現を使うことでどのような変化であるかを明示する．これらの選択が適切に行われて初めて，文の集まりはテクストになるのである．

　このように我々が扱うべき問題は，単に論理形式から表層の文字列へのマッピングとして片づけられるものではない．自然言語生成は，単なる構文解析と逆方向の処理ではないのである．まず，適切な論理形式を選択する必要がある．それから，さらに付加的な情報，すなわちテクスト的情報を考慮してこれを自然なテクストに変換しなければならない．言語には，文脈に合ったテクストを作るための多様な選択肢が用意されている．自然言語生成システムは，これらの資源を文脈に応じてうまく活用できなければならない．これに対し，自然言語理解では目的が異なる．互いに異なる表現でも，それが同じ論理形式から産出されたと考えられる場合には同じ意味を持つと考えるのが普通である．つまり，自然言語理解の場合は，できるだけ標準化した意味を取り出そうとする．たとえば，テクスト(3)の不自然さは自然言語理解ではあまり問題にならない．テクストが伝えようとする論理形式が抽出できれば目的を達したことになるか

らである．ところが，生成の場合はそうはいかない．生成システムが(3)を生成したとすれば，それは生成システムとして失格である．

4.3 「機能的に動機づけられた選択過程」としての生成

4.1節で述べたように，自然言語生成と自然言語理解とでは扱う問題がかなり違う．このことは文生成器の設計に大きな影響を与えてきた．文生成器は，構文解析器とはかなり違った作業をしなければならないのである．この点について詳しく見ることにしよう．まずは，生成の作業とはいったい何なのか，また何が問題なのかをもう少し詳しく検討する．

生成という作業は図4.1のように図式化することができる．図の左側にある各節点は意味を表す概念である．これらは，人工知能や知識ベースシステム(Patil et al. 1992; Bateman 1992参照)によく見られるオントロジ[†](訳注: 意味あるいは概念の体系)の上の方に位置する概念である．図の右側には，これらの概念に対する言語表現の候補が並んでいる．ここでは言語表現の候補を，主辞駆動句構造文法(head-driven phrase structure grammar, HPSG, Pollard & Sag 1987, 1994)などに見られる**下位範疇化**(subcategorization)にならって分類してある．このように図式化すると，文生成器を構築する作業は意味と言

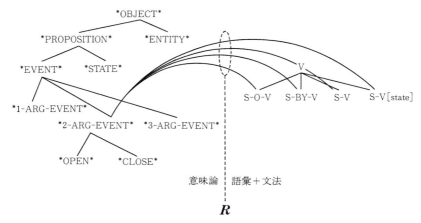

図 4.1 意味から言語表現への写像関係(Emele et al. 1992 より)

語表現の間の関係 R を決定し，計算工学的にこれを具体化することであると言うことができる．

　まず，与えられた概念とそれを表すあらゆる自然言語文の対応づけを考えるという最も単純なアプローチが考えられる．その場合，意味から表層文字列への写像関係は対応関係の選言として表されることになる．たとえば，(4a) の意味は (4b) の言語表現の選言と対応づけることができる．指定された意味からそれに対応する文を非決定的に一つ生成する「ランダム生成」を実現するには，これで十分かもしれない．

(4)　a. sem: $\begin{bmatrix} \text{process:} & \text{*OPEN*} \\ \text{actor:} & \text{*SPEAKER*} \\ \text{affected:} & \text{*WINDOW*} \end{bmatrix}$

　　b. [$_\text{S-O-V}$ "I opened the window"]

　　　∨ [$_\text{S-BY-V}$ "The window was opened by me"]

　　　∨ [$_\text{S-V}$ "The window was opened"]

　　　∨ [$_{\text{S-V[state]}}$ "The window was open"]

　(4) の対応関係は，OPEN の上位概念 2-ARG-EVENT から下位範疇化タイプへの対応関係に一般化することもできる（図 4.1 参照）．しかし，それでもまだ文生成には十分でない．これだけの知識では，テクストのタイプや文脈に応じて候補の中から適切な文を選び出すことができないからである．

　そこで，(4) のような単純な選言的対応関係に何か別の情報を追加することによって生成プロセスを拡張することが必要になる．ここではとくに，個々の構文によって達成される**コミュニケーションの機能** (communicative function) という観点から対応関係の構造化を考える．まず，(5) のような簡単なコミュニケーション機能の分類を考えてみよう．

(5)　i　平叙/疑問/命令

　　　　例: the window is open　is the window open?　open the window!

　　 ii　肯定/否定

　　　　例: the window is open　the window is not open

　　iii　無評価/評価 (evaluation)

　　　　例: the window is open　the window might be open

　　 iv　1 項関係/2 項関係

　　　　例：the window was open　I opened the window
　v　作用性(agency)を持つ2項関係/作用性を持たない2項関係
　　　　例：I opened the window　the window was opened
　vi　作用主(agent)を前景化(forgrounding)/背景化(backgrounding)
　　　　例：I opened the window　the window was opened by me
　vii　被作用主を前景化/被作用主を前景化しない
　　　　例：the window I opened　I opened the window

(5)のように分類することによって，意味から文法的選択肢への対応関係は少し自然なものになる．「どんな文法的構造を使うべきか」といった言語表現に関する選択を文生成の外側にある情報システムに要求するのは難しいが，「ある事柄を言明すべきか質問すべきか」といったコミュニケーション機能に関する選択であれば，情報システムにも判断することができる．(訳注：本章では，与えられた伝達内容に対応する言語表現を選択する作業を文生成器の仕事と仮定している．したがって伝達内容の生成は文生成器の外部のシステムが行う．ここで言う「情報システム」はこの外部システムを指している．)(5)の分類によれば，(4)に示した 2-ARG-EVENT から四つの構文への対応関係は，個々の意味要素(ここでは「話し手」(I)と「窓」(window))を前景化するか背景化するかといった付加的な情報で区別することができる．

　上の議論は，「情報システム」を「テクストプランニング」(text planning)に置き換えても同様に成り立つ．テクストプランニングは，文生成の前に行われる処理で，テクストの意味内容(これをテクストプランと呼ぶ)を表す中間表現を生成する．このテクストプランニングの過程でも，(5)のようなコミュニケーションの機能(あるいはコミュニケーションの意図)に関する選択を行うのが普通で，構文選択に関与することはあまりない．

　これまで区別できなかった選択肢の多くは，上のように機能面からラベルづけすることによって区別可能になった．しかしながら，重要な問題がまだいくつか残っている．たとえば，「作用性」，「前景化」，「背景化」，「評価」などのカテゴリはもっと精密に定義できないだろうか．精密な定義は計算工学的見地からはとくに重要である．また，もっと別の観点から選択肢を分類することの可能性も問題として残る．これらの問題が示すように，選択肢をラベルづけすること自体はそれほど大した進歩とは言えない．むしろ，ラベルづけによって

浮き彫りになったこれらの新たな問題の究明こそが，文生成にとって重要な意味を持つ．これらは，言語理解のアプローチと一線を画すものであり，文生成アルゴリズムやそこで利用する資源の構成方法を大きく左右するからである．

　代表的な問題を二つ取り上げよう．第一に，(5) の分類で，各機能的選択の間に依存関係があることに注意したい（このような依存関係はどんな言語にも見られる）．すべての選択を対等に考えるわけにはいかない例を見てみよう．「評価」("the window might be open")，「平叙」("the window is open")，「作用主の背景化」("the window was opened") は，いずれも「命令」("open the window!") とは両立しない．「命令」を選択する場合は，「前景化/背景化」といった一部の選択肢を選ばないことが前提になる．選択肢を機能的観点から構成しておくことは，このように探索空間を効率的にしぼりこむ効果がある．このアプローチは，次節で紹介するシステミック文法で実際に採用されている．

　第二に，選択肢の分類の仕方は (5) のような機能的分類のほかにも考えられる．たとえば，言語理解研究のアプローチに従うと，必然的に構造的観点からの分類になるだろう．言語理解の研究者は統語構造の違いに焦点を当てる傾向があるためである．例として図 4.2 を見てみよう．図 4.2 は，種々の構造的アプローチがそれぞれ英語の「能動/受動」の交替をどのように記述するかを示している．いずれの記述も，まずは能動文と受動文の統語構造の違いに焦点を当てて「受動」を取り扱っている．唯一 HPSG だけは，文の意味に明示的に言及しているが，受動化しても文の意味は変わらないと説明しているだけで，能動/受動の意味の違いは無視している．ここでもやはり意味を標準化しているのである．このように言語理解の分野では，能動文と受動文をどのように使い分ければよいのか，コミュニケーション上の効果ではそれぞれどのような違いがあるのかといった，生成にとってきわめて重要な問題への関心が薄い．

　このような背景から自然言語生成の研究者たちは，解析指向とは違う伝統を持った言語学に接近し，その成果や方法論を利用してきた．アメリカの言語学に支配的な構造主義的・生成文法的パラダイムに対するのと同様，あるいはそれ以上に，テクスト言語学や機能言語学といった広い意味の機能主義的言語学パラダイムに注目してきたのである．機能主義的パラダイムでは，社会的・心理的要因と言語の関係に基づいて言語の構造を考えようとする．つまり，言語が持つ表現の一つ一つについて，その使用条件を社会的・心理的側面から究明

変形文法 Transformational Grammar：受動変形

$$\text{SD}: \quad \text{NP}, \quad [+\text{V}, +\text{AUX}], \quad [+\text{V}, -\text{AUX}], \quad \text{NP}$$
$$\qquad\quad 1 \qquad\qquad 2 \qquad\qquad\qquad 3 \qquad\qquad 4$$
$$\text{SC}: \quad 4 \qquad\qquad 2 \quad \text{BE+EN} \qquad 3 \qquad \text{BY } 1$$

GPSG：受動化メタ規則

$$\text{VP} \to W, \text{NP}$$
$$\Downarrow$$
$$\text{VP}[\text{PAS}] \to W, (\text{PP}[by])$$

LFG：受動化

語彙形式上の操作： $(\text{SUBJ}) \mapsto \phi/(\text{BY OBJ})$
$\qquad\qquad\qquad\quad (\text{OBJ}) \mapsto (\text{SUBJ})$

形態的変化： $V \mapsto V_{[\text{Part}]}$

HPSG：受動

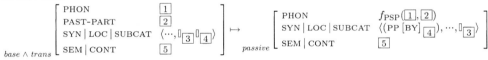

図 4.2 構造主義的アプローチは能動態と受動態のパラディグマティックな関係をどのように説明しているか
(GPSG は Gazdar et al. 1985, p. 59 より，LFG は Bresnan 1982, p. 20 より，HPSG は Pollard & Sag 1987, p. 215 より)

することが主要な目的の一つなのである．これはまさに，文脈に応じて適切な文を生成することが要求される文生成器に必要な知識である．ただし，このパラダイムでは，広範な範囲で活発な研究活動が続けられているものの，形式性や工学的応用に対する配慮が往々にして欠落しているという問題もある．コンピュータによる文生成を実現するためには，言語を機能的観点から記述するというだけでは不十分である．その記述がそのままコンピュータに載るくらいに精密なものでなければならない．機能主義的パラダイムであればどんなアプローチでもよいというわけではないのである．

4.4 選択肢の記述: システミック文法

言語の機能的説明のうち，多くの文生成器に応用されてきたのが**システミック機能言語学**(systemic-functional linguistics，以下，簡単にシステミック言語学)に基づく説明である．システミック言語学の分野で発展してきた**システミック機能文法**(systemic-functional grammar，訳注: 体系機能文法，あるいは選択体系機能文法とも訳される．以下，システミック文法)の理論は，前節で述べたような選択肢間の関係に焦点を当てるとともに，工学的形式性の要件も十分に満たしている．システミック文法は，イギリスの M. A. Halliday が 1960 年代に発展させたものである．言語に対する人類学的アプローチ(たとえば Malinowski 1923)および社会学的アプローチ(たとえば Firth 1957, 1935)の流れをくむとともに，ヨーロッパ機能言語学(とくにプラーグ学派とその先駆者たち(たとえば Bühler 1934))の流れも引いており，上のような特徴もこれらの思想の影響を強く受けた結果である．

言語学では，言語の記述を構成する軸をパラディグマティックな軸とシンタグマティックな軸に区別してきた(de Saussure 1959, 1915; Halliday 1963 参照)．システミック文法はこの区別をもっとも重要な基盤と位置づけ，その考え方をさらに押し進めたものである．**パラディグマティックな関係**(paradigmatic relationship)とは，言語がもつ選択肢間の関係を指す．たとえば，(5)や図 4.2 に示した選択肢は互いにパラディグマティックな関係にある．

一方，**シンタグマティックな関係**(syntagmatic relationship)は，一つの表現の内部の構成素間の関係を指す．構造的アプローチでは，個々の選択肢のシンタグマティックな側面をもっとも重要だと考える．そのため，図 4.2 の記述はどれも構造的な違いの記述に焦点が当てられている．これに対し，システミック文法のような機能的アプローチではパラディグマティックな記述が中心になる．とくに，(5)に挙げたような選択肢の機能的側面が関心の中心である．このことが，自然言語生成システムを構築する際に，あるいは意味と表現の対応関係を形式化する際にきわめて重要な役割を果たしている．

構造的アプローチとの違いは次のように捉えることもできる．構造的アプローチでは「どのような統語構造が許されるか」に関する制約を記述するのに対

し，システミック文法では「その統語構造を使って話し手が達成できることは何か」という観点から言語を記述する．言語を様々な目的を達成するための資源と見なす考え方がシステミック文法の根底にある．この考え方は，「話し手」を「生成システム」に置き換えても同様に成り立つ．

　システミック文法の最も重要な特徴は，**選択**(choice)という概念に基づいて構成されていることである．そこでは，すべての文法的バリエーションが(5)に示したような文法的選択肢間の抽象的な選択として捉えられる．このことは，音韻層，文法層，意味層など，すべての層に共通する．これらの資源を表現するのがシステムネットワーク(system network)である．以下，まずシステムネットワークから詳しく述べることにする．

(a)　システムネットワーク

　システムネットワークは，ラベルつきアークと，選択点を表す節点からなる有向グラフである．節点で表された選択点の一つ一つを**システム**と呼ぶ(システミックという名称はこのシステムという語に由来している)．図4.3は，英語の文法を表すシステムネットワークの一部である．このサブネットワークは八つのシステムで構成されている．個々のシステムの名称は大文字で示してある．

　各システムから外向きに出るラベルつきアークはそのシステムの**出力素性**(output feature)を表す．どのシステムも二つ以上の出力素性をもち，その一つ一つが「最小単位の機能的選択」を表している．たとえば，(5)に挙げた選択の一つ一つがシステミック文法では一つのシステムとして表される．図ではこれらの出力素性を小文字で表している．たとえば，PROCESS TYPE システムは，mental, verbal, relational, material という四つの出力素性を選択肢に持つ選択点である．これは，これら四つのクラスが機能的に異なっていること，さらにはそれぞれのクラスが統語的に異なった振る舞いをする言語表現に対応づけられることを意味している．この分析の妥当性については，C. M. Matthiessen が大規模な調査をしている(Matthiessen 1995b)．

　各システムに入るアークは，そのシステムの**入力条件**(entry condition)，つまりどのようなパラディグマティックな文脈が成り立つときにそのシステム(あるいは，そのシステムが表す選択)が意味を持つかを表している．入力条件は他のシステムの出力素性の選言や連言で表現する．ただし，通常は否定は用

4.4 選択肢の記述: システミック文法

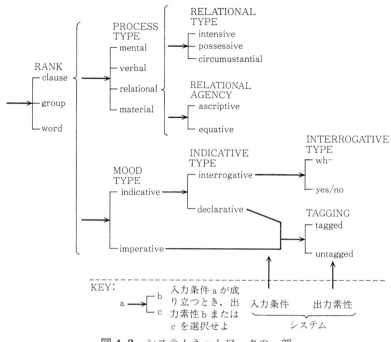

図 4.3 システムネットワークの一部

いず，一般にはアークは循環しないものと仮定する．個々のシステムは，「A というタイプの言語単位は，A の機能的サブタイプ X であるか，A の機能的サブタイプ Y であるか，…，A の機能的サブタイプ Z のいずれかである」という形の対立軸を表すものであった．システムネットワークは，システムどうしをその間に成り立つ依存関係に基づいて部分的に順序づけている．このように言語記述を構成することによって，言語がどのような選択肢をもち，それぞれの選択肢がどのような言語表現に対応するかを明示することができる．また，システムネットワークを見れば，すでに決定した選択(つまり，パラディグマティックな文脈)に応じて次に行うべき選択を特定することもできる．たとえば，図 4.3 の素性 clause は PROCESS TYPE システムの入力条件になっている．これの意味するところは，PROCESS TYPE システムにおける機能的選択が clause のサブタイプの弁別に必須であること，つまり，素性 clause を持つ言語単位を生成するとき，mental/verbal/relational/material の選択も必ず

行わなければならないということである．

　入力条件は複数の素性の選言で表されることもある．図中の TAGGING シ
ステムの入力条件はその例で，declarative（平叙）か imperative（命令）が選択さ
れたときにのみ tagged（付加疑問）か untagged（付加疑問でない）かの選択が意
味を持つことを表している．たとえば，interrogative（疑問）が選択された場合
は，TAGGING システムの選択は行わない．英語の場合，これらの素性は(6a)
から(6d)に例示した4通りの組み合わせしか許されない．それ以外の組み合わ
せでは，(6e)のような非文を生成してしまう．

(6)　a. You are going. 　　　　　　　　{declarative, untagged}
　　　b. You are going, aren't you? 　　 {declarative, tagged}
　　　c. Go away! 　　　　　　　　　　{imperative, untagged}
　　　d. Go away, will you? 　　　　　　{imperative, tagged}
　　　e.* Are you going, aren't you? 　　{interrogative}, {tagged}

　いくつかのシステムが同じパラディグマティックな文脈の中で有効になる場
合，それらのシステムは共通の入力条件を持つことになる．このようなシステ
ムを互いに**同時的**(simultaneous)であると言う．図4.3ではPROCESS TYPE
システムとMOOD TYPEシステムが共通の入力条件 clause を持っているの
で同時的である．つまり，ある言語単位が素性 clause を持つとき，PROCESS
TYPE（どんな意味的タイプのイベントについて語るのか）とMOOD TYPE
（平叙か疑問か命令か）の両方の選択を並行して行わなければならない．同様
に，RELATION TYPEシステムとRELATION AGENCYシステムも同時的
である．このように，システム間のアークは，一般から特殊へ向かう精密度
(delicacy)に関する部分的な順序関係を表しているのである．

　システムネットワークはさらに，メタ機能(Halliday 1978)と呼ばれる，シス
テミック文法の中心的な概念に基づいて構成される．**メタ機能**(metafunction)
は，文法を意味的な三つの領域に分割するもので，言語学的，あるいは計算工
学的立場から資源の開発・保守に有効な概念である．一つ目の領域は，命題内
容の表現に関する領域で，システミック言語学では**観念的メタ機能**(ideational
metafunction)と呼ばれる．二つ目の領域は，質問/命令，丁寧さや親しさ，意
見の表明など，話し手と聞き手のインタラクションに関するもので，**対人的
メタ機能**(interpersonal metafunction)と呼ばれる．三つ目は，照応，焦点，省

4.4 選択肢の記述:システミック文法

略など,言語のテクスト構造に関連する領域で,**テクスト的メタ機能**(textual metafunction)と呼ばれる.システムネットワークでは,これら三つのメタ機能を対等に扱う.つまり,代名詞か完全名詞句かの選択も,能動か受動かの選択も,付加疑問にするかしないかの選択も,平叙か質問かの選択も,同じように機能的選択と見なすのである.

三つのメタ機能的領域は,同時的な入力条件を介して相互につながっている.すなわち一般に,観念的メタ機能の領域に属するシステム,対人的メタ機能の領域に属するシステム,テクスト的メタ機能の領域に属するシステムは互いに同時的な関係にある.たとえば,対人的メタ機能に属する MOOD TYPE システムやその下位システム(INDICATIVE TYPE システムや TAGGING システムなど)は談話的なインタラクションに関連する選択を表している.一方,観念的メタ機能に属する PROCESS TYPE システムとその下位システムは経験(experience)の分類を表している.これは,イベントのタイプ(プロセスタイプ)やイベントの関与者(動作主や動作対象など)に基づくイベントの分類である.言語表現を決めるためには,MOOD TYPE システムと PROCESS TYPE システムのそれぞれから素性を選択しなければならない.しかも,それらの素性選択は互いにかなり独立に行われる.この意味で,MOOD TYPE システムと PROCESS TYPE システムは同時的である.このように,対人的メタ機能に関する機能の対立と観念的メタ機能に関する機能の対立は同時的であり,互いに直交している.

三つのメタ機能の同時性は,「言語表現の決定には,三つのメタ機能のうち,どの領域に属する選択も欠かすことができない」というシステミック文法の理論的主張に基づいている.これについて Halliday は次のように述べている.

> 「いかなる目的で言語を使用する場合でも,我々は自分たちの個々の経験がどのカテゴリに属するかを指定しなければならないし,与えられた対人的状況の中で何らかの役割を演じなければならないし,それらをテクストの形に体現しなければならない.」(Halliday 1974, p.49)

このように,他の言語理論では仮にあったとしても理解/生成の文法的処理の前処理かあるいは後処理として扱われるような多くの情報を,システミック文法では(機能的な)文法的現象として扱うのである.

このことは文生成にとって非常に都合がよい.たとえば,文(7a)と(7b)の対

立は，システミック文法によると，一つのテクスト的素性の選択として表現される．すなわち，時間を表す構成素が同時に，テクスト的役割「主題」(theme)としても機能するかどうかの選択である．このようにシステミック文法では，命題内容についての観念的対立に偏った伝統的文法記述とは異なり，テクスト的対立も観念的対立と同じように扱っている．このため，文生成を行う際には，テクスト的メタ機能の選択も観念的メタ機能の選択と同じように制御することができるのである．

(7) a. He went to London in June.　{unmarked-subject-theme}
　　b. In June he went to London.　{marked-theme, temporal-theme}

異なるメタ機能に属するサブネットワークが互いに同時的であるということは，それぞれのメタ機能に関する文法的素性が互いに独立であることを意味する．たとえば，文(7b)は対人的素性 declarative(INDICATIVE TYPE システム)と観念的素性 material(PROCESS TYPE システム)を持つが，これらの素性は互いに独立に他の素性に置き換えることができ，(8)のように様々な文を作ることができる．

(8) a. In June did he go to London?　{marked-theme, temporal-theme, interrogative}
　　b. In June he was in London.　{marked-theme, temporal-theme, relational}
　　c. In June was he in London?　{marked-theme, temporal-theme, interrogative, relational}

このように，システミック文法では，別々のメタ機能に関する記述をそれぞれ独立に行えることが保証されている．つまり，別々のメタ機能領域から選択してきた素性の組み合わせがパラディグマティックな整合性を持つ(すなわち，システムネットワークが表す素性間の共存/排他関係と無矛盾である)と同時に，シンタグマティックな整合性も持つ(すなわち，表出制約(次項参照)によって与えられる統語的制約と無矛盾である)ことが保証されているのである．

メタ機能は，文法をいくつかの異なる機能的領域に分割する役割も果たしている．同じ領域に属する各システムは強い依存関係で結びついているが，領域をまたがるシステム間の依存関係は弱い．つまり，メタ機能間のモジュール性が高いということである．このことは，文法の設計，開発，保守を容易にする．

モジュール性は生成文法(広い意味での構造主義的文法)でも採り入れられているが，当然，機能主義とは違う原理に立っているのでモジュールへの切り分け方も違ったものになる(第6巻第3章参照)．システミック文法では，一つの言語現象をいくつかのメタ機能にまたがって分散的に記述する場合もある．メタ機能に基づいて文法を構成することが文生成にとってどのように有益なのかについては，後でさらに詳しく論じる．

(b) 言語構造の指定

シ ステミック文法では，文法的素性は機能を表すのであって，言語構造を直接的に指定するわけではない．システムネットワークそのものは純粋にパラディグマティックな文法であって，言語単位のタイプ(訳注: clause, group など．図4.3の RANK システム参照)ごとにどの文法的素性とどの文法的素性の組み合わせが可能かを表現したものにすぎない．たとえば，図4.3のネットワークは，節によって表出されるプロセスのタイプに関する最低限の機能的選択を表しているだけで，それがどのような構造として表出されるかについては何も述べていないのである．選択された機能(文法的素性)を言語表現として表出するには，文法的素性と統語構造の対応関係を記述しておかなければならない．このシンタグマティックな指定は，個々の文法的素性に**表出制約**(realization statement)と呼ばれる命令を結びつけておくことによって行われる．シンタグマティックな表出は，つねに特定のパラディグマティックな文脈に対応づけられているのである．このように機能とその表出方法を明確に分離して記述しておくことは，とくに多言語生成にとって都合がよい．これについては後ほど簡単に触れる．

シンタグマティックな構造は，`Subject, Finite, Locative, Goal` といった**ミクロ機能**(micro-function)を持つ構成素の列で表される．この点で，構造に対するシステミック文法のアプローチは LFG (lexical-functional grammar, 語彙機能文法，第5巻第3章参照)のアプローチに近い．ただし，システミック文法のミクロ機能は，その数やカバーする範囲という点で LFG のものより発達していると言ってよいだろう．というのも，システミック文法では機能を表すラベル(すなわちミクロ機能)だけを使って構造を完全に指定しようとするが，LFG では機能的記述(f-構造)のほかに，機能とは関係のない統語的構成素

(c-構造)を使って構造を指定するためである．

　ミクロ機能は二つの重要な作業を容易にする．一つは構造の各レベルにおける構成素間の順序関係を正しく指定する作業，もう一つは下位構成素に適当な制約を与える作業である．例として，次の文の機能的構造を図4.4に示す（図は説明のため簡略化してある）．

　　In this job, Anne, we're working with silver.

必要な情報の多くがミクロ機能のラベルに符号化されているので，構造はたいてい図のようにフラットなものになる．このことは，Xバー理論のような純粋な構造主義的アプローチに比べて細かいラベルづけを採用する場合に共通して見られる．

In this job		Anne	we're		working with silver	
Theme			Rheme			
		Vocative	Mood		Residue	
			Subject	Finite		
Locative			Actor	Process		Manner

図 4.4　機能的構文構造の例(Halliday (1985), p. 348 の例を簡略化)

　システミック文法では，シンタグマティックな構成素もメタ機能ごとに別々にラベルづけする．そうすることによって，メタ機能ごとに違った観点から構成素に対する制約を記述できるようになる．

　図4.4に示した構造の一番上の層は，テクスト的メタ機能の層で，Theme(主題)と Rheme(陳述)というミクロ機能から構成されている．Theme は，Hallidayの言葉で言えば節の「出発点」を標示するもので，Rheme 部を解釈するためのテクスト的な状況を与える．

　2番目の層は，対人的メタ機能の層で，命題内容に対する話し手の態度を表現する構成素からなっている．Vocative(呼格)はそのような対人的構成素の一つで，発話の聞き手を明示する機能を持っている．図4.4は，"Anne" が Vocative であると同時に Theme でもあることを示している．一方，Mood とラベルづけられた構成素は，さらに二つの下位構成素 Subject と Finite からなる．この例で Mood は，この節が事実に対する肯定的な陳述であることを標示

するとともに，陳述の主人公を "we" と名づけるという役割を果たしている．

3番目の層は命題内容を表す観念的メタ機能の層で，命題を構成する事態のプロセス (Process)，事態の関与者 (この例では Actor)，事態状況 (Locative と Manner) から構成される．（訳注：関与者 (participant) は行為者 (Actor) や行為対象 (Goal) など，事態を構成する実体のうち必須のものを指す．一方，状況 (circumstance) は事態の時間 (Time) や場所 (Locative) など，言語的には必須でないものを指す．）ここでも，Locative とラベルづけされた構成素 "In this job" が同時にテクスト的なミクロ機能 Theme としても機能していることに注意したい．また，Actor も対人的なミクロ機能 Subject と同一の構成素 "we" によって実現されている．

一般に，個々の構成素はそれぞれ複数のミクロ機能を実現することができる．一つの構成素がいくつかのミクロ機能を同時に実現することをミクロ機能の**融合** (conflate) あるいは**統合** (unify) と言う．これによって，いったんメタ機能ごとに分割した記述を統合しなおすことができ，また個々の構成素が複数のメタ機能にまたがって全体としてどのような文法的機能を果たすかを明示することができる．

図 4.4 のようなシンタグマティックな構造は表出制約によって形成される．システムネットワーク中の素性はそれぞれいくつかの表出制約を持っていて，これによって機能と構造の対応関係，つまり機能的選択の一つ一つがどのような構造的違いとなって表層に現れるかを規定することができる．たとえば，INTERROGATIVE TYPE システムで yes/no (yes/no 疑問) を選択すると，Finite が Subject の左に配置される．(8a) の例で言うと，Finite である 'did' が Subject である 'he' の左に来ている．一方，日本語の場合は，yes/no を選択すると，節の最後に助詞「か」が付加されることになる．英語の表出制約の例は図 4.5 を参照されたい．

システムネットワークの文法的素性は，それ以上小さく分解できないプリミティブな文法的対立点を表すものであった．同様に，個々の表出制約もシンタグマティックな構造に対するプリミティブな制約を表している．構造的アプローチにも文法を ID (immediate dominance) 規則と LP (linear precedence) 規則[†]に分割して記述する方法があるが，表出制約のタイプもこの分割の仕方と似たものになっている．標準的なシステミック文法で用いる表出制約は次の 3

種類である(ただし,括弧内は図 4.4 の構造を生成するのに適用される制約の例).

(ⅰ) 下位構成素を新たに加えたり,それらの間の支配関係を指定する表出制約

　insert　下位構成素を新たに加える([insert Subject])

　conflate　二つのミクロ機能を融合し,一つの構成素で実現する

　　　　　　([conflate Subject Actor])

　expand　下位構成素の内部構造を指定する([expand Mood Subject])

(ⅱ) 下位構成素間の順序関係を指定する表出制約

　order　二つのメタ機能間の相対的な順序を指定する

　　　　　　([order Subject Finite])

(ⅲ) 下位構成素の属性を指定する表出制約

　preselect　下位構成素の文法的素性を指定する.これを事前選択という

　　　　　　([preselect Actor nominal-group], [preselect Manner prepositional-phrase].

　　　　　　ただし,これらの例は図 4.4 には現れていない)

　表出制約はそれぞれ,システムネットワーク中の特定の文法的素性と結びついているため,その素性が選択されたとき以外は適用されない.したがって,図 4.4 の例で言えば,「手段」を表現する必要があるとわかったときにだけ,Manner(手段)とラベルづけされた構成素を挿入することが許される.また,Manner が特定の意味タイプを持つことがわかってはじめて,Manner に対し prepositional-phrase という素性を事前選択することができる.同様に,Locative(場所)を節の主題にすることがわかったときにだけ,Locative と Theme を融合し,節の先頭に配置することができる.このように,個々の構造的制約は特定の機能が選択されたときにだけ適用されるのである.表出制約の理論的考察については Matthiessen(1985)を参照されたい.

(c) 選択器・問い合わせ意味論

　システムネットワークは,言語が持つ**機能の潜在的可能性**(functional potential),すなわち言語が話し手に提供する機能にはどのようなタイプのものがあるかを表現する.一方,表出制約は,そのようなコミュニケーションの機能(す

なわち文法的素性)から統語構造への対応関係を与えるものである．文生成器を構築するには，システムネットワークと表出制約に加えてさらに，実際に文法的素性を選択するための機構を用意しなければならない．たとえば，indicative (直説) か imperative (命令) かという選択点があることを記述するだけでは不十分で，どのような場合に indicative を選択し，どのような場合に imperative を選択すべきかを指定しておく必要がある．

システミック文法を実装する際，文法的素性の選択条件の指定方法には少なくとも次の4通りがある．

(ⅰ) **選択器・問い合わせ意味論** (chooser and inquiry semantics) による素性選択 (Penman システム (Mann 1985))

(ⅱ) **レジスタ駆動型意味論** (register-driven semantics) による素性選択 (SLANG システム (Patten 1988))

(ⅲ) **確率的重みづけ** (probablistic weightings) による素性選択 (Fawcett & Tucker 1990)

(ⅳ) **制約関係** (constraint relation) による素性選択 (Bateman et al. 1992; O'Donnell 1994 参照)

ここでは，これまで最も広く使われてきた Penman システムのアプローチである選択器・問い合わせ意味論に焦点を当てる．レジスタ駆動型意味論と確率的手法については，後ほどシステミック文法に基づく既存の生成システムを概観する際に簡単に触れる．4番目の制約関係による素性選択については，語彙文法層だけでなく意味層を含めてシステミック文法を形式化する研究がいくつかあり，それらの中で試みられている．

工学的見地から見ると，テクスト生成システムは，使用する文脈，応用システム，知識表現言語，テクストプランナといったものに依存しないことが望ましい．選択器・問い合わせ意味論の枠組は，こうした生成システムのモジュール性・再利用性の向上を目的として開発された．モジュール性を実現するには，生成システムのユーザ(あるいは，生成システムを呼び出す外部システム)が文法の内部について何も知らなくても，意味の方から文法を制御できるようにしておく必要がある．実用的なシステミック文法を作ろうとすると，その規模は非常に大きくなってしまう．ユーザや外部システムがその中身を熟知していなければならないとすると，これは深刻な負担である．他の枠組ではこの負担が

残る場合が少なくないが，選択器・問い合わせを使えばそれを効果的に削減できる．

選択器・問い合わせに基づく枠組では，システムネットワーク上の各システムにそれぞれ一つの選択器を割り当てる．選択器は，担当するシステムに関して適切な選択を行うのに必要な知識を備えている．いわば，小さな「選択エキスパート」である．このエキスパートは，いくつかの**問い合わせ**(inquiry)を行うことによって選択を行う**決定木**(decision tree)として記述されている．問い合わせの多くは表出すべき意味や概念などに関するもので，選択器はそれらの情報を使って文法的素性の選択を行う．文法と選択器にとっては，問い合わせによって得られる情報はいわば「神様からのご託宣」である．選択器は，その情報を頼りにコミュニケーションの意図にかなった文法的選択を行うことになる（図 4.5）．

選択器を決定木として実現する枠組では，一つのシステムが表す文法的選択をそれよりも単純な複数の意味的選択に分割することになる．システミック文法の外部のシステムにとっては，文法内部の文法的選択を直接行うことは困難

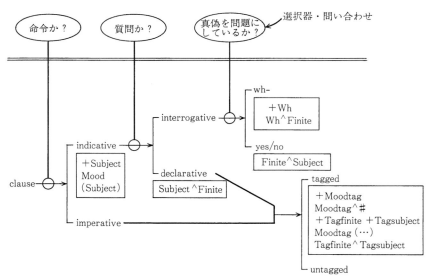

図 4.5 選択器とシステムネットワーク

であろう．しかしながら，問い合わせが要求するような意味レベルの選択であれば，外部システムにも可能である．このように選択器・問い合わせ意味論には，文法内部の情報を外部システムから隠蔽するため，文法的選択の負担を外部システムに強いる必要がなくなるという利点がある．

　選択器・問い合わせ意味論にはもう一つ重要なことがある．問い合わせが要求する意味的選択を外部システムが受け持つためには，問い合わせが問題にしている意味的対立に対応した意味の体系（すなわちオントロジ）を外部システム自身が持っていなければならない．この仮定は妥当であろうか．問い合わせが問題にする意味的対立は，文法すなわち言語に基づく対立であるため，特定の領域への依存度は低い．言語そのものはどの領域にも適用可能な汎用性を持っているからである．したがって，外部システムに要求されるのは，言語に基づいて作られた領域独立性の高いオントロジだということになる．外部システムはいずれにせよ何らかのオントロジに基づいて自分の知識を組織化しておく必要があるので，領域独立性の高いオントロジを採用することは外部システム自身にとっても悪い選択ではない．このように選択器・問い合わせ意味論は，領域独立性が高く，しかも文法へのアクセスを可能にするオントロジを提供することができる．

　選択器と問い合わせを用いるアプローチは，生成過程のモジュール化に有効なだけではない．テクスト言語学のようなやや形式化が不十分な機能的アプローチと，コンピュータへの実装を考える上で不可欠な形式的アプローチを結ぶ橋渡しにもなっているのである．つまり，選択器と問い合わせを用いると，計算言語学とその他の言語学（とくに機能言語学）の間で対話が可能になるとともに，研究者の理解不足のために形式化が不十分な領域にも文生成システムを適用できるようになる．

　このことを示す具体例を以下に二つほど挙げることにしよう．最初の例は，英語の名詞群(nominal group)における単数/複数の選択である．（訳注：群(group)は句構造文法における句(phrase)に近い概念を指す．以下の議論では両者の区別は重要でない．）単数/複数の選択は一見単純であるが，それぞれの機能を詳しく調査すると，その選択が実際には思いのほか複雑であることがわかる．そのあたりのことを紹介しながら，選択器と問い合わせによる単数/複数の選択方法について述べる．2番目の例としては，再度，英語における能動/

受動の選択を取り上げる．

　英語を含むいくつかの言語では，単数/複数の選択（たとえば，'lion' と 'lions'）が名詞群を特徴づける機能的対立の一つになっている．この選択は，対象となる集合の要素の個数という意味的な区別だけでは必ずしもうまくいかない．単数でも複数でもよい場合が存在することが理由の一つである．たとえば，次の例では，(9a)が単数で，(9b)が複数だが，意味に大きな違いはない．

(9)　　a.　The lion is almost extinct.

　　　　b.　Lions are almost extinct.

　一方，複数だけに限っても様々な意味に用いられる場合がある．例(10)を見てみよう．(10a)では，指示対象の集合に実際に複数の個体が存在する．おそらく，この使い方が集合の要素数を指す複数名詞本来の使い方にもっとも近いだろう．(10b)は，ライオンの集合全体についての一般的な陳述である．特定のライオンの個体について何か言及しているわけではない．これらに対し(10c)は，ライオンの集合から取り出した任意の個体に適用できる命題を表している．文生成器は，これら3通りの意味を表すのにいずれも複数形が使えることを知っていなければならない．と同時に，(10b)と(10c)のような場合については，単数形も使えるということを知っている必要がある（ただし，単数形と複数形では何を強調するかが多少違ってくる）．

(10)　　a.　Three <u>lions</u> chased me.　　[existing individuals]

　　　　b.　<u>Lions</u> are almost extinct.　　[species consisting of individuals]

　　　　c.　<u>Lions</u> have sharp teeth.　　[generic statement about individuals]

　以上のように単数形と複数形を使い分けるには，システムネットワーク上のPLURALITYシステムに適切な選択器を割り当てる必要がある．図4.6はそのような選択器の例で，実際にPenmanプロジェクトで開発された英語の文法Nigel（Halliday（1985）に基づいて開発された文法）に実装されている．図を見てわかるように，選択器は決定木として表現されており，各分岐節点には問い合わせが付属している．分岐節点上の問い合わせは，**選択のための問い合わせ**（branching inquiry）と呼ばる．このタイプの問い合わせには名前の最後に接尾辞-Qが付く．このタイプの問い合わせの役割は，表出対象の意味を参照することによって，あらかじめ用意された答えの集合から適当な答えを選択することである．選択器は，これらの答えにしたがって決定木を根から順にたどり，最

終的にはシステムが持つ選択肢(文法的素性)の一つを選ぶ．たとえば，図 4.6 の問い合わせ EXTENTIONALITY-Q には，extensional(外延的) と intensional(内包的) という二つの答えが用意されていて，特定の文脈が与えられるとどちらかが選択される．選択器は，その答えに応じてその後の選択の方向を変えていく．このように選択器は，単数形か複数形かという文法的選択をいくつもの基本的な意味的対立に分解していることになる．

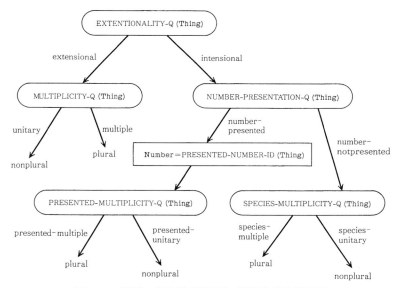

図 4.6　英語の単数形/複数形の選択を行う選択器

個々の問い合わせの意味は次の二つの方法で定義される．
 (ⅰ)　その問い合わせがどのような意味的対立を表すものであるかを自然言語によって非形式的に記述する．
 (ⅱ)　その問い合わせの答えを生成するために必要な計算過程を記述する．

一つ目の定義の仕方は，言語学的分析から得られた成果を簡潔な記述形式に焼き直すことに相等する．もっともその場合，個々の問い合わせの元になった研究を明示しておくことが望ましい．いずれにせよ問い合わせは，(ひょっとしたら形式化が不十分かもしれない)言語学的分析の成果を貯蔵する役割を果たしていると言える．また同時に，何を実装しておけばそれぞれの文法的選択

を適切に行うことができるかということも示唆している．

たとえば，図4.6の選択器は，まず初めに表出対象の概念が外延的か内包的かを問い合わせる．もし外延的であれば，集合の要素数が2以上のときに複数形を選択することになる(10a)．一方，内包的である場合，内包的なオブジェクトが何らかの集合を指すこともありうる(10b)．そこで，この集合が複数の要素からなることに焦点が当たっているかどうかが次の問題になる．これが「テクスト的な問題」であることに注意したい．つまり，ここではテクストの中でどのような視点からオブジェクトを見ているのかが問われているのであって，命題の真理条件を問題にしているのではない．さらに，集合が複数の要素からなることに焦点が当たっていない場合でも，内包的なオブジェクトから典型例として取り出した個体に焦点が当たっている場合には，複数形を選択することができる(10c)．ただし，この場合は義務ではない．以上を整理すると，次の3通りの場合に複数形が選択されることになる．

問い合わせ	答	例
EXTENSIONALITY-Q	extensional	(10a)
MULTIPLICITY-Q	multiple	
EXTENSIONALITY-Q	intensional	(10b)
NUMBER-PRESENTATION-Q	numberpresented	
PRESENTED-MULTIPLICITY-Q	presentedmultiple	
EXTENSIONALITY-Q	intensional	(10c)
NUMBER-PRESENTATION-Q	numbernotpresented	
SPECIES-MULTIPLICITY-Q	speciesmultiple	

問い合わせを定義するもう一つの方法は，自然言語で与えられた理論的仕様をコンピュータに実装できるようにいわば近似することである．意味については形式的な理論化が進んでいない領域もあるので，ここでいう実装はあくまで実現可能な範囲での最善の近似という意味である．ただし，そのような領域についても理論の形式化が進めば，文生成器の他の部分とは独立に後から洗練することができる．

問い合わせを実装するには，テクストプランやコミュニケーションの意図，知識ベース中の実体といった文法の外側にある概念情報に対して問い合わせの方からアクセスできるようにしておかなければならない．選択器・問い合わせ

の枠組では，前節で述べたミクロ機能を用いて，文法外部の概念にアクセスできるようになっている．たとえば，図4.6の問い合わせでは，Thing というミクロ機能が表出対象の概念を指している．つまり，ミクロ機能は文法外部の特定の概念を指すポインタの役割を果たしているのである．ここで注意したいのは，ミクロ機能によって参照される概念はどのような知識表現言語で表現されていてもかまわないことである．選択器・問い合わせの枠組では，このように文法内部で定義された機能だけを使って選択器を記述するので，モジュール性が高く，アプリケーションに依存しない文法を記述することができる．

　文法内部のミクロ機能と外部の概念との対応をとるには，もう一つのタイプの問い合わせ，**同定のための問い合わせ**(identifying inquiry)を用いる．このタイプの問い合わせには名前の末尾に -ID を付けて，選択のための問い合わせと区別する．同定のための問い合わせが返す値は概念へのポインタである．たとえば，図4.6のNumber＝PRESENTED-NUMBER-ID(Thing)は，Number というミクロ機能の参照対象を同定する問い合わせである．(10a)の例で言えば，問い合わせ PRESENTED-NUMBER-ID は，まず Thing に対応する知識ベース中の実体にアクセスし，それの「数」に関する情報へのポインタを返す．これによって，概念 three が Number に代入される．

　次に，英語における能動/受動の選択に話を移そう．ここで考えるのは(11)のような文法的対立である．システムネットワークには，これら三つの選択肢 benefactive-operative(11a)，benerecetive(11b)，mediorecetive(11c) をカバーするシステムが用意されている（用語の定義やその意味するところについてはHalliday(1985)などを参照されたい）．

(11)　a. John gave the book to Mary.
　　　b. Mary was given the book (by John).
　　　c. The book was given to Mary (by John).

　さて，(11)のような選択を文生成で行うには，どの場合にどの選択肢を選べばよいか．まずは，これを決定する弁別パターンを見つける必要がある．初めに関わってくる要因は**顕現性**(salience)であろう．もっとも顕現性の高い構成素が文の主語になる可能性が高いからである．ただし，ここでの顕現性とは何を指すか，ということをさらに考えてみる必要がある．ここでもやはり単数形/複数形の場合と同じように，経験的なテクスト分析に立ち戻って考えるの

がよい．(11)に示した能動/受動の対立はPenmanシステムの文法Nigelに載っているものである．これはThompson (1987)の機能主義的研究が元になっている．もちろん，コミュニケーションにおける顕現性については，たとえばプラーグ学派に見られるようなその他の機能主義的研究 (Sgall et al. 1986参照) も同様に適当な出発点になるはずである．

　S. A. Thompsonの経験的研究によれば，英語では，オブジェクトと**段落主題** (paragraph theme) がどれくらい「概念的に近い」かという基準に基づいて主語が選択される．一般に，段落主題にもっとも近い関与者がもっとも主語になりやすい．ここではThompsonの研究の詳細には立ち入らないが，経験的に得られた成果からどのように選択器が作られるかを見るために，もう少しThompsonの研究を例として考えることにする．(11)のシステムに対応する選択器は以下のように比較的素直に作ることができる．

　まず，三つのミクロ機能，Agent ((11) では 'John')，Medium ('the book')，Beneficiary ('Mary') がすべて節の中に現れるようにVOICEシステム (態システム) をシステムネットワーク内の適当な場所に配置する．そうしておけば，VOICEシステムの処理を行うときにはいつも，これらのミクロ機能が現在の表出対象 (ミクロ機能Eventによって参照されている意味単位) に関する適当なIDタイプの問い合わせによって同定されていることになる．

　次に，段落主題へのポインタを与える．これも，現在の段落主題を同定する次のようなIDタイプの問い合わせPARAGRAPH-THEME-ID (Event) を用いてミクロ機能Parathemeを同定するだけでよい:

　　「Eventを含む段落の段落主題は何か？」

ここで重要なのは，どのような談話理論によって段落主題が決まるのかということに文法が一切関与しない点である．これによって，文法は談話理論とは無関係に文生成を行うことができる．

　最後に，段落主題と関与者の相対的な距離を与える．ここでの距離は「概念パス」(たとえば，意味ネットワーク上のある概念からある概念へ到達する経路) を使ってモデル化できる．これもやはり次のようなIDタイプの問い合わせREADER-KNOWLEDGE-PATH-IDで与える:

　　「聞き手の注意や知識の中で，第1引数の概念Xから第2引数の概念Yへの概念パスのうち最も顕現性の高い概念パスは何か？」

4.4 選択肢の記述: システミック文法

以下の選択の準備として，まずこの問い合わせを個々の関与者に適用し，段落主題から個々の関与者への概念パスを求める．

AGENT-PATH＝READER-KNOWLEDGE-PATH-ID(Agent, Paratheme)

MEDIUM-PATH＝READER-KNOWLEDGE-PATH-ID(Medium, Paratheme)

BENEFICIARY-PATH＝READER-KNOWLEDGE-PATH-ID(Beneficiary,
　　　　　　　　　Paratheme)

経験的分析によると，態の選択はまず Beneficiary が Agent よりも中心的か(すなわち，段落主題に近いか)どうかで分かれる．より中心的である場合は，benereceptive(11b)を選択しなければならない．このとき，関与者と段落主題の間に成り立つ相対的な位置関係は(12)に示す3通りに限定される．ただし，(12)中の記号 "——" は概念パスを表している．

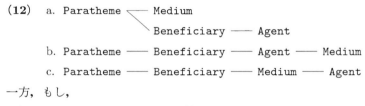

(12)　a. Paratheme —— Medium
　　　　　　　　　＼
　　　　　　　　　　Beneficiary —— Agent
　　　b. Paratheme —— Beneficiary —— Agent —— Medium
　　　c. Paratheme —— Beneficiary —— Medium —— Agent

一方，もし，

(1) Medium が Beneficiary と段落主題の間にあり，

(2) Agent が段落主題の近くになければ，

Medium は主語になる可能性が高い(medioreceptive(11c))．このときの関与者と段落主題の位置関係は，(13)の二つのパスのいずれかである．

(13)　a. Paratheme —— Medium —— Beneficiary —— Agent
　　　b. Paratheme —— Medium —— Agent —— Beneficiary

さてここで，(12)や(13)のような位置関係を弁別するために，次のようなQタイプの問い合わせ PATH-INCLUSION-Q (P_1, P_2) を用意しよう：

「第2引数の概念パス P_2 は第1引数の概念パス P_1 を完全に包含しているか？」

この問い合わせを用いると，態の選択条件は図4.7のような決定木で表すことができる．この決定木，すなわち選択器は，概念パスのパターンに基づいてテクスト的観点から事態を分類していることになる．これを用いれば，(11)のような文法的バリエーションに対する適切な選択ができる．

たとえば，(12)に示した benereceptive の3通りの選択条件は，図4.7の選

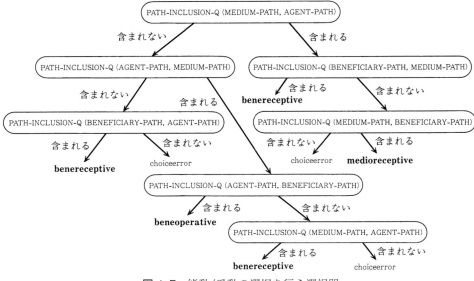

図 4.7 能動/受動の選択を行う選択器

択器を用いるとそれぞれ次のように弁別できる(ただし,'$P_1 \subset P_2$' は PATH-INCLUSION-Q (P_1, P_2) を表す).

(12a)

問い合わせ	答
BENEFICIARY-PATH $\subset$ AGENT-PATH	含まれる
AGENT-PATH $\subset$ MEDIUM-PATH	含まれない
MEDIUM-PATH $\subset$ AGENT-PATH	含まれない
BENEFICIARY-PATH $\subset$ AGENT-PATH	含まれる
AGENT-PATH $\subset$ BENEFICIARY-PATH	含まれない
AGENT-PATH $\subset$ MEDIUM-PATH	含まれる
MEDIUM-PATH $\subset$ AGENT-PATH	含まれない
BENEFICIARY-PATH $\subset$ MEDIUM-PATH	含まれる
MEDIUM-PATH $\subset$ AGENT-PATH	含まれる

4.4 選択肢の記述: システミック文法 173

上の例からわかるように，同じ benereceptive を選択する場合でも，実際には(12a),(12b),(12c)というパターンごとにそれぞれ Agent, Medium, Beneficiary の顕現性の相対的な高さが少しずつ違う．このように，顕現性という談話レベルの概念も，選択器と問い合わせを用いれば，より精密にしかも経験的分析の成果に合った方法で扱うことができるようになる．

これまでの話だけでは，形式化が不十分であると感じられるかもしれない．しかしながら，おそらく容易に想像できるように，実際に生成システムで用いる談話構造モデルを特定すると，モデルに対応した形式化が可能になる．このような形式化を行う際に，文法を変更する必要がないという利点は大きい．また，逆に文法の開発をさらに進めていったり，上述のような現象と他の文法現象との相互作用を考えたりする際にも，特定の談話理論の影響を考えないでよい．さらに，このように選択器を記述しておくと，文法的な選択のための条件を明瞭な形で示せるので言語教育にも役に立つ．選択器と問い合わせについては，このほかにも英語の時制の選択，日本語における「ハ」と「ガ」の選択や敬語表現の選択など例が Matthiessen & Bateman(1991) に示されている．

(d) 生成アルゴリズム

システムネットワーク(表出制約や選択器を含む)は「言語の潜在的可能性」，すなわち言語が表す意味の多様な可能性の総体を抽象的に指し示したものだと考えることができる．つまり，多くの計算言語学的研究や形式言語学的研究と同様，システミック文法はどのような構造が可能かを記述したものにすぎない．それらの構造がどのように作られるかを教えてくれるわけではないのである．そこで，システミック文法を使って生成を行うための**生成アルゴリズム**(generation algorithm)が必要になる．生成アルゴリズムとしては Penman システムのアルゴリズムが最も単純なので，ここではそれを紹介する．より複雑なアルゴリズムについては，システミック文法に基づく種々の生成システムを総括する節で触れる．

生成アルゴリズムは以下の三つから構成される．
(ⅰ) システムネットワークをたどるための**走査アルゴリズム**
(ⅱ) 表出制約を適用するための**構造構築アルゴリズム**
(ⅲ) 選択器の決定木をたどるための**選択器インタプリタ**

生成過程では，システムネットワーク全体を1回走査するたびに一つの構成素を生成する．ネットワークの走査は，選択器が行う決定とネットワークの連結の仕方に従って進められる．この走査の過程で，通過したすべての素性の表出制約が集められ，これらを適用することにより，一つの構成素ができる．したがって，まず最初のステップはシステムネットワーク走査の開始点を定めるとともに，どの意味的実体をどの文法単位として生成するか(たとえば，節として生成するか，句として生成するか)を決めることである．

　本章の冒頭に示した論理形式に対応する文を生成する場合について考えよう．ネットワーク操作はネットワークの根(一番左側)に位置する RANK システム(図 4.3 参照)から開始する．このシステムでは，これから生成しようとする構成素の文法単位を選択する．今の例で選択すべき素性は clause(節) である．また同時に，この構成素に対応する意味的実体，今の例では入力の論理形式全体へのポインタをミクロ機能 Onus にセットする．Onus は Penman に用意されている特別なミクロ機能で，生成過程の各時点で処理の対象になっている構成素を指す．Onus に対応する意味的実体の同定は，RANK システムの選択器が発する問い合わせによって実現される．これにより，以降の生成過程で必要に応じて入力の意味情報にアクセスすることができるようになる．

　次に，システムネットワークの中から入力条件が成立しているシステムを探しだし活性化する．ネットワーク走査を開始した時点では，RANK システムの素性 clause を入力条件に持つシステムだけが活性化する．活性化したシステムは待ち行列に追加する．そして，待ち行列からシステムをランダムに一つずつ取り出し，付属の選択器によって新たに素性を選択していく．以下，素性が新たに選択されるたびに，それによって新たに活性化するシステムを探し，待ち行列に追加するという作業を繰り返す．この作業は，待ち行列が空になった時点，すなわちそれ以上ネットワークをたどることができなくなった時点で終了する．この走査アルゴリズムを図示すると図 4.8 のようなフローチャートになる．

　ネットワーク走査で集めてきた表出制約を組み合わせると，現在生成対象になっている構成素(Onus)の統語構造が一番上の1層分だけ決まる．たとえば，節を生成しているときに，節が直接の構成素として主語を持つことは決まるが，主語の内部の構造までは決まらない．主語の内部構造は，節の処理の後に続く

4.4 選択肢の記述: システミック文法

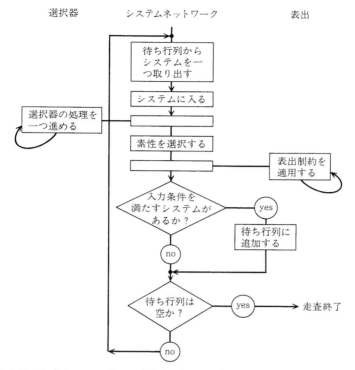

図 4.8　生成のフローチャート (Matthiessen & Bateman 1991, p.106 より)

生成サイクルの中で，主語に対応する文法が適用されて決まるのである．つまり，一つ一つの構成素ごとに，それに対応する意味的実体を Onus にセットし，システムネットワークを初めからたどり直すことになる．そのときの各システムにおける選択は節の場合と同様である．ただし，格標示に関する選択など，親の構成素で選択された素性に依存して子の構成素の素性が制約される場合もある．

さて，冒頭の論理形式からの生成に話を戻そう．生成過程を図示すると図4.9のようになる．Onus の添え字は生成サイクルの順番を表す．個々のサイクルでは，論理形式のある一部を対象として，それに対応する統語構造を生成している．それぞれのサイクルにおける選択器は，論理形式のどの部分を対象とするかに依存して違う決定を下すことになる．これらの決定に従ってネットワーク走査の経路が決まり，それによって Onus の統語構造が決まる．

たとえば，次の論理形式に対応する構成素 Attribute は，主節を処理する過程で主節の直接の構成素として挿入される．

$$\text{on}'(x,y) \wedge \text{table}'(y)$$

システムネットワークには，Attribute に対応する意味について問い合わせる選択器も用意されており，それら選択器が主節を処理する際のネットワーク走査を部分的にガイドする．その結果，Attribute に対する事前選択（たとえば，[preselect Attribute prepositional-phrase]）を表出制約に持つ素性が選択される．そして，後続するネットワーク走査のサイクルで Attribute の内部構造が形づくられることになる．Attribute を対象としてネットワーク走査を開始する時点では，Attribute に対応する意味的実体がミクロ機能 Onus にセットされる（図では Onus-3）．このときの走査で活性化する選択器は，この意味的実体に関連する問い合わせしか行わない．Attribute にはすでに素性 prepositional-phrase（前置詞句）が事前選択されているので，RANK システムの prepositional-phrase から右に広がる部分ネットワークを走査すればよいことがわかる．この走査を通じて，二つのミクロ機能 MinorProcess と Minirange からなる前置詞句の内部構造が構成される．他の構成素も同様のアルゴリズムによって生成される．

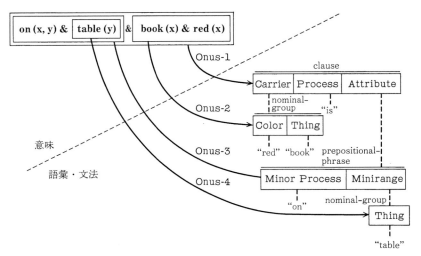

図 4.9　生成サイクルの繰り返しによって作られる意味構造から統語構造へのリンク

このように生成過程は，文法の最も精密度の荒いところ（システムネットワークの左端）から出発し，精密度の荒い方から細かい方に向かって徐々に選択を行うという実現化(actualization)のサイクルの繰り返しになっている．個々のサイクルでは，与えられたサイズ（ランク）の一つの言語単位に対してパラディグマティックな記述の完全なものが文法的素性の集合という形で得られる．ランクの値域は，clause, group/phrase, word, morpheme（形態素）とするのが典型的だが，もちろん言語による違いもある．生成サイクルの繰り返しは，すべての構成素のパラディグマティックな記述が得られるまで行われる．このときに得られる統語構造の葉は，典型的には語あるいは形態素で構成される．これらも入力の意味構造の一部の情報に基づいて選択される．

システムネットワーク自身は，生成アルゴリズムを一つに限定するものではない．たとえば，複数のシステムが互いに同時的であればその処理の順序はシステムネットワークによって規定されないし，表出制約間の処理順序についても同様に決まっていない．このような処理の任意性については，並列的な処理を導入できる部分もあれば，もう少し深い理論的考察を要するものもある．また，ここで示した生成アルゴリズムは決定的なものであり，バックトラックも不要なので，効率的な文生成を実現することができる．ネットワークの連結の仕方に従って処理を進めることにより，入力からの要求に正確に適合するように生成過程を方向づけることができるためである．ただし，その代償として，異なるランク間の相互作用が制限されてしまうとか，選択器はいつも決定的な決断を下さなければならないといった問題点もある．

4.5　システミック文生成器への入力

システミック文法に基づく文生成器への入力には様々なタイプのものが考えられる．最も単純で一般的なのは，選択器の問い合わせが適切な決定を下せるように，必要なすべての情報を入力として与える方法である．もしこれがうまくいけば，文法外部のモジュール（あるいはユーザ）は文法の内部組織に関する知識を持たなくてもよいことになる．選択器と問い合わせによるインタフェースが入力と最終的に生成される文字列の間の橋渡しをうまくやってくれるからである．

入力が持つべき情報としては，意味ラベルのリストと問い合わせの答えがあれば十分である．たとえば，文(10a)で出てきた名詞句 'lions' を生成するのに必要なのは次の2種類の情報である．

(a) ライオンという意味的実体へのポインタを表す意味ラベルと文法的機能 Thing(図 4.6 参照)の対応関係

　　Thing = THING-ID(Onus)

(b) 図 4.6 に示した選択器からの問い合わせに対する答え

　　EXTENSIONALITY-Q(Thing) = extensional
　　MULTIPLICITY-Q(Thing) = multiple

しかしながら，このように入力に完全な情報を持たせようとすると，入力から文を生成する際に必要なあらゆる問い合わせについて，その答えをあらかじめ与えることになる．実際の生成では膨大な回数の問い合わせが起こるため，このやり方は現実的でない．

これに対し，問い合わせの方をうまく実装しておけば，入力に必要な情報をかなり減らすことができる．問い合わせが自分自身で答えを見つけられれば，その答えについては入力中に指定しておく必要がないからである．

ただし，これには問題が一つある．問い合わせのモジュール性をどうやって保つかという問題である．工学的立場からは，アプリケーションや知識表現形式を取り換えても同じ問い合わせを再利用できるようにしておきたい．アプリケーションが変わるたびに問い合わせを実装し直さなければならないようでは，実装のコストが高くなりすぎる．

この問題に対する一つの解決策は，問い合わせがどのような情報を必要とするかを抽象的なレベルであらかじめ仮定してしまうことである．まず，問い合わせが表す様々な意味的対立から，どのような情報が言語生成に必要かがわかる．生成器の能力を最大限に引きだすためには，どのような表現形式を使うにせよ，この情報を何らかの形で外部システムに持たせておく必要がある．このことから，どのような情報を入力として与えるべきかがかなりはっきりしてくる．システミック文法には三つのメタ機能に関する情報があったことを思い出してほしい．どの構成素を生成する際にも，三つのメタ機能のそれぞれに関する文法的素性の選択・収集が必要であった．つまり，文法が発する問い合わせの中には，命題的側面に関する質問だけでなく，対人的質問やテクスト的質問

が必ず含まれているのである．これらの問い合わせに答えるための情報を入力中に指定するためには，入力を単純な論理形式で表現する方法では不十分で，入力の記述形式に何らかの拡張が求められる．

問い合わせから帰納的に構築された知識の中でも，命題内容や論理形式に対応する観念的メタ機能領域の知識は，今のところ最も理解が進んでいる．当然，この領域の形式化がまず初めに進んだ．観念的問い合わせの多くは，入力の意味カテゴリが抽象的な意味カテゴリのどれに属するかを尋ねる質問である．これらのカテゴリは**上位モデル**(upper model)と呼ばれる意味的階層によって組織化されている．上位モデルについては，Matthiessen(1987)にそのねらいが詳しく書かれている．また，このような階層の最新バージョンが Bateman et al.(1995) で述べられている．

上位モデルを作っておくと，問い合わせの実装が簡単になる場合が多い．これは，問い合わせの多くが「生成対象が上位モデルのどのカテゴリのサブカテゴリであるか」を尋ねる単純な質問になっているためである．"lions"のような構成素を生成する場合，生成対象の意味カテゴリ(すなわち「ライオン」を表す意味カテゴリ)を上位モデルの適当なカテゴリ(たとえば,「もの」を表す意味カテゴリ)の下にあらかじめ置いておく．これを「対象領域の概念を上位モデルに従属させる」と言う．問い合わせは，この情報を参照することによって，名詞群の生成を受け持つサブネットワークへとネットワーク走査を誘導することができる．

Penman スタイルのシステミック文法に対する入力を用意する場合には，まず対象領域の意味表現形式を決め，そこに含まれる概念を上位モデルに従属させる．対象領域の多くがすでに階層的な知識表現システムで表現されているので，そこに含まれる概念を上位モデルに従属させる作業はそれほど困難でない．上位モデルは言語，すなわち文法に基づいて設計されていて，特定のアプリケーションに基づくものではない．そのため，どのような領域を対象とするにせよ，そこに含まれる概念を上位モデルに従属させることができる．このように，アプリケーションシステムの方で上位モデルとの継承階層を提供することができれば，いつでも同じ問い合わせを再利用することができる．このことを図示すると図 4.10 のようになる．この方式によって入力の複雑さは大幅に減る．また，上位モデルに従属させる作業は一つの領域について一度行うだけでよい．

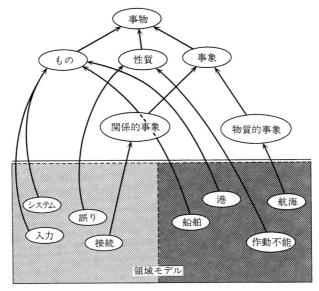

図 4.10　上位モデルの再利用

　入力をさらに単純化するには，問い合わせごとにデフォルトの答えを定義しておけばよい．デフォルトは生成に必要な情報が不足しているときに用いる．デフォルトを使えば，たとえば実体の数量に関する情報が得られない場合（"three lions" でなく "lions" と言う場合など）やイベントに関する時間的情報が得られないといった場合にも，情報がないことをわざわざ入力の中に記述する必要がなくなる．これによって，(14) のような簡単な入力を与えるだけで "lions" という名詞句を生成することができる．フルサイズの文法の場合にこの名詞句を生成するだけで 60 もの問い合わせが必要になることを考えると，デフォルトの効果の大きさがわかるだろう．

(14)　(o / lion :extensionality-q extensional
　　　　　　　　:multiplicity-q multiple)

　(14) の入力は，Penman のセンテンスプラン言語 (SPL, Kasper 1989a) で記述されている．SPL では，意味変数 (たとえば，o) の集合として入力を表現する．個々の意味変数には意味カテゴリ (lion) が割り当てられている．この意味カテゴリは，前述のように上位モデルのある概念に従属している．この情報は，

4.5 システミック文生成器への入力

入力情報のうち論理形式的な側面をカバーする．意味変数には意味カテゴリのほかに，いくつかの問い合わせに対する答えを直接与えることもできる．これによって文法的選択の微妙な制御が可能になる．選択に必要な情報が所与の知識表現システムでは表現しきれない場合でも，問い合わせに対する答えという形で明示的に与えることができるからである．このように，SPL を通してシステミック文法を制御すれば，文法が提供するあらゆる選択肢を効果的に利用することができる．

例として，文 (8c) の完全な入力を SPL で記述したものを図 4.11 に示す．

(8c)　In June was he in London?

```
(e0 / spatial-locating
    :reference-time-id et
    :speech-act-id
    (sa-0 / assertion
        :polarity positive
        :speaking-time-id
          (st / time
            :time-in-relation-to-speaking-time-id et
            :precede-q (st et) notprecedes)
        :event-time
          (et / time
            :precede-q (et st) precedes))
    :theme t0
    :domain (x0 / person
                :empty-number-q empty
                :empty-gender-multiplicity-q empty
                :multiplicity-q unitary
                :singularity-q singular
                :gender-q male
                :identifiability-q identifiable )
    :range (x1 /  three-d-location
                :name London)
    :temporal-locating (t0 / three-d-time
                          :name June)))
```

図 4.11　SPL による完全な入力記述の例
この例では文 "In June was he in London?" が生成される

この入力には，発話機能が叙述(*assertion*)かつ肯定的(*:polarity positive*)であるという対人的メタ機能領域の情報が含まれている．また，時間的位置("in June"に対応する意味変数 t0)が主題になっていること(**:theme t0**)や，参照対象となっている人物(x0)が代名詞で指せること(**:identifiability-q identifiable**)など，テクスト的メタ機能領域の情報も含まれている．さらに，時間参照(時制)を正しく計算するのに必要な，時間に関する問い合わせの答えも指定されている．この情報は対人的情報(発話時刻，speaking time)，テクスト的情報(参照時刻，reference time)，観念的情報(イベント時刻，event time)からなる．図では，観念的情報をテレタイプフォントで，対人的情報を斜体で，テクスト的情報を太字で表している．図の入力は文(8c)の生成に必要なすべての情報を明示しているが，問い合わせのデフォルトとマクロを使えば，(15)のように単純化することができる．

(15)　(e0 / spatial-locating
　　　　:tense past
　　　　:theme t0
　　　　:domain (x0 / person :pronoun he)
　　　　:range (x1 / three-d-location :name London)
　　　　:temporal-locating (x2 / three-d-time :name June))

システムが属すメタ機能領域が異なると，それに属する選択器の問い合わせも異なる資源に答えを求めることになる．知識ベース，すなわち領域モデルに答えを探しに行くのは普通は観念的問い合わせだけである．そこで，観念的メタ機能以外の領域をどのように形式化するかが現在の重要な研究課題になっている．対人的問い合わせに答えるにはユーザモデルが必要であるし，テクスト的問い合わせにはテクストプランやテクストの履歴が必要である．後者については，談話表示理論(DRT，Kamp & Reyle 1993 を参照)を含む最近の研究の方向性と合致している．メタ機能と外部資源の関係については Matthiessen (1987)にある程度詳しい記述がある．これを図示すると図 4.12 のようになる．このように高次レベルでの情報の構造化を考えるのは，テクストプランニングの作業が容易になるという大きなメリットがあるためである．前述のように，テクストプランニングは文生成器への入力となるテクストプランを作る過程である．意味的環境を構造化することにより，この作業を純粋に意味的なレベル

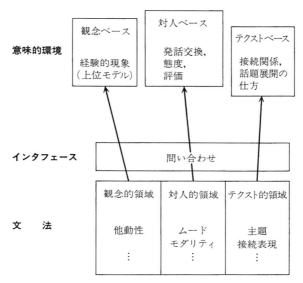

図 4.12　メタ機能に基づく意味的環境の構造化

で行えるようになり，テクストプランナのモジュール性を高めることができるのである．

4.6　システミック生成システムのこれまでと現在

　システミック文法に基づくアプローチは，様々な生成システムで広く採用されている．生成システムに限れば，おそらく他のどんな言語学的枠組よりも広く普及しているだろう．その理由は，システミック言語学の立場から見た言語記述の方法論と，自然言語生成に用いる言語資源（文法，意味論など）が満たすべき要件がうまくマッチしていることにある．本節では，システミック文法に基づいて設計された既存の生成システムを大雑把に振り返るとともに，システミック文法に基づく生成と他の理論的アプローチを組み合わせる興味深い研究をいくつか紹介する．

　おそらく，最初にシステミック文法を生成に使おうとしたのは Henrici(1965) であろう．A. Henrici は，初期のシステミック文法に基づいて単文を生成するコンピュータプログラムを書いてみせた．これは，システミック文法をコンピ

ュータに載るように形式化した最初の試みの一つである（システミック文法の形式化については後述）．同様の試みとして，McCord (1977) がもう少し大規模な研究を行っている．

単なる文生成でなく，テクスト生成にシステミック文法を用いたのは Davey (1978) の PROTEUS システムが最初である．PROTEUS は，単に個別の文を生成するのではなく，テクストプランニングと表出の両方を行う点で真のテクスト生成システムであると言ってよい．PROTEUS が生成するのは三目並べゲームの短い描写である．入力には，ゲームの進行状況を表す動き（手）のリストを与える．PROTEUS は，三目並べの知識を利用して，いくつかの動きの並びから「戦術的な一貫性」を見つけ出す．文を生成する際には，発見した一貫性をうまく伝えられるように複数の動きを一つにまとめて文にする．これによって，テクスト的な一貫性を得ることができる．PROTEUS が生成するテクストはかなり質の高いものであったが，その最大の理由は A. Davey 自身が開発したシステミック文法の質が十分に高かったことである．PROTEUS の歴史的重要性は，可能な言語表現を規定する言語学的モデル，すなわち文法を洗練することによってどこまで質の高いテクストを生成できるか，ということを明らかにした点にある．最後に，PROTEUS の出力例を (16) に示しておこう．

(16) The game started with my taking a corner, and you took an adjacent one. I threatened you by taking the middle of the edge opposite that and adjacent to the one which I had just taken but you blocked it and threatened me. I blocked your diagonal and forked you. If you had blocked mine, you would have forked me, but you took the middle of the edge opposite the corner which I took first and the one which you had just taken and so I won by completing my diagonal.
（ゲームはまず私が隅を取って始まりました．すると，あなたはすぐ横を取りました．私はあなたを脅かそうとして，反対側の端の真ん中で私がすでに取っていたマスのすぐ横を取ったのですが，あなたはそれをブロックして私を脅かしました．私はあなたの目をブロックして，王手をかけました．もしあなたが私の目をブロックしていたなら，あなたの王手になるところでした．でも，あなたは，私が最初に取った隅とあなたがすぐ前に取った隅の反対側の端の真ん中を取りま

した．だから，私は自分の目を完成させてゲームに勝ったのです.)

　質の高い生成を実現するためには大規模な文法が欠かせない．このことは，Penman テキスト生成システムでも初期の設計に考慮されている．Penman は，アプリケーションや領域に依存しない汎用的なテキスト生成システムである．また同時に，テキスト生成に関連するあらゆる領域の研究・開発を行うための環境も提供する．Penman を最初に設計した W. C. Mann には，それまでの実験的な生成システムが直面していた種々の限界を克服したいというねらいがあった．そのためには生成システムが英語の文法的現象を広くカバーする大規模な文法を基盤とする必要がある．Mann は，この文法がシステミック文法に基づくべきであると考えたのである．Penman とその文法 Nigel (Matthiessen 1981) は，既存のシステムのうち最も大きく，また最も確立した生成システムの一つと見なされているため，システミック文法に基づく生成の代表的なモデルになっている．

　一口にシステミック文法の枠組で生成を行うといっても，様々なアプローチが考えられる．Penman は，確かに大規模なシステムであるが，当然ながらすべてのアプローチを体現したわけではない．Penman とは違うところに焦点をおいたシステムに Patten (1988) の SLANG がある．SLANG では，システミック言語学の**レジスタ理論** (register theory) が初めて取り入れられた．レジスタ理論とは，文脈ごとに異なるサブランゲージを明示的にモデル化する理論である (訳注：「レジスタ」は一般に用いられる「言語使用域」とほぼ同義)．E. H. Hovy の PAULINE (冒頭の例 (1) 参照) に比べるとレジスタのバリエーションは限られるが，SLANG の場合，語彙・文法層から文脈層にいたるすべての層の現象の記述に同一の言語理論を適用していることは興味深い．

　SLANG が Penman と大きく異なるのは，システムネットワーク走査が必ずしも左から右に進まない点である．SLANG では，まずコミュニケーションの文脈が，語彙・文法層のシステムネットワークから適当な文法的素性を事前選択する．これは，レジスタ理論の基本的仮定，すなわち特定の文脈で使用される言語はその文脈に依存した特定の言語的特徴を持つという仮定をそのまま具現したものである．文脈からの事前選択が完了すると，次に，事前選択された素性と整合するように残りの素性を選択する．

　Penman のような選択器と問い合わせによる意味駆動型の方式と SLANG のよ

うな文脈駆動型の方式が相補的なのは明らかである．最近の研究には，これらの方式を組み合わせる試みも見られる．たとえば，Cross(1992)のHoraceシステムやBateman et al.(1991)のKOMETシステムには，文脈，テクスト構造，語選択に関する豊かな記述が見られる．また，Vander Linden et al.(1992)のIMAGENEシステムでは，文法以外の言語知識(この場合はテクストプランニングのための言語知識)をシステムネットワークで記述することが試みられている．

Penmanとは別の前提に基づくアプローチはSLANGのほかにもある．Fawcett & Tucker(1990)のCommunalシステムがとったアプローチもその一例である．図4.12に示したように，Penmanでは意味的対立を問い合わせや外部環境に持たせていた．これに対しCommunalでは，それらの意味的対立をシステムネットワーク上に直接的に表現する．このアプローチは，文法的構造を構築する過程が複雑になるという欠点もあるが，理論上は統語構造の違いをシステムネットワークで扱う必要がなくなるという利点もある．またCommunalは，システムネットワークの各素性に確率を割り当て，それを素性選択に利用している点，また語彙資源をシステムネットワークに組み込んでいる点でもPenmanとは異なる．ただし，これらのテクニックもその基礎はやはりシステミック言語理論にある．Communalの枠組でも非常に大規模な英語の文法が開発されている．また，Communalでは対話に関する詳細な研究も行われている(Fawcett & Davies 1992参照)．

計算言語学の多くの分野がそうであるように，初期のテクスト生成・文生成も英語を対象とする研究が支配的だった．しかし，今日では状況も大きく変わり，多言語生成が自然言語生成の中心的なテーマの一つになってきている．多言語生成は，一つの生成システムに複数の言語のテクストを生成させる研究である．

この研究の先駆けは，Bateman et al.(1987)が京都大学で開発したシステミック文生成器である．最初の対象言語は日本語であったが，その後中国語文も生成できるように拡張された(Bateman & Li 1988)．これによって，システミック文法に基づく生成モデルが英語以外の言語にも同じように適用できることが示されたのである．

その後，KOMETシステムでもドイツ語への拡張が行われた．これは，Steiner

et al.(1988)が EUROTRA と名づけられた大規模機械翻訳プロジェクトの中で開発したシステミック文法風ドイツ語文法を元にしている．以来，KOMETシステムはドイツ語とオランダ語両言語できわめて大規模な生成用文法を備えるまでになった(Teich et al. 1996 参照)．現在 KOMET プロジェクトは，C.M. Matthiessen がシドニーで組織している多言語生成プロジェクトと共同で，これらのアプローチを一般化し，多言語を対象とした場合の言語記述に対するシステミック文法的説明を与えている(Matthiessen et al. 1991; Bateman et al. 1996)．また，この他にも，同じ枠組で中国語(Zeng 1993)，日本語(Hauser 1995)，フランス語(Paris et al. 1995)など，多くの言語の生成が試みられている．これらの研究は現在，非計算論的な(コンピュータへの応用という目的を第一義としない)研究分野におけるシステミック文法的多言語記述や翻訳の理論との積極的な交流を行っている．

　文生成用の言語資源の数が増えると，それらを管理するための適切な環境が必要になってくる．最初にこの問題を扱ったのは Penman プロジェクトである．Penman では，文法記述を支援するツールとしてウィンドウベースのユーザインタフェースを提供している．これは，京都大学のシステミック文生成プロジェクトで開発されたユーザインタフェースのアイデアを元にしたものである．それ以降，多くのシステミック生成システムが文法記述用ツールの必要性に注意を払ってきた．たとえば，O'Donnell(1994)の WAG システム(Workbench for Analysis and Generation)は，文の生成・解析機能のほかに，システミック文法の編集・修正を容易にするグラフィカルユーザインタフェースを備えている．また，Kumano et al.(1994)の GENESYS システムも，開発途中の言語資源を洗練された方法でグラフィカルに表示する機能を備えている．WAG はある特定の知識表現言語に基づいて実装を行っているのに対し，GENESYS は機能単一化文法(functional unification grammar)の記述形式に基づいて Prolog で実装している．また KPML 開発環境(Bateman 1996)は，Penman スタイルに多言語性を加えたアーキテクチャに基づいてユーザ開発環境の決定版を提供しようと試みている．このシステムは非営利的利用者には無償で提供されている．

　Penman スタイルの生成アーキテクチャは，生成の研究のためのプラットフォームとしては着実性があり，かつ理解が進んでいるものの一つである．しかしながら，このアーキテクチャには理論的な欠点もあり，現在それに対する新

しい解決方法が摸索されている．最初の試みは，システムネットワークを他の表現形式にコード化することであった．これについては後述する．より最近になると，Zeng(1995)がシステミック文法を用いる生成アーキテクチャに対する徹底的な再考をMULTEXシステム上で試みている．L. Zengのアプローチでは，生成器自身が所与の言語資源について推論し，最適な文あるいはテクストを生成するためのプランニングを行うことができる．従来のシステミック生成システムのように単純にネットワークを走査するのではなく，特定のコミュニケーション意図に基づいて言語資源を動的かつ計画的に利用することになる．MULTEXの試みはまだ実験段階にすぎないが，高度に柔軟な生成アーキテクチャを実現する可能性を持っている．

システミック文生成を表層生成の基礎技術に採用したシステムには他にも様々なものがある．たとえば，TechDocシステム(技術文書を生成するシステム(Rösner & Stede 1994))，GISTシステム(行政用の書類の記入方法を説明するシステム(Paris et al. 1995))，Drafter(ソフトウェアに関する文書を半自動的に生成する技術文書作成支援ツール(Paris et al. 1995))，HealthDocシステム(健康状態を報告する小冊子を生成するシステム(DiMarco et al. 1995))などが挙げられる．現在進行中のプロジェクトもいくつかある．システミック生成と他の理論的説明を組み合わせる試みにも興味深いものがいくつかある．たとえば，Gagnon & Lapalme(1996)は，意味論に談話表示理論(DRT)を採用し，フランス語生成にシステミック文法を採用している．また，Elhadad & Robin(1996)のSURGE英文システムでは，HPSGの考え方とシステミック文法の考え方を組み合わせた文法が用いられている．

4.7 システミック文法の形式化

システミック文法の立場は機能主義であり，形式化を目指すことが第一義的であったわけではない．それでも，形式化への関心は驚くほど長い歴史を持っている．その理由は主に，システミック理論が古くから計算工学と交流してきたことにある．システミック理論の計算工学的な応用を最初に考えたのはHalliday(1956)で，機械翻訳への適用可能性について論じている．

形式化のスタイルは時代とともに様々に変化してきた．初期の形式化では，

生成過程そのものをより明示的に指定することに焦点が当たっている (Henrici 1965; Patten & Ritchie 1987). たとえば，T. Patten と G. Ritchie は，システミック文法を論理的なモデルとして詳細に記述することによる形式化を試みている．このモデルでは，統語構造は木構造として表現し，文法的素性の収集（システムネットワークの走査）はプロダクション規則の適用によって実現し，表出制約は統語構造に対する論理的制約としてモデル化する．Patten らがこのような形式化を与えたのは，Patten の生成システム SLANG が持つ特徴にその理由がある．SLANG では，Penman のようにネットワークを左端から右の方へ一方向的に走査するのではなく，ネットワーク中の大部分で任意の文法的素性が上位の層によってすでに事前選択されている状態から走査を始める．そのような場合，既出の図 4.8 に示したような走査の手順では不十分である．Patten と Ritchie の定式化では，事前選択された素性を条件にしてプロダクション規則を起動させることによって完全な言語表現を作り上げる．Penman のアルゴリズムは，Patten らが示した一般的な生成過程の特殊なケースに当たる．

　より最近では，システミック文法と素性ベースの文法（素性文法）の比較が盛んになっている．そのような比較を最初に行ったのは，おそらく Winograd (1983) だろう．現代の統語論への構造的アプローチでは，文法的素性の組み合わせに対する制約として文法を形式化するのが一般的である (Gazdar et al. 1985; Chomsky 1981; Pollard & Sag 1987; Emele et al. 1990). このような形式化の方法は，非常に抽象的な見方をすれば，システミック文法を精密に記述する道具立てにもなりうる．この両者の類似性が，計算言語学でよく使われる素性文法の記述形式を使ってシステミック文法を形式化する動きの背景になっている．

　この方向への最初の一歩を記したのは Kasper (1988) である．R. Kasper は，Penman システムにおけるシステミック文法の実装方法が宣言的なものでなく，生成方向に偏っているという問題を解消しようとした．Kasper が考えたのは，Kay (1979) が**機能単一化文法** (functional unification grammar，FUG) で採用した素性構造形式を拡張し，それを用いてシステミック文法を実装することによって一つの文法を生成にも解析にも利用できるようにすることである．この方法では，システムネットワークを一つの大きな素性構造に変換する．解析は，この素性構造と入力文字列を単一化する作業として実現できる．ただし，これ

は理論的にも明らかにされていることだが,FUG による記述ではシステムネットワークが表すシステム間の半順序関係を十分に書き尽くすことはできない.システム間の半順序関係は,生成あるいは解析途中の各時点でどの対立(システム)の処理を行えばよいかを知るのに不可欠な情報である.また,単一化に必要な文法的素性を構成素間で受け渡すために,文脈自由の句構造部門を新たに用意しなければならないという問題もある.このような理由から,FUG によるシステミック文法の実装は処理速度が遅く,また理論的にも不十分であると言える.

 その後,FUG 形式のアプローチはそれ自身進化を続け,システミック文法の中心的な部分に近づいていった.とくに,計算言語学の分野で発展をとげた属性継承階層や型つき素性構造(Pollard & Sag 1987 参照)を用いることによって,システムネットワークが表すシステム間の連結関係や相互依存関係をより正確に形式化することができるようになった.Bateman et al.(1992)は,システミック文法を型つき素性構造に変換する方法を示している.これは,システムネットワーク中の各素性を型階層中の一つの型に変換し,システム間の依存関係を型階層における包摂関係に変換するという方法である.

 このように,素性構造を利用してシステミック文法を実装することにより,システミック文法の宣言性が向上した.このことは,文法の双方向性を実現するための重要な前提条件が整ったということでもある.しかしながら,依然として本質的な問題が残っている.フルサイズのシステミック文法を対象とする場合,どんな方法で形式化するにせよ,単純な方法では規模と複雑さの深刻な問題に直面することになる.たとえば,システミック文法の中で多重継承が多用されると記述量は爆発的に増大する.

 システムネットワークの形式化に関する最近の仕事には,Henschel(1997)の研究が挙げられる.R. Henschel は,既存の形式化の方法を再調査し,任意のシステミック文法を様々な種類の形式的な型階層に変換するための一般的なアルゴリズムを提案している.また,実装レベルでも,型つき素性構造の既存の実装方法をいくつか選び,それらを使ってシステミック文法を実装する方式を提案している.残念ながら,Henschel によると,既存の実装方法のほとんどは表現能力が不十分で,システムネットワークを完全に表現できるだけの複雑さを持っていない.

4.7 システミック文法の形式化

これと同様の問題は，システムネットワークの形式化に知識表現の技法を適用する際にも起こる．たとえば，Kasper(1989b)は，知識表現における分類の考え方をシステミック文法による構文解析に適用する試みを行っている．また，M. O'Donnell の WAG システムでは，Kasper と同じ表現形式を使って生成と解析の両方を実現することを試みている．しかしながら，フルサイズのシステミック文法を宣言的に表現することが近い将来可能になるかどうか，あるいは Brew(1991)に述べられているような何らかの原則に基づく簡単化が必要なのか，といった問題は未解決である．

どのような実装方法をとるにせよ，システミック文法がこのような方法で形式化できることから明らかなのは，システミック文法が GPSG (generalized phrase structure grammar, 一般化句構造文法)や HPSG と同じ文法的枠組のクラスに属するということである．文法的素性間の共起制約に基づいて言語を記述する点では，システミック文法も GPSG や HPSG と違いはない．しかしながら両者は，個々の素性が何に動機づけられているかという点で大きく異なる．すでに示唆したように，近年開発された文法的枠組の多くは，シンタグマティックな特徴を第一義的な動機づけとして素性を定義してきた．一方，システミック文法では，文法的素性は主として特定の言語単位がもつコミュニケーション機能を表す．そして，これらのコミュニケーション機能が文法の組織を決定しているのである．構造主義的アプローチのように統語的な規則性がそれを決めるわけではない．

このように見ていくと，システミック文法のパラディグマティックなアプローチはシンタグマティックな記述を採り入れることでさらに発展することができ，逆に構造的アプローチにとってもパラディグマティックなアプローチから得るものが多いことがわかる．すでに，システミック文法を出発点として両者の統合を図る試みがいくつか行われている(Yang et al. 1991; Elhadad & Robin 1996; Teich 1996 参照)．言語のパラディグマティックな側面をうまく捉えられない限り，HPSG の語彙規則のような構成要素の位置づけも明確にならないし，それらを自然言語生成に適用することも容易でないだろう．

型つき素性を用いる表現形式が計算言語学では主流になっているが，他のモデル化のアプローチのなかにも有用な成果を期待できるものがある．たとえば，Matthiessen(1995a)はファジーシステムを利用した，型つき素性構造とはまっ

たく異なる方向の形式化の可能性を論じている．同様に，並列アプローチやコネクショニストアプローチ，統計的アプローチなどの他のアプローチも形式化に利用できる可能性がある．

4.8 今後の研究動向

コンピュータに形式的表現形式で蓄えられている情報は今や爆発的に増大し，大量に流通するようになった．また，そのような情報を作るための道具も著しい発展を見せている．このような背景から，蓄積された情報を利用者にうまく提示する技術への需要が高まっている．コンピュータ内部に蓄えられた情報は，利用者が理解できる形式に変えて提示できなければ，役に立たない．また，提示の形式によって情報の利用者も大きく限られてしまう．たとえば，提示の形式がコンピュータ内部の表現形式とほとんど同じであれば，その形式に慣れた一部の人々しかその情報を利用することができない．自然言語生成はこの問題に対する重要な解決策を与えることができる．自然言語生成技術を用いれば，どんな利用者にもなじみのある自然言語によって情報を提示できるからである．加えて，自然言語生成技術は，テクスト生成における種々の一貫性(用語の統一，構文の一貫性，「制限言語」など)を考慮したり，特定の利用者や専門レベルに合わせたり，状況や要求に合わせてテクストを常に最新のものに更新したりすることができるなど，実際に文書を作る際の中心的な問題のすべてに応えるものである．急速に増えつづける情報提示への需要に応えるためには，その基盤として，本章で述べたシステミック文法と文生成を合体させるアプローチのような，効率的で柔軟な自然言語生成を可能にする計算工学的アプローチが不可欠である．

システミック文法的なアプローチが持つこの基盤的役割は，現在求められている伝統的文生成の拡張を実現する上でも重要である．これからの生成システムは，文字言語としてのテクストだけを扱っていればよいわけではない．第一に，音声言語の役割が今後急速に大きくなると考えられる．すでに，文字言語と同様に，柔軟に音声言語を生成する技術への需要が高まっている．第二に，情報システムの利用者がそれぞれ自分の母語でシステムと情報をやりとりできる環境を作ることも非常に重要である．したがって，上で述べたように多言

語生成の役割は大きい．第三に，これからのアプリケーションでは，テクスト以外のメディアも情報提示に利用されるようになる．その場合，テクストを視覚情報や聴覚情報と効果的に組み合わせて用いる技術が必要になる．自然言語生成の分野でも，これらのメディアを組み合わせる研究が徐々に増えている(Maybury 1993 参照)．

システミック文法的アプローチでは，これらの拡張の方向のすべてにおいて工学的および理論的研究を行っている点に注意したい．システミック機能言語学では，それ自身を**機能的社会記号論**の一側面と考えており，伝統的な意味の「言語」だけに対象を限定しているわけではない．音声言語はすでに長年にわたってシステミック言語学の中心的研究対象であったし，その他にもたとえば，音楽(Steiner 1988)や視覚イメージやグラフィックス(Kress & van Leeuwen 1990)に関する研究も見られる．これらの研究は次第に工学的研究にも影響を与え始めている．たとえば，複数のメディアを組み合わせたプレゼンテーションシステムに関する研究(Matthiessen et al. 1995)，テクスト生成とページのレイアウトやデザインとの相互関係に関する研究(Reichenberger et al. 1996)などがある．これらのことから，たとえ将来の生成システムが現在の文生成技術をはるかに越えるものであっても，それらの開発においてシステミック文法的アプローチが今後も重要な役割を果たすと予想できる．

（翻訳に際して必要な範囲で説明を補った．また「本章の課題」「第 4 章のまとめ」は翻訳者がまとめた．）

第 4 章のまとめ

4.1 言語理解の研究者が言語のシンタグマティックな側面に関心を寄せてきたのに対し，言語生成では言語のパラディグマティックな側面，すなわち言語に備わっている表現の選択肢の対立関係に着目することが重要である．

4.2 対立する言語表現の選択肢の中から適切なものを選択するためには，コミュニケーションの機能という観点から選択肢を体系化しておくとよい．その際，個々の選択肢の観念的側面（命題的意味）を考えるだけでは不十分であり，対人的側面やテクスト的側面を合わせて考慮する必要がある．

4.3 システミック文法は，言語表現の選択肢間の機能的対立に焦点を当てるとともに，工学的形式性の要件も満たしており，生成用の文法として広く使われて

いる．
4.4 システミック文法では，(a) 言語がもつ機能の選択肢の体系，(b) 個々の選択肢とそれを実現する統語構造の対応関係，(c) 個々の選択肢の選択条件，という3種類の知識を明確に区別して記述する．
4.5 文生成器のモジュール性を高めるためには，文法内部の選択肢の選択条件と文法外部の資源（領域や談話に関する知識ベース）とのインタフェースに工夫を施す必要がある．代表的なテクスト生成システム Penman で採用された選択器・問い合わせの機構はその一例である．

用語解説

本文中で十分説明できなかった用語について解説し，本文の該当箇所に†を付けた．

ID/LP 規則 文脈自由文法では，規則の右辺が複数の文法カテゴリからなる場合，それらのカテゴリの規則中での並びがそのまま表層での語順を表現している．すなわち，一つの文脈自由規則で文法カテゴリ間の支配関係と娘カテゴリ間の表層での語順を表していることになる．これに対し，ID/LP 規則 (immediate dominance/linear precedence rule) は文法カテゴリ間の支配関係と語順制約を別々の形式で表現する文法記述方法である．ID 規則は文脈自由規則に類する表現形式で，文法カテゴリ間の支配関係のみを表現する．一方，LP 規則は，カテゴリ間の語順に関する大域的な制約を表す．たとえば，LP 規則「$X < Y$」は，言語全体にわたって文法カテゴリ X がいつでも文法カテゴリ Y に先行することを表す．

P と NP 決定性チューリング機械によって文の長さ M の多項式のオーダーの時間計算量で認識できる言語のクラスの認識問題はクラス P であるという．これに対して非決定性チューリング機械を用い，さらに非決定的な分岐点において間違いのない選択をした場合，文の長さ M の多項式のオーダーの時間計算量で認識できる言語のクラスの認識問題はクラス NP であるという．NP の問題は，M の指数関数に比例する時間計算量がかかると推測されている．実際に計算してみれば分かるが，指数関数に比例する時間計算量は，少し大きな M に対しては膨大な時間がかかるため，コンピュータによっても手に負えない (intractable) 問題である．ただし，現実には NP であっても，あまり長くない文はヒューリスティックや文脈によって計算量を減らす工夫により対処される場合が多い．また，文が短ければ並列処理も有望と考えられている．

意味ネットワーク 言語表現が表す意味内容をコンピュータの内部表現として表したものを**意味表現**と呼ぶ．意味ネットワーク (semantic network) は意味表現を表すための知識表現形式の一つ．意味ネットワークの節点は実体，属性，出来事，状態などの概念を表し，弧は概念節点間に成り立つ意味的関係を表す．意味的関係には，行為者，行為客体，道具といった言語学的な深層格を用いることが多い．意味ネットワークやフレームといった意味表現形式は本来，"the red book is on the table" と "the book on the table is red" のように，表層の言語表現は異なっていても意味が同じである文に対して，同じ意味表現を与えるように設計される．第4章本文では，そのような「標準化された意味」を表現する方法としての意味ネットワークを指している．

用語解説

オントロジ(ontology) 対象世界のモデルを記述する際に必要となる概念の体系を指す．この体系は，各概念の意味を定義する記述と，概念間の関係に関する記述からなる．概念間の関係には，上位・下位関係，部分・全体関係，類義関係，反義関係などがある．最近では，これらの意味的関係に基づいて語や句を分類したシソーラスも広くオントロジと呼ぶことがある．

グラフ 節点(node)とそれらの間の枝(edge)からなる下図のような構造．ある節点から出発して同一の枝を通らずに同じ節点にもどるような経路を巡回路(cycle)と言う．たとえば下の例では a-c-d-a などの巡回路がある．巡回路を含まないグラフを木(tree)と言う．

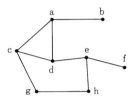

スタック 1次元の系列であって，先頭(top)においてだけ要素の出し入れや書き換えが行なわれるようなデータ構造のこと．木構造を処理するのに適している．

メモ化 タビュレーション(tabulation)とも言う．メモ化は，ある種のプログラミング言語の処理系において効率向上のために使われる．ある手続きを呼び出したとき，その際の引数の値と結果とをメモとして残しておけば，同じ引数値による手続き呼び出しがあったときにそのメモを使うことにより冗長な再計算を避けることができる．とくに，無限ループを回避することで計算の終了を保証できることがしばしばある．

ラッセルのパラドックス 内包的定義を用いて次のような集合 U を定義してみよう．

$$U = \{x \mid x \notin x\}$$

ただし，x は集合である．つまり U は自分自身を要素として含まない集合の集合である．当然，U は無限集合である．さてこの U は，U の要素であろうか，要素ではないのであろうか．U が U の要素であると仮定すると定義より，U は U の要素ではなく，矛盾である．U が U の要素でないと仮定すると同じく U の定義より，U は U の要素であり，やはり矛盾である．よって，パラドックスになる．

このパラドックスは B. Russell によって発見された．それ以後，このラッセルのパラドックスを防ぐためにいろいろな提案がなされてきた．詳細は省略するが，例えば無限集合を定義する方法において内包的定義を制限し，「有限の要素から出発し，これに再帰的規則を適用して構成する」ことにすればパラドックスを防げる．例えば，正の偶数全体 E を

$E = \{x \mid x\text{は，}2\text{ あるいは }E\text{ の要素である }x\text{ に }2\text{ を加えた自然数}\}$

と表すような集合の定義法である．この定義で，x を 2 としているのが「出発点になる有限の要素」に相当する．また，x を x 自身を用いて「x に 2 を加えた」と定義しているのが「再帰的規則」に相当する．

読書案内

第 1 章

[1] Barton, G. E., Berwick, R. C. & Ristad, E. S. (1987): *Computational Complexity and Natural Language*. MIT Press.
言語処理における計算の複雑さを網羅した名著．この分野の多くの研究者がバイブルとしている．

[2] Hopcroft, J. E. & Ullman, J. D. (1971): *Formal Languages and their Relation to Automata*. 野崎昭弘他(訳)，『言語理論とオートマトン』サイエンス社．
数理言語学の古典．基礎的な事項については定理の証明も含めて詳しく記されている．

[3] Hopcroft, J. E. & Ullman, J. D. (1984): *Introduction to Automata Theory, Language, and Computation*. 野崎昭弘他(訳)，『オートマトン言語理論/計算論』サイエンス社．
Ullman, Hopcroft による 1971 年著の『言語理論とオートマトン』の改訂版．

[4] Partee, B. H., ter Meulen, A. & Wall, R. E. (1990): *Mathematical Methods in Linguistics*. Kluwer Academic Publishers.
言語を巡る数理的基礎を網羅した大著．この分野の辞書代わりに使える．

[5] Ristad, E. S. (1993): *The Language Complexity Game*. MIT Press.
言語の本質を計算の複雑さの点から規定しようとした研究書．この分野の研究者を目指す方は，その内容のレベルを理解し，かつ創造することを目指して努力されたい．

[6] 松本和夫(1980)：『情報数学 1 束と論理』森北出版．
束と論理についてよく書かれた入門書．

[7] 嵩忠雄・都倉信樹・谷口健一(1988)：『形式言語理論』電子情報通信学会．
自然言語処理に係わる数理的問題を網羅している．内容は豊富かつ高度で，形式性の高い記述に特徴がある．

[8] 田中穂積(1989)：『自然言語解析の基礎』産業図書．
自然言語処理のうち構文解析を中心にアルゴリズムを詳細に記述してある．

第 2 章

自然言語処理における文法と解析全般については，次の教科書が詳しい．特に拡張遷移ネットワークや拡張文脈自由文法についてわかりやすく書かれている．

[1] Allen, J. (1995): *Natural Language Understanding* (Second Edition). Benjamin/

Cummings Publishing.

一般化句構造文法 (GPSG) について最も詳細な文献は [2] であるが，概要をてっとり早く知るためには，[3] がわかりやすい．

[2] Gazdar G., Klein, E., Pullum, G. and Sag, I.(1985): *Generalized Phrase Structure Grammar*. Basil Blackwell.

[3] Sells, P.(著)，郡司隆男，田窪行則，石川彰(訳)(1988):『現代の文法理論＊GB理論，GPSG，LFG 入門』産業図書．

カテゴリ文法については，[4] がわかりやすい．[5] は，カテゴリ文法とその意味論に関する詳細な教科書である．組合せカテゴリ文法については，[6] が詳しい．

[4] Wood, M. M.(1993): *Categorial Grammar*. Routledge.

[5] Carpenter, B.(1997): *Type-Logical Semantics*. MIT Press.

[6] Steedman, M.(1996): *Surface Structure and Interpretation*. Linguistic Inquiry Monograph 30, MIT Press.

木接合文法については，数多くの論文があり，どれが最適かを決めるのは難しいが，概要を知るためには，次の [7] が最近の動向までわかりやすく解説している．これは，IJCAI-97 における Research Exellence Award の記念招待講演を Joshi 自身が加筆修正したものである．

[7] Joshi, A.K.(1998): Role of constrained computational systems in natural language processing. *Artificial Intelligence*, Vol. 103, No. 1–2, pp. 117–132.

単一化文法のうち，論理文法については，次の解説論文 [8] が詳細なサーベイを行っており，わかりやすい．

[8] Dahl, V.(1994): Natural language processing and logic programming, *Journal of Logic Programming*, Vols. 19/29, pp. 681–714.

主辞駆動句構造文法 (HPSG) については，[9] が最も詳細な著書であるが，最近の変更を含め，初学者にもわかりやすくまとめたものとして [10] を薦める．HPSG に基づく日本語文法について，最近 [11] が出版されたので参照されたい．

[9] Pollard, C. & Sag, I. A.(1994): *Head-Driven Phrase Structure Grammar*. University of Chicago Press.

[10] Sag, I. A. & Wasow, T.(1999 出版予定): *Syntactic Theory: A Formal Introduction*. CSLI Publications, Stanford University.

[11] Gunji, T. & Hasida, K.(1998): Topics in contraint-based grammar of Japanese. *Studies in Linguistics and Philosophy*, Vol. 68, Kluwer Academic Publishers.

第3章

[1] 井田哲雄 (1991): 『計算モデルの基礎理論』岩波講座 ソフトウェア科学 12 巻.
自然言語ではなくプログラミング言語の観点からではあるが,統語解析のアルゴリズムに関してわかりやすく詳細な解説がある.

第4章

自然言語生成の基礎を紹介したものとしては,

[1]　McKeown (1985)
[2]　Hovy (1988)
[3]　Paris (1993)

があげられる.システミック言語学と自然言語生成の関わりについては,

[4]　Matthissen & Bateman (1991)

に詳しい.また,

[5]　Bateman (to appear)
[6]　de Smedt, Horacek & Zock (1996)

は,自然言語生成の分野をそれぞれ本性とは異なる角度から概説している.少し古くなるが,

[7]　McKeown & Swartout (1997)

や

[8]　Bateman & Hovy (1992)

も役に立つだろう.
システミック文法を現代の計算言語学的表現形式を用いて形式化する研究については

[9]　Henschel (1997)

にまとめられている.システミック文法を用いた音声言語生成に関する研究については

[10]　Fawcett (1990)
[11]　Teich, Hagen, Grote & Bateman (1997)

を参照されたい.
システミック言語学全体の理論的仮説や文法の役割については,

[12]　Halliday (1978)

に適当な解説がある.英語のシステミック文法に関する教科書としては

[13]　Halliday (1985)

がよいだろう.詳細は

[14]　Matthiessen (1995b)

を参照されたい．

参考文献

第1章

Barton, G. E., Berwick, R. C. & Ristad, E. S. (1987): *Computational Complexity and Natural Language*. MIT Press.

Hopcroft, J. E. & Ullman, J. D. (1971): *Formal Languages and their Relation to Automata*. 野崎昭弘他(訳),『言語理論とオートマトン』サイエンス社.

Hopcroft, J. E. & Ullman, J. D. (1984): *Introduction to Automata Theory, Language, and Computation*. 野崎昭弘他(訳),『オートマトン言語理論/計算論』サイエンス社.

Horn, L. R. (1989): *A Natural History of Negation*. The University of Chicago Press.

嵩忠雄・都倉信樹・谷口健一(1988):『形式言語理論』電子情報通信学会.

松本和夫(1980):『情報数学1 束と論理』森北出版.

Partee, B. H., ter Meulen, A. & Wall, R. E. (1990): *Mathematical Methods in Linguistics*. Kluwer Academic Publishers.

Pullum, K. G. & Gazdar, G. (1982): Natural languages and context-free languages. *Linguistic and Philosophy*, **4**, 471–504..

Ristad, E. S. (1993): *The Language Complexity Game*. MIT Press.

Shieber, S. M. (1985): Evidence against context-freeness of natural language. *Linguistic and Philosophy*, **8**, 333–343.

田中穂積(1989):『自然言語解析の基礎』産業図書.

第2章

Ajdukievicz, K. (1935): Die Syntaktische Konnexität. *Studia Philosophica*, Vol.1, pp.1–27, translated as 'Syntactic Connexion,' In S.McCall(ed.), *Polish Logic*, pp.207–231, Oxford, 1967.

Bar-Hillel, Y. (1953): A quasi-arithmetical notation for syntactic description. *Language*, Vol.29, pp.47–58, reprint In *Language and Information, Reading*, 1964, pp.61–74, Addison-Wesley.

Carpenter, B. (1992): *The Logic of Typed Feature Structures*. Cambridge University Press.

Carroll, G. & Charniak, E. (1992): Leaning probabilistic dependency grammars from labelled text. in *AAAI Fall Symposium on Probabilistic Approaches to Natural Lan-

guage, pp.25-32.

Charniak, E.(1993): *Statistical Language Learning.* MIT Press.

Charniak, E.(1996): Tree-bank grammars. *Proc. 13th National Conference on Artificial Intelligence*, pp.1031-1036.

Charniak, E.(1997): Statistical parsing with context-free grammar and word statistics. *Proc. 14th National Conference on Artificial Intelligence*, pp.598-603.

Charniak, E.(2000): A Maximum-Entropy-Inspired Parser. *1st Meeting of the North American Chapter of the Association for Computational Linguistics*, pp.132-139.

Chomdky, N.(1970): Remarks on nominalization. In R.Jacobs & R.Rosenbaum(eds.), Readings in English Transformational Grammar, pp.184-191.

Collins, M.J.(1996): A new statistical parser based on bigram lexical dependencies. *Proc. 34th Annual Meeting of the Association for Computational Linguistics*, pp.184-191.

Collins, M.(1999): Head-Driven Statistical Models for Natural Language Parsing. *PhD Dissertation, University of Pennsylvania.*

Collins, M. & Duffy, N.(2002): New Ranking Algorithms for Parsing and Tagging: Kernels over Discrete Structures, and the Voted Perceptron. *Proc. 40th Annual Meeting of the Association for Computational Linguistics,* pp.263-270.

Colmerauer, A.(1978): Metamorphosis grammars. In L.Bolc(ed.), *Natural Language Communication with Computers*, pp.133-187, Springer.

Dahl, V. & Abramson, H.(1984): On gapping grammars. *Proc. Second International Conference on Logic Programming*, pp.77-88, Uppsala, Sweden.

Dahl, V.(1989): Discontinuous grammars, *Computational Intelligence*, Vol.5, No.4, pp.161-179.

Dahl, V.(1994): Natural language processing and logic programming. *Journal of Logic Programming*, Vols.19/29, pp.681-714.

Doran, C., et al.(1994): XTAG System — A Wide Coverage Grammar for English. *Proc. of International Conference on Computational Linguistics*, COLING'94, pp.922-928.

Doran, C., et al.(1997): Maintaining the forest and burning out the Underbrush in XTAG. Workshop on Computational Environment for Grammar Development and Linguistic Engineering, pp.30-37.

Erbach, G.(1995): ProFIT: Prolog with features, inheritance and templates. *Proc. 7th Conference of the European Chapter of the Association for Computational Linguis-*

tics, pp. 180–187.

Ersan, M. & Charniak, E.(1996): A statistical syntactic disambiguation program and what it learns. In S.Wermter, et al(eds.), *Connectionist, Statistical and Symbolic Approaches to Learning for Natural Language Processing*, Springer, pp. 146–159.

Fujio, M. & Matsumoto, Y.(1998): Japanese Dependency Structure Analysis based on Lexicalized Statistics. *Proc. 3rd Conference on Empirical Methods in Natural Language Processing*, pp. 88–96.

藤崎哲之助(1984): 確率的言語処理へのアプローチ. 情報処理学会自然言語処理研究報告 41-06.

Gazdar, G. & Pullum, G.(1982): *Generalized Phrase Structure Grammar: A Theoretical Synopsis*. Indiana University Linguistic Club.

Gazdar G., Klein,E., Pullum, G. & Sag, I.(1985): *Generalized Phrase Structure Grammar*. Basil Blackwell.

春野雅彦, 白井諭, 大山芳史(1998): 決定木を用いた日本語係り受け解析. 情報処理学会論文誌, Vol.39, No.12, pp. 3177–3186.

Hays, D.G.(1964): Dependency theory: A formalism and some observations. *Language*, Vol.40, pp. 511–525.

Hogenhout, W.R. & Matsumoto, Y.(1996): Training stochastical grammars on semantical categories. In S.Wermter, et al(eds.), *Connectionist, Statistical and Symbolic Approaches to Learning for Natural Language Processing*, Springer, pp.160–172.

König, E.(1989): Parsing as natural deduction. *Proc. 27th Annual Meeting of the Association for Computational Linguistics*, pp.272–279.

Jackendoff, R.(1977): *X-bar Syntax*. Linguistic Inquiry Monograph 2, MIT Press.

Joshi, A.K., Levy, S. & Takahashi, M.(1975): Tree Adjunct Grammars, *Journal of Computer and System Science*, Vol.10, No.1.

Joshi, A.K.(1987): How much context-sensitibity is necessary for characterizing structural descriptions — Tree adjoining grammars. in D.Dowty, L.Karttunen & A.Zwicky (eds.), *Natural Language Processing — Theoretical, Computational and Psychological Perspectives*. Camgridge University Press.

Joshi, A.K. & Schabes, Y.(1992): Tree-adjoining grammars and lexicalized grammars. In M.Nivat & A.Podelski (eds.), *Tree Automata and Languages*, Elsevier.

Joshi, A.K.(1998): Role of constrained computational systems in natural language processing. *Artificial Intelligence*, Vol.103, No.1–2, pp.117–132.

Kaplan, R. & Bresnan, J.(1982): Lexical-functional grammar: A formal system for grammatical representation. In Bresnan, J.(ed.), *The Mental Representation of Grammatical Relations*, Ch.4, pp.173–281, MIT Press.

Karttunen, R.(1984): Features and values. *Proc. 22nd Annual Meeting of the Association for Computational Linguistics and 10th International Conference on Computational Linguisitics*, pp.28–33.

Karttunen, R.(1989): Radical lexicalism. In M.R.Baltin & A.S.Kroch(eds.), *Alternative Conceptions of Phrase Structure*, pp.43–65, University of Chicago Press.

Kasper, R.T.(1987): A method for disjunctive feature descriptions. *Proc. 25th Annual Meeting of the Association for Computational Linguistics*, pp.235–242.

Kay, M.(1984): Functional unification grammar: A formalism for machine translation. *Proc. 22nd Annual Meeting of the Association for Computational Linguistics and 10th International Conference on Computational Linguisitics*, pp.75–78.

Kudo, T. & Matsumoto, Y.(2002): Japanese Dependency Analysis using Cascaded Chunking. *6th Conference on Natural Language Learning*, pp.63–69.

Lafferty, J. Sleator, D. & Temperley, D.(1992): Grammatical trigrams: A frobalistic model of link grammar. *AAAI Fall Symposium on Probalistic Approaches to Natural Language*, pp.89–97.

Magerman, D. M.(1995): Statistical Decision-Tree Models for Parsing. *Proc. 33rd Annual Meeting of the Association for Computational Linguistics*, pp.276–283.

永田昌明, 久米雅子, 小暮潔(1990): 単一化に基づく枠組みにおける日本語対話文解析用文法の記述とその計算的側面. 情報処理学会自然言語処理研究報告 76-01.

Pereira, F.C.N. & Warren, D.H.D.(1980): Definite clause grammars for language analysis – A survey of the formalism and a comparison with augmented transition networks. *Artificial Intelligence*, Vol.13, pp.231–278.

Pereira, F.C.N.(1981): Extrapositon grammars. *Computational Linguistics*, Vol.7, No.4, pp.243–256.

Pereira, F.C.N. & Schabes, Y.(1992): Inside-outside reestimation from partially bracketed corpora. *Proc. 30th Annual Meeting of the Association for Computational Linguistics*, pp.128–135.

Pollard, C. & Sag, I.A.(1987): *Information-Based Syntax and Semantics, Vol.1: Foundations*. CSLI, Stanford University.

Pollard, C. & Sag, I.A.(1994): *Head-Driven Phrase Structure Grammar*. University of Chicago Press.

Pratt, V.R.(1973): A linguistic oriented programming language. *Proceedings of 3rd*

International Joint Conference on Artificial Intelligence, pp. 372–381.

Pratt, V.R.(1975): LINGOL – A progress report. *Proceedings of 4th International Joint Conference on Artificial Intelligence*, pp. 422–428.

Ratnaparkhi, A.(1997): A Linear Observed Time Statistical Parser Based on Maximum Entropy Models. *Proceedings of the Second Conference on Empirical Methods in Natural Language Processing*, pp.1–10.

Resnik, P.(1992): Probabilistic tree-adjoining grammar as a framework for statistical natural language processing. *Proc. COLING–92*, Vol.2, pp. 418–424.

Robinson, J.J.(1970): Dependency Structures and Transformation Rules. *Language*, Vol.46, pp.259–285.

Sag, I. A. & Wasow, T.(1999): *Syntactic Theory: A Formal Introduction*. CSLI Publications, Stanford University.

Schabes, Y.(1992): Stochastic lexicalized tree-adjoining grammars. *Proc. COLING–92*, Vol.2, pp.425–432.

Schabes, Y. & Waters, R.C.(1995): Tree insertion grammar: A cubic-time, parsable formalism that lexicalizes context-free grammar without changing the trees produced. *Computational Linguisitics*, Vol.21, No.4, pp.479–513.

Shieber, S.M.(1984): The design of a computer language for linguistic information. *Proc. 22nd Annual Meeting of the Association for Computational Linguistics and 10th International Conference on Computational Linguisitics*, pp.362–366.

Shieber, S.M.(1985): Using restriction to extend parsing algorithms for complex-feature based formalisms. *Proc. 23rd Annual Meeting of the Association for Computational Linguistics*, pp.145–152.

Shieber, S.M.(1986): *An Introduction to Unification-based Approaches to Grammar*. CSLI Lecture Notes No.4, Stanford University.

Shieber, S.M.(1992): *Constraint-based Grammar Formalisms*. MIT Press.

白井清昭, 徳永健伸, 田中穂積(1997): 括弧付きコーパスからの日本語確率文脈自由文法の自動抽出. 自然言語処理, Vol.4, No.1, pp.125–146.

Sleator, D. & Temperley, D.(1991): Parsing English with link grammar. *Technical Report CMU–CS–91–196, Dept. of Computer Science*, Carnegie Mellon University.

Steedman, M.(1996): *Surface Structure and Interpretation*. Linguistic Inquiry Monograph 30, MIT Press.

Tanaka, H., Sato, T. & Motoyoshi, F.(1979): Predictive control parser: Extended LINGOL. *Proceedings of 6th International Joint Conference on Artificial Intelligence,* pp.874–876.

Torisawa, K. & Tsujii, J.(1996): Computing phrasal-sings in HPSG prior to parsing. *Proc. COLING-96*, pp.949–955.

Uchimoto, K., Sekine, S. & Isahara, H.(1999): Japanese Dependency Structure Analysis Based on Maximum Entropy Models. *Ninth Conference of the European Chapter of the Association for Computational Linguistics*, pp.196–203.

Vijay-Shanker, K. & Joshi, A.(1988): Feature structure based tree adjoining grammar. *Proceeding of Proc. 12th International Conference on Computational Linguistics*, pp.714–719.

Woods, W.A.(1970): Transition network grammar for natural language analysis. *C. ACM*, Vol.13, No.10, pp.591–606.

Wood, M.M.(1993): *Categorial Grammar*. Routledge.

第3章

Aho, A. V. & Ullman, J. D. (1972) : *The Theory of Parsing, Translation and Compiling*. Prentice-Hall.

Berwick, R. C., Abney, S. P., & Tenny, C.(eds.) (1991) : *Principle-Based Parsing: Computation and Psycholinguistics*. Kluwer Academic Publishers.

Earley, J.(1970) : An efficient context-free parsing algorithm. *Communications of the ACM*, **13**, 94–102.

Hasida, K.(1998) : Parsing and generation with tabulation and compilation. In *Proceedings of TAPD '98*, pp. 26–35.

Marcus, M. P.(1980) : *A Theory of Syntactic Recognition for Natural Language*. MIT Press.

Merlo, P.(1996) : *Parsing with Principles and Classes of Information*. Kluwer Academic Publishers.

Pereira, F. C. N. & Warren, D. H. D.(1983) : Parsing as deduction. In *Proceedings of the 21st Annual Meeting of ACL*, pp. 137–144.

Pollard, C. J. & Sag, I. A.(1994) : *Head-Driven Phrase Structure Grammar*. University of Chicago Press and CSLI Publications.

Shieber, S. M., van Noord, G., Pereira, F. C. N., & Moore, R. C.(1990) : Semantic-head-driven generation. *Computational Linguistics*, **16**(1), 30–42.

Tomita, M.(1987) : An efficient augmented-context-free parsing algorithm. *Computational Linguistics*, **13**(1-2), 31–46.

第4章

Androutsopoulos, I., Ritchie, G. & Thanisch, P. (to appear) : Natural language interfaces to databases–an introduction. *Journal of Language Engineering*. Also available as Research Paper no. 709, Department of Artificial Intelligence, University of Edinburgh, 1994.

Bateman, J. A. (1992) : The theoretical status of ontologies in natural language processing. In S. Preuß & B. Schmitz (eds.), *Text Representation and Domain Modelling – ideas from linguistics and AI, KIT-Report 97*, pp. 50–99, Technische Universität Berlin. (Papers from KIT-FAST Workshop, Technical University Berlin, October 9th–11th 1991).
URL: http://www.darmstadt.gmd.de/publish/komet/papers/tu-paper.ps

Bateman, J. A. (1996) : *KPML Development Environment: multilingual linguistic resource development and sentence generation*. German National Center for Information Technology (GMD), Institute for integrated publication and information systems (IPSI), (Release 1.0).
URL: http://www.darmstadt.gmd.de/publish/komet/kpml.html

Bateman, J. A. (to appear) : Automatic discourse generation. In A. Kent (ed.), *Encyclopedia of Library and Information Science*, Marcel Dekker, Inc.

Bateman, J. A., Emele, M. & Momma, S. (1992) : The nondirectional representation of systemic functional grammars and semantics as typed feature structures. In *Proceedings of COLING-92*, Nantes.

Bateman, J. A., Henschel, R. & Rinaldi, F. (1995) : Generalized upper model 2.0: documentation, Technical report, GMD/Institut für Integrierte Publikations- und Informationssysteme.
URL: http://www.darmstadt.gmd.de/publish/komet/gen-um/newUM.html

Bateman, J. A. & Hovy, E. H. (1992) : Computers and text generation: principles and uses. In C. S. Butler (ed.), *Computers and Written Texts*, pp. 53–74, Basil Blackwell. (Applied Language Studies).

Bateman, J. A., Kikui, G.-i. & Tabuchi, A. (1987) : *Designing a Computational Systemic Grammar of Japanese for Text Generation: A Progress Report*. Technical report, Kyoto University, Dept. of Electrical Engineering, Kyoto, Japan.

Bateman, J. A. & Li, H. (1988) : The application of systemic-functional grammar to Japanese and Chinese for use in text generation. In *Proceedings of the 1988 International Conference on Computer Processing of Chinese and Oriental Languages*, pp. 443–447.

Bateman, J. A., Maier, E. A., Teich, E. & Wanner, L. (1991): Towards an architecture for situated text generation. In *International Conference on Current Issues in Computational Linguistics*, Penang. Also available as technical report of GMD/Institut für Integrierte Publikations- und Informationssysteme, Darmstadt.

Bateman, J. A., Matthiessen, C. M. & Zeng, L. (1996): *A General Architecture of Multilingual Resources for Natural Language Processing*. Technical report, Institute for Integrated Publication and Information Systems (German National Research Centre for Information Technology, Darmstadt) and Macquarie University.

Bateman, J. A. & Paris, C. L. (1989): Phrasing a text in terms the user can understand. In *Proceedings of the Eleventh International Joint Conference on Artificial Intelligence*, IJCAI-89, Detroit.

Bateman, J. A. & Teich, E. (1995): Selective information presentation in an integrated publication system: an application of genre-driven text generation. *Information Processing and Management*, **31**(5), 753–768. (Special Issue on Summarizing Text).

Bresnan, J. (1982): The passive in lexical theory. In J. Bresnan (ed.), *The Mental Representation of Grammatical Relations*, pp. 3–86, MIT Press.

Brew, C. (1991): Systemic classification and its efficiency. *Computational Linguistics*, **17**(4), 375–408.

Bühler, K. (1934): *Sprachtheorie: die Darstellungsfunktion der Sprache*. Fischer.

Cawsey, A., Binsted, K. & Jones, R. (1995): Personalized explanations for patient education. In *Proceedings of the Fifth European Workshop on Natural Language Generation, Leiden, 20–22 May 1995*, pp. 59–74.

Chomsky, N. (1981): *Lectures on Government and Binding*. Foris.

Coch, J., David, R. & Magnoler, J. (1995): Quality test for a mail generation system. In *Proceedings of Linguistic Engineering '95*, Montpellier.

Copestake, A., Flickinger, D., Malouf, R., Riehemann, S. & Sag, I. (1995): Translation using minimal recursion semantics. In *Proceedings of the 6th International Conference on Theoretical and Methodological Issues in Machine Translation (TMI-95)*. Leuven.

Cross, M. (1992): *Choice in Text: A Systemic Approach to Computer Modelling of Variant Text Production*. PhD thesis, School of English and Linguistics, Macquarie University.

Davey, A. (1978): *Discourse Production: A Computer Model of Some Aspects of a*

Speaker. Edinburgh University Press. Published version of Ph.D. dissertation, University of Edinburgh, 1974.

de Saussure, F. (1959/1915): *Course in General Linguistics*, Peter Owen Ltd. (translated by W. Baskin).

de Smedt, K., Horacek, H. & Zock, M. (1996): Architectures for natural language generation: problems and perspectives. In G. Adorni & M. Zock (eds.), *Trends in Natural Language Generation: An Artificial Intelligence Perspective*, number 1036 in *Lecture Notes in Artificial Intelligence*, pp. 17–46, Springer-Verlag.

DiMarco, C., Hirst, G., Wanner, L. & Wilkinson, J. (1995): Healthdoc: customizing patient information and health education by medical condition and personal characteristics. In A. Cawsey (ed.), *Proceedings of the Workshop on Patient Education*. University of Glasgow.

Elhadad, M. & Robin, J. (1996): A reusable comprehensive syntactic realization component. In *Demonstrations and Posters of the 1996 International Workshop on Natural Language Generation (INLG '96)*, pp. 1–4, Herstmonceux.

Emele, M. C., Heid, U., Momma, S. & Zajac, R. (1990): Organizing linguistic knowledge for multilingual generation. In *13th International Conference on Computational Linguistics (COLING-90)*. Helsinki. Also available as Project Polygloss Paper, Institut für Maschinelle Sprachverarbeitung, University of Stuttgart.

Emele, M. C., Heid, U., Momma, S. & Zajac, R. (1992): Interactions between linguistic constraints: Procedural vs. declarative approaches. *Machine Translation*, **6**(1). (Special edition on the role of text generation in MT).

Engelien, B. & McBryde, R. (1991): *Ovum: Natural Language Markets: Commercial Strategies*. Ovum Ltd.

Fawcett, R. P. (1990): The computer generation of speech with discoursally and semantically motivated intonation. In *5th International Workshop on Natural Language Generation, 3–6 June 1990*. Pittsburgh.

Fawcett, R. P. & Davies, B. L. (1992): Monologue as a turn in dialogue: towards an integration of exchange structure theory and rhetorical structure theory. In R. Dale, E. Hovy, D. Rösner & O. Stock (eds.), *Aspects of Automated Natural Language Generation*, pp. 151–166, Springer-Verlag. (Proceedings of the 6th International Workshop on Natural Language Generation, Trento, April 1992).

Fawcett, R. P. & Tucker, G. H. (1990): Demonstration of GENESYS: a very large, semantically based systemic functional grammar. In *13th International Conference on*

Computational Linguistics (COLING-90), Vol. I, pp. 47–49, Helsinki.

Firth, J. (1957/1935) : The technique of semantics. In *Papers in Linguistics 1934–1951*, pp. 7–33, Oxford University Press.

Friedman, J. (1969) : Directed random generation of sentences. *Communications of the Association for Computing Machinery*, **12**(6).

Gagnon, M. & Lapalme, G. (1996) : Prétexte: a generator for the expression of temporal information. In G. Adorni & M. Zock (eds.), *Trends in Natural Language Generation: An Artificial Intelligence Perspective*, number 1036 in *Lecture Notes in Artificial Intelligence*, pp. 238–259, Springer-Verlag.

Gazdar, G., Klein, E., Pullum, G. & Sag, I. A. (1985) : *Generalized Phrase Structure Grammar*. Blackwell Publishing and Harvard University Press.

Gruber, T., Vemuri, S. & Rice, J. (1995) : *Virtual Documents that Explain How Things Work: Dynamically Generated Question-Answering Documents*. Technical report, Knowledge Systems Laboratory.
URL: http://www-ksl.stanford.edu/people/gruber/virtual-documents-htw/

Halliday, M. A. (1956) : The linguistic basis of a mechanical thesaurus, and its application to English preposition classification. *Mechanical Translation*, **3**.

Halliday, M. A. (1963) : Class in relation to the axes of chain and choice in language. *Linguistics*, **2**, 5–15. Reprinted in abbreviated form in Gunther R. Kress (ed.) (1976) *Halliday: System and Function in Language*, pp. 84–87, Oxford University Press.

Halliday, M. A. (1974) : *Language and Social Man*. Longman. Schools Council Programme in Linguistics and English, Teaching Papers 11, 3.

Halliday, M. A. (1978) : *Language as Social Semiotic*. Edward Arnold.

Halliday, M. A. (1985) : *An Introduction to Functional Grammar*. Edward Arnold.

Hauser, B. (1995) : Multilinguale Textgenerierung am Beispiel des Japanischen. (Diplomarbeit).

Henrici, A. (1965) : *Notes on the Systemic Generation of a Paradigm of the English Clause*. Technical report, O.S.T.I. Programme in the Linguistic Properties of Scientific English. (Reprinted in M. A. K. Halliday and J. R. Martin (eds.) (1981) *Readings in Systemic Linguistics*).

Henschel, R. (1997) : Compiling systemic grammar into feature logic systems. In S. Manandhar (ed.), *Proceedings of CLNLP*. Springer.

Hovy, E. H. (1987) : Some pragmatic decision criteria in generation. In G. Kempen (ed.), *Natural Language Generation: Recent Advances in Artificial Intelligence, Psy-*

chology, and Linguistics, pp. 3–17, Kluwer Academic Publishers.

Hovy, E. H. (1988) : *Generating Natural Language Under Pragmatic Constraints*. Lawrence Erlbaum.

Kamp, H. & Reyle, U. (1993) : *From Discourse to Logic: Introduction to Modeltheoretic Semantics of Natural Language, Formal Logic and Discourse Representation Theory*. Kluwer Academic Publishers, Studies in Linguistics and Philosophy, Volume 42.

Kasper, R. T. (1988) : An experimental parser for systemic grammars. In *Proceedings of the 12th International Conference on Computational Linguistics, August 1988*, Association for Computational Linguistics, Budapest. Also available as Information Sciences Institute Technical Report No. ISI/RS-88-212, Marina del Rey, CA.

Kasper, R. T. (1989a) : A flexible interface for linking applications to PENMAN's sentence generator. In *Proceedings of the DARPA Workshop on Speech and Natural Language*. Available from USC/Information Sciences Institute, Marina del Rey, CA.

Kasper, R. T. (1989b) : Unification and classification: an experiment in information-based parsing. In *Proceedings of the International Workshop on Parsing Technologies*, pp. 1–7. 28–31 August, 1989, Carnegie-Mellon University.

Kay, M. (1979) : Functional grammar. In *Proceedings of the 5th Meeting of the Berkeley Linguistics Society*, pp. 142–158, Berkeley Linguistics Society.

Kittredge, R., Polguère, A. & Goldberg, E. (1986) : Synthesizing weather reports from formatted data. In *Proceedings of the 11th International Conference on Computational Linguistics*, International Committee on Computational Linguistics, pp. 563–565, Bonn.

Kress, G. & van Leeuwen, T. (1990) : *Reading Images, Sociocultural Aspects of Language and Education*. Deakin University Press.

Kumano, T., Tokunaga, T., Inui, K. & Tanaka, H. (1994) : Genesys: an integrated environment for developing systemic functional grammars. In *Proceedings of the Workshop on Sharable Natural Language Resources*, Nara. Also available as Department of Computer Science, Tokyo Institute of Technology, Technical Report: 94TR-0028.

Levine, J. & Mellish, C. (1994) : CORECT: combining CSCW with natural language generation for collaborative requirements capture. In *Proceedings of the 7th International Workshop on Natural Language Generation (INLGW '94)*, pp. 236–239, Kennebunkport.

Li, P., Evens, M. & Hier, D. (1986) : Generating medical case reports with the linguistic string parser. In *Proceedings of 5th National Conference on Artificial Intelligence (AAAI-86)*, Philadelphia, pp. 1069–1073.

Malinowski, B. (1923) : *Supplement I*. Harcourt, Brace, and Co., Inc. Supplement to C. K. Ogden and I. A. Richards, *The Meaning of Meaning*.

Mann, W. C. (1985) : An introduction to the Nigel text generation grammar. In J. D. Benson & W. S. Greaves (eds.), *Systemic Perspectives on Discourse: Selected Theoretical Papers from the 9th International Systemic Workshop*, pp. 84–95, Ablex Pub. Corp.

Mann, W. C. & Matthiessen, C. M. (1985) : Demonstration of the Nigel text generation computer program. In J. D. Benson & W. S. Greaves (eds.), *Systemic Perspectives on Discourse*, Volume 1, Ablex.

Matthiessen, C. M. (1981) : A grammar and a lexicon for a text production system. In *Proceedings of the 19th Annual Meeting of the Association for Computational Linguistics*.

Matthiessen, C. M. (1985) : The systemic framework in text generation: Nigel. In J. D. Benson & W. S. Greaves (eds.), *Systemic Perspectives on Discourse*, Volume 1, pp. 96–118, Ablex.

Matthiessen, C. M. (1987) : Notes on the organization of the environment of a text generation grammar. In G. Kempen (ed.), *Natural Language Generation: Recent Advances in Artificial Intelligence, Psychology, and Linguistics*, Kluwer Academic Publishers. Paper presented at the Third International Workshop on Natural Language Generation, August 1986, Nijmegen.

Matthiessen, C. M. (1995a) : Fuzziness construed in language: a linguistic perspective. In *Proceedings of the International Joint Conference of the 4th IEEE International Conference on Fuzzy Systems and the 2nd International Fuzzy Engineering Symposium*, pp. 1871–1878.

Matthiessen, C. M. (1995b) : *Lexicogrammatical Cartography: English Systems*. International Language Science Publishers.

Matthiessen, C. M. & Bateman, J. A. (1991) : *Text Generation and Systemic-Functional Linguistics: Experiences from English and Japanese*. Frances Pinter Publishers and St. Martin's Press.

Matthiessen, C. M., Kobayashi, I., Zeng, L. & Cross, M. (1995) : Generating multimodal presentations: resources and processes. In *Proceedings of the Australian Conference on Artificial Intelligence*. Canberra.

Matthiessen, C. M., Nanri, K. & Zeng, L. (1991) : Multilingual resources in text generation: ideational focus. In *Proceedings of the 2nd Japan-Australia Joint Symposium on Natural Language Processing*. Kyushu Institute of Technology.

Maybury, M. T. (1993) : *Intelligent Multimedia Interfaces*. AAAI Press and MIT Press.

McCord, M. C. (1977) : Procedural systemic grammars. *International Journal of Man-Machine Studies*, **9**, 255–286.

McDonald, D. D. (1993) : Issues in the choice of a source for natural language generation. *Computational Linguistics*, **19**(1), 191–197.

McKeown, K. R. (1985) : *Text Generation: Using Discourse Strategies and Focus Constraints to Generate Natural Language Text*. Cambridge University Press.

McKeown, K. R. & Swartout, W. R. (1987) : Language generation and explanation. In *Annual Reviews in Computer Science*.

Milosavljevic, M. & Dale, R. (1996) : Text generation and user modelling on the web. In *Proceedings of User Modelling for Information Filtering on the World Wide Web Workshop at the User Modelling '96 Conference*.
URL: http://www-comp.mpce.mq.edu.au/msi/people/mariam/nlg-um-www.html

Not, E. & Stock, O. (1994) : Automatic generation of instructions for citizens in a multilingual community. In *Proceedings of the European Language Engineering Convention*. Paris.

O'Donnell, M. (1994) : Sentence analysis and generation: a systemic perspective. Ph.D. thesis, University of Sydney, Department of Linguistics.

Paris, C. L. (1993) : *User Modelling in Text Generation*. Pinter Publishers.

Paris, C., Linden, K. V., Fischer, M., Hartley, A., Pemberton, L., Power, R. & Scott, D. (1995) : A support tool for writing multilingual instructions. In *Proceedings of International Joint Conference on Artificial Intelligence*, pp. 1398–1404, Montréal.

Patil, R. S., Fikes, R. E., Patel-Schneider, P. F., McKay, D., Finin, T., Gruber, T. R. & Neches, R. (1992) : The DARPA knowledge sharing effort: progress report. In C. Rich, B. Nebel & W. R. Swartout (eds.), *Principles of Knowledge Representation and Reasoning: Proceedings of the Third International Conference*. Morgan Kaufmann.

Patten, T. (1988) : *Systemic Text Generation as Problem Solving*. Cambridge University Press.

Patten, T. & Ritchie, G. (1987) : A formal model of systemic grammar. In G. Kempen (ed.), *Natural Language Generation: Recent Advances in Artificial Intelligence, Psychology, and Linguistics*. Kluwer Academic Publishers, Boston/Dordrecht. Paper presented at the Third International Workshop on Natural Language Generation, August 1986, Nijmegen.

Pollard, C. & Sag, I. A. (1987) : *Information-based Syntax and Semantics*, volume 1. Chicago University Press. Center for the Study of Language and Information; Lecture Notes Number 13.

Pollard, C. & Sag, I. A. (1994) : *Head-Driven Phrase Structure Grammar, Studies in Contemporary Linguistics*. The University Chicago Press.

Reichenberger, K., Rondhuis, K., Kleinz, J. & Bateman, J. A. (1996) : *Effective Presentation of Information Through Page Layout: A Linguistically-based Approach*. Technical Report Arbeitspapiere der GMD 970, Institut für Integrierte Publikations- und Informationssysteme (IPSI), GMD, Darmstadt. (Paper presented at the workshop: 'Effective Abstractions in Multimedia, Layout and Interaction', held in conjunction with ACM Multimedia '95, November 1995, San Francisco, California.)

Reiter, E., Mellish, C. & Levine, J. (1995) : Automatic generation of technical documentation. *Applied Artificial Intelligence*, **9**.

Rösner, D. & Stede, M. (1994) : Generating multilingual documents from a knowledge base: the TECHDOC project. In *Proceedings of the 15th International Conference on Computational Linguistics (COLING-94)*, Vol. I, Kyoto, pp. 339–346.

Sgall, P., Hajičová, E. & Panevová, J. (1986) : *The Meaning of the Sentence in Its Semantic and Pragmatic Aspects*. Reidel Publishing Company.

Shapiro, S. C. (1979) : Generalized augmented transition network grammars for generation from semantic networks. In *Proceedings of the Seventeenth Meeting of the Association for Computational Linguistics*, pp. 25–29.

Sheremetyeva, S., Nirenburg, S. & Nirenburg, I. (1996) : Generating patent claims from interactive input. In *Proceedings of the 8th International Workshop on Natural Language Generation (INLG'96)*, pp. 61–70, Herstmonceux.

Shieber, S. M. (1993) : The problem of logical-form equivalence. *Computational Linguistics*, **19**(1), 179–190.

Shieber, S., van Noord, G., Pereira, F. & Moore, R. (1990) : Semantic head-driven generation. *Computational Linguistics*, **16**(1), 30–42.

Simmons, R. & Slocum, J. (1972) : Generating English discourse from semantic nets. *Communications of the Association for Computing Machinery*, **15**(10), 891–905.

Springer, S., Buta, P. & Wolf, T. (1991) : Automatic letter composition for customer service. In R. Smith & C. Scott (eds.), *Innovative Applications of Artificial Intelli-*

gence 3, AAAI Press. (Proceedings of CAIA-1991).

Steiner, E. (1988) : The interaction of language and music as semiotic systems: the example of a folk ballad. In J. D. Benson, M. J. Cummings & W. S. Greaves (eds.), *Linguistics in a Systemic Perspective*, pp. 393–441, Benjamins.

Steiner, E. H., Eckert, U., Weck, B. & Winter, J. (1988) : The development of the EUROTRA-D system of semantic relations. In E. H. Steiner, P. Schmidt & C. Zelinksy-Wibbelt (eds.), *From Syntax to Semantics: Insights from Machine Translation*. Frances Pinter.

Teich, E. (1996) : A proposal for dependency in Systemic Functional Grammar: metasemiosis in Computational Systemic Functional Linguistics. Ph.D. thesis, University of the Saarland.

Teich, E., Degand, L. & Bateman, J. A. (1996) : Multilingual textuality: Experiences from multilingual text generation. In G. Adorni & M. Zock (eds.), *Trends in Natural Language Generation: An Artificial Intelligence Perspective*, number 1036 in *Lecture Notes in Artificial Intelligence*, pp. 331–349, Springer-Verlag. (Selected Papers from the 4th European Workshop on Natural Language Generation, Pisa, 28-30 April 1993).

Teich, E., Hagen, E., Grote, B. & Bateman, J. (1997) : From communicative context to speech: integrating dialogue processing, speech production and natural language generation. *Speech Communication*, **21**(1–2).

Thompson, S. A. (1987) : The passive in English: A discourse perspective. In R. Channon & L. Shockey (eds.), *In Honor of Ilse Lehiste*. Foris.

Vander Linden, K., Cumming, S. & Martin, J. (1992) : Using system networks to build rhetorical structures. In R. Dale, E. Hovy, D. Rösner & O. Stock (eds.), *Aspects of Automated Natural Language Generation*, pp. 183–198, Springer-Verlag. (Proceedings of the 6th International Workshop on Natural Language Generation, Trento, April 1992).

van Noord, G. & Neumann, G. (1996) : Syntactic generation. In R. A. Cole, J. Mariani, H. Uszkoreit, A. Zaenen & V. Zue (eds.), *Survey of State of the Art in Human Language Technology*, chapter 4.2, Kluwer Academic Press. (Contribution to Chapter on 'Language Generation').

Whitelock, P. (1992) : Shake-and-bake translation. In *Proceedings of COLING-92*, Vol. II, pp. 784–791.

Winograd, T. (1983) : *Language as a Cognitive Process*, Volume 1: *Syntax*. chapter 6:

Feature and function grammars, pp. 272–310, Addison Wesley.

Yang, G., McCoy, K. F. & Vijay-Shanker, K. (1991): From functional specification to syntactic structures: systemic grammar and tree adjoining grammar. *Computational Intelligence*, **7**(4), 207–219.

Yngve, V. H. A. (1962): Random generation of English sentences. In The 1961 Conference on Machine Translation of Languages and Applied Language Analysis. Her Majesty's Stationery Office.

Zeng, L. (1993): Coordinating ideational and textual resources in the generation of multisentential texts in Chinese. In *Proceedings of the Meeting of the Pacific Association of Computational Linguistics*. Vancouver.

Zeng, L. (1995): Reasoning with systemic resources in text planning. In *The 2nd Conference of the Pacific Association for Computational Linguistics (PacLing-II)*, pp. 317–328, Brisbane.

索　引

c–構造　*49*
CLR 統語解析　*118*
CLR 表　*118*
Communal システム　*186*
f–構造　*49*
GAP 原理　*78*
GLR 統語解析　*119*
GPSG　*51*
HPSG　*74*
identity 法則　*7*
ID/LP 規則　*52, 195*
Komet システム　*186*
LALR 統語解析　*118*
LALR 表　*118*
LINGOL　*47*
LL 統語解析　*94, 98, 104*
LR オートマトン　*112*
LR 項　*112*
LR 状態　*112*
LR 統語解析　*108, 111*
LR 表　*112*
LR(0) オートマトン　*112*
LR(0) 項　*112*
LR(0) 状態　*112*
LR(1) オートマトン　*118*
LR(1) 統語解析　*118*
MG　*71*
PARSIFAL　*119*
PATR–II　*72*
Penman テキスト生成システム　*185*
PROCESS TYPE　*155*
ProFIT　*74*
PROTEUS システム　*184*
pumping 補題　*21*
RANK システム　*174*
SLANG　*189*
SLR 統語解析　*112*
SLR 表　*112, 117*
SPL　*180*
TAG　*61, 127*
VOICE システム　*170*
WAG システム　*191*
X バー理論　*49*
XTAG　*65*

ア 行

曖昧性　*xiii*
足　*62*
足素性　*54*
足素性原理　*55*
後戻り型統語解析　*92*
アーリー演繹　*135*
アーリー項　*107*
アーリーのアルゴリズム　*107*
依存文法　*79*
一意対応　*9*
1 型言語　*17*
1 項関係　*149*
一対一　*10*
一貫性の法則　*7*
一般化句構造文法　*51*
意味主辞　*133*
意味主辞駆動生成　*131*
意味主辞駆動生成アルゴリズム　*141*

意味ネットワーク　140, 195
意味表現　195
上へ　10
内側外側アルゴリズム　81
オートマトン　25
オートマトン理論　ix
オントロジ　148, 196

カ 行

外延的定義　5
開始記号　15
概念パス　170
下位範疇化　148
書き換え規則　15
拡張 LINGOL　48
拡張遷移ネットワーク　46
拡張文脈自由文法　47
確定節文法　48
確率的重みづけ　163
確率文脈自由文法　81
下降型統語解析　91, 94
下降型予測　47
カテゴリ文法　56
　　——の演算規則　57
関係　9
関数　9
関数適用　57
カントールの定理　12
観念的メタ機能　156
木　196
記憶域計算量　36
擬似的曖昧性　61
基数　5
木接合文法　61, 127
木挿入文法　65
規則スキーマ　60
機能主義的パラダイム　151

機能単一化文法　72, 189
帰納的可算　38
帰納的集合　38
機能の潜在的可能性　162
基本木　61, 128
疑問　149
逆関数　10
局所木　88
空間計算量　93
空記号　15
空集合　5
空文　15
具現化　88
具現化節点　95
句構造　43
組合せカテゴリ文法　61
グライバッハ標準形　23
グラフ　196
グラフ構造スタック　102
繰り上げ　57
クレーネスター　16
クレーネの定理　27
計算状況　26
形式言語　xi, 14
形式文法　14
経路表現　73
結合　57
結合法則　7
決定可能　38
決定性統語解析　92
決定性の文法　118
決定性有限オートマトン　26
決定的　118
顕現性　169
言語　17
　　——の階層　xi
原子カテゴリ　56

語彙 ID 規則　　52
語彙化木接合文法　　64
語彙化木挿入文法　　65
語彙機能文法　　48
語彙主義　　56
語彙範疇　　49
項　　66
　　——の単一化　　67
交換法則　　7
項構造　　66
　　——の単一化　　66
項実現原理　　75
合成　　10, 57
構造構築アルゴリズム　　173
肯定　　149
恒等関数　　10
構文解析　　xii, 87
構文木　　88
コミュニケーションの機能　　149
コンパイレーション　　93

サ 行

最右導出　　108
再帰的遷移ネットワーク　　45
最左導出　　17, 94, 97
最終呼び出し最適化　　104
最大投射　　50
先読み　　116
作用主　　150
作用性　　150
3 型言語　　18
時間計算量　　36, 93
システミック機能言語学　　153
システミック機能文法　　153
システム　　154
システムネットワーク　　154
自然言語生成　　140, 147

事前選択　　162
実時間　　127
実時間性　　28
指定部　　50
シフト　　109
写像　　9
集合　　3
　　——の差　　6
　　——の積　　6
　　——の和　　6
集合論的立場　　ix
終端記号　　15
主辞　　50
主辞–指定部規則　　76
主辞–補助部規則　　76
主辞駆動句構造文法　　74
主辞素性　　53
主辞素性規約　　53
主辞素性原理　　76
主辞フィラー規則　　78
出力素性　　154
受動化メタ規則　　53
主要部　　50
巡回路　　196
順序対　　8
上位モデル　　179
上昇型解析　　47
上昇型統語解析　　91
状態遷移ネットワーク　　45
証明木　　88
初期木　　61
神経回路網　　x
シンタグマティックな関係　　153
真部分集合　　6
心理的実在性　　124
推移的　　11
スタック　　29, 95, 114, 196

正規文法　18
整合的　111
生成アルゴリズム　173
生成部　47
制約関係　163
制約に基づく統語解析　135
接合　61, 62
0型言語　17
0型文法　24
前景化　150
線形順序　52
線形有界オートマトン　37
選言　72, 80
全射　10
選択　154
　——のための問い合わせ　166
選択エキスパート　164
選択器インタプリタ　173
選択器・問い合わせ意味論　163
全単射　10
センテンスプラン言語　180
走査アルゴリズム　173
素性共起制限　55
素性構造　51, 66, 68
　——の単一化　67, 70

タ 行

第1階述語論理　66
対角線論法　14
態システム　170
対称的　11
対人的メタ機能　156
対等　12
代入　67
タイプ　67
タイプ階層　68
タイプ付き素性構造　68

タグ　69
タビュレーション　196
単一化　66
単一化文法　66
単射　10
単集合　5
単数名詞語彙規則　75
段落主題　170
値域　9
置換　62
中央埋め込み構造　126
チューリング機械　33
長距離依存　54
直積　8
直接支配　52
チョムスキーの階層　17
チョムスキー標準形　22
定義域　9
テクスト　141
テクスト的メタ機能　157
テクストプラン　150
テクストプランニング　150
データ駆動　134
問い合わせ　164
等位接続詞　60
同一指標　62
等価　7
統合　161
統語解析　87
同時的　156
投射　50
導出　16
　——の木　17, 88
到達可能性　122
同定のための問い合わせ　169
動的なコンパイレーション　104
ド・モルガンの法則　7

ナ 行

内包的定義　　5
2 型言語　　18
2 項関係　　149
入力位置　　88
入力条件　　154
認識部　　47
根　　44
濃度　　12

ハ 行

葉　　44
背景化　　150
パターン認識　　91
バッグ　　4
パラダイマティックな関係　　153
反射的　　11
半順序集合　　67
反対称的　　11
範疇　　43
万能チューリング機械　　36
非決定性有限オートマトン　　28
非構成素等位構造　　60
被作用主　　150
非終端記号　　15, 43
非推移的　　12
非対称的　　11
左枝分かれ構造　　125
左結合子　　80
左再帰　　100
左隅型統語解析　　91, 120
必要十分　　7
否定　　149
非反射的　　11
評価　　149
表出制約　　161

付加部　　50
複合カテゴリ　　56
プッシュダウンオートマトン　　29
部分関数　　9
部分集合　　5
普遍集合　　6
文生成　　131, 139
文生成器　　139
文の解析　　xii
分配　　58
分配法則　　7
文法　　14
文法形式　　43
文脈　　144
文脈依存文法　　24
文脈自由文法　　19, 43, 88
平叙　　149
閉包　　16
並列型 LL 統語解析　　101
並列型統語解析　　92
ベキ集合　　6
ベキ等則　　7
変域　　9
補関係　　9
補元法則　　7
補集合　　6
補助木　　61, 128
補助部　　50
ポップ　　96

マ 行

幹　　62
右枝分かれ構造　　125
右結合子　　80
ミクロ機能　　159
無限　　12
無限集合　　5, 12

無評価　149
命令　149
メタ規則　52
メタ機能　156
メモ　100
メモ化　93, 196
モジュール性　159
モンタギュー文法　60

　　　ヤ　行

有限オートマトン　26
有限集合　5
有限状態オートマトン　26

融合　161
要素　3

　　　ラ　行

ランベック計算　56
リデュース　109
リンク文法　80
レジスタ駆動型意味論　163
レジスタ理論　185
連結的　12
論理形式問題　140
論理文法　71

■岩波オンデマンドブックス■

言語の科学 8
言語の数理

2004年11月2日　第1刷発行
2019年7月10日　オンデマンド版発行

著　者　長尾　真　中川裕志　松本裕治
　　　　橋田浩一　John Bateman

発行者　岡本　厚

発行所　株式会社　岩波書店
　　　　〒101-8002　東京都千代田区一ツ橋2-5-5
　　　　電話案内　03-5210-4000
　　　　https://www.iwanami.co.jp/

印刷／製本・法令印刷

© Makoto Nagao, Hiroshi Nakagawa, Yuji Matsumoto,
Koiti Hasida, John Bateman, Kentaro Inui 2019
ISBN 978-4-00-730908-3　　Printed in Japan

ISBN978-4-00-730908-3

C3380 ¥5900E

定価(本体5900円+税)